Derroteros de la memoria

Derroteros de la memoria
Pelayo y *Egilona* en el
teatro ilustrado y romántico

Alexander Selimov

Almenara

Consejo Editorial

Luisa Campuzano
Adriana Churampi
Stephanie Decante
Gabriel Giorgi
Gustavo Guerrero
Francisco Morán

Waldo Pérez Cino
Juan Carlos Quintero Herencia
José Ramón Ruisánchez
Julio Ramos
Enrico Mario Santí
Nanne Timmer

© Alexander Selimov, 2018
© Almenara, 2018

www.almenarapress.com
info@almenarapress.com

Leiden, The Netherlands

ISBN 978-94-92260-27-7

Imagen de cubierta: Alexander Selimov, 2018

All rights reserved. Without limiting the rights under copyright reserved above, no part of this book may be reproduced, stored in or introduced into a retrieval system, or transmitted, in any form or by any means (electronic, mechanical, photocopying, recording or otherwise) without the written permission of both the copyright owner and the author of the book.

INTRODUCCIÓN. EL MITO
DE LA RECONQUISTA COMO PUNTO DE PARTIDA 7
DON RODRIGO, FLORINDA LA CAVA Y EL CONDE JULIÁN 33
DE HORMESINDA A PELAYO: LA EVOLUCIÓN DEL HÉROE 51
EL PODER, EL HONOR Y LA VIRTUD: LA VIUDA
DE RODRIGO EN EL TEATRO ILUSTRADO Y ROMÁNTICO 101
BIBLIOGRAFÍA. 145

APÉNDICE
Manuel José Quintana
Pelayo
    Acto Primero 161
    Acto segundo 175
    Acto tercero 191
    Acto cuarto 205
    Acto quinto 219
Gertrudis Gómez de Avellaneda
Egilona
    Acto primero 231
    Acto segundo 261
    Acto tercero 295

Introducción
El mito de la reconquista como punto de partida

1.

El drama trágico *Egilona* de Gertrudis Gómez de Avellaneda y la tragedia *Pelayo* de Manuel José Quintana son dos obras emblemáticas del teatro de tema histórico del siglo XIX. En ellas culmina la construcción de la imagen de los personajes que han sido vinculados, en el imaginario colectivo, con las causas y las consecuencias del enfrentamiento entre las tropas del califato Umayyad y las fuerzas visigodas a principios del siglo VIII. El conflicto puso fin al reino visigodo y dio comienzo a la resistencia de los sobrevivientes, que pocos años después establecieron una nueva monarquía en el norte de la península ibérica. La reina Egilona, el rey Rodrigo y el emir Abdalasis, figuras históricas que protagonizan el drama trágico de Gómez de Avellaneda, comienzan su trayectoria ficcional en las páginas de uno de los primeros textos historiográficos del siglo VIII, conocido con el título de *Crónica mozárabe de 754*. Los protagonistas de la tragedia de Quintana son don Pelayo, Hormesinda y Munuza, e igual que otros dos personajes relevantes de aquella época, el conde Julián y Florinda, se incorporan en la mitología fundacional de España mucho más tarde.

La construcción de la memoria de aquella contienda empieza con un breve resumen en un texto anterior, conocido como la *Crónica de 741*, y luego, a lo largo de los siglos, va incorporando detalles y contenidos nuevos. La atención de los escritores que participan en este proceso creativo se centra en la elaboración interpretativa de los sucesos, en las acciones y motivaciones de sus protagonistas. A estos últimos se les atribuyen comportamientos modélicos basados en la tradición religiosa y cultural cristiana para luego juzgarlos de acuerdo al efecto que han tenido en la historia de España. Como resultado de este proceso, el encuentro bélico entre el ejército del rey Rodrigo y las tropas de Muza ibn Nusair en Guadalete, así como la rebelión de los cristianos en contra del poder musulmán en Gijón, se transforman en una historia novelesca llena de transgresiones y castigos, lealtades y traiciones, afrentas y venganzas.

España nace de la guerra entre musulmanes y cristianos, que se desencadena en la península ibérica después de la destrucción del reino visigodo de Toledo y se consolida como resultado de la integración de varios reinos bajo la hegemonía de Castilla en el período de la modernidad temprana. El conflicto bélico entre los dos grupos mencionados tuvo un enorme impacto social y afectó el desarrollo político y cultural no sólo de España, sino de toda Europa e, incluso, más tarde, de América. En sentido estricto, se trata de un fenómeno histórico que se inicia con la fundación del reino de Asturias en la primera mitad del siglo VIII y dura hasta la toma de Granada por los Reyes Católicos en 1491. Desde un principio los cronistas utilizan el término «restauración» para indicar que «el objetivo de los monarcas medievales, en especial de Pelayo, era restaurar el culto y la libertad del pueblo cristiano» en la península (Ríos Saloma 2011: 37). A partir de la tercera década del siglo XIX entra en uso el término «Reconquista», con el cual se destaca el objetivo de «recuperar el territorio perdido a manos de unos enemigos extranjeros», y se evita la confusión con la «Restauración» decimonónica (Ríos Saloma 2011: 37). Las opiniones sobre la naturaleza y las ramificaciones del proceso de la Reconquista son bastante diversas, pero coinciden en aceptar su influencia en la formación de la identidad nacional española porque, durante los ocho siglos que duró, se engendraron «estructuras, instituciones, modos de vida, de pensar y actuar que no desaparecieron, ni mucho menos», con la conquista del último territorio musulmán en la península, el reino nazarí de Granada» (Pérez 2003: 10).

La desaparición del reino visigodo y la larga lucha por el dominio de la península ibérica han sido tratados en un gran número de textos historiográficos y literarios, tanto en España como más allá de sus fronteras. Si consideramos la escasez de datos históricos y la parcialidad ideológica de sus autores es legítimo suponer que la versión de los hechos relacionados con la conquista musulmana y la restauración cristiana, grabada en la memoria colectiva, no representa la verdad histórica. Se trata de una visión del pasado al servicio del poder, que se elabora para acomodar los intereses y las ambiciones de las fuerzas que se disputaban el dominio en la península ibérica. Los cronistas y los autores literarios interpretan, manipulan y fabrican la historia para darle sentido a la derrota goda, para explicar la conquista árabe, así como para justificar y legitimar la expansión hegemónica asturiana, leonesa y, luego, castellana. Se ha dicho, por ejemplo, de la *Historia Gothica* del arzobispo Rodrigo Jiménez de Rada que merece atención no sólo por ser «prácticamente la primera historia de España» o una de las crónicas más importantes de la Baja Edad Media, sino también por ser una «creación intelectual y artística» (Lomax 2016: 587). La escritura de la crónica le fue encargada al arzobispo por el rey Fernando III, también conocido como San Fernando, y «es una historia oficial como tantas otras desde la Albeldense hasta Lucas de Tuy», que responde a las necesidades políticas de la primera mitad del siglo XIII (Lomax 2016: 588). El encargo era inventar una ideología unificadora: construir un pasado y un destino comunes para los reinos incorporados a la Corona de Castilla, «cuyos habitantes eran muy diferentes e incluso mutuamente hostiles» (Lomax 2016: 588). A partir de esta consideración es posible entender la Reconquista como «una de las grandes construcciones ideológicas» en la historia europea (García Fitz 2003: 194), producida y conservada por «el poder monárquico y la iglesia» (Villalonga 2006: 20).

No se trata de negar la historicidad de la desaparición del reino visigodo ni el esfuerzo bélico que los reinos hispano-cristianos empeñan para frenar y revertir la expansión del dominio árabe en Iberia. Pero ¿cómo se explica la aparición tardía de tantos detalles sobre la invasión de los moros y la hazaña de don Pelayo si no se han descubierto nuevos datos verificables? ¿Por qué hay tantas contradicciones entre las versiones alternativas en cuanto a los eventos, motivaciones y nombres de los protagonistas supuestamente históricos? Para responder a estos interrogantes hay que tomar en consideración tanto el carácter ficcional de la historiografía como la motivación política e ideológica de los autores que participan en la construcción de la memoria histórica escrita. Aunque confiáramos en la posibilidad de que la narración historiográfica pueda ser fiel a los hechos históricos, el problema es que no existe, o por lo menos no se conoce, ninguna crónica rigurosamente contemporánea de las primeras dos décadas del siglo VIII que pudiera corroborar la veracidad de lo que narran los cronistas posteriores. Por otra parte, resulta difícil confiar en un relato que denota la influencia de la mitología religiosa y de las leyendas medievales.

Si la historia o, mejor dicho, las interpretaciones de la historia española han servido para configurar las identidades de grupo y formar el modelo nacional de comportamiento social (Pérez Garzón 2000: 9), la literatura y el teatro, en particular, se encargan de popularizarlos y promoverlos. Se ha dicho y con razón que los textos ficcionales reconstruyen las tensiones reales que se producen como resultado del conflicto entre los musulmanes y los cristianos en la península ibérica, y que éstas son emblemáticas de la formación de la identidad española. Pero, al mismo tiempo, el proceso de reconstrucción de la realidad en el discurso literario no es objetivo o neutral. Los acontecimientos y los personajes se configuran de acuerdo con las dominantes ideológicas propias de cada contexto histórico. La literatura influye en la construcción social de la memoria colectiva al imponer una visión de la realidad a través de los «mitos, figuras, héroes y arquetipos» que luego son «imitados y seguidos por generaciones de lectores» (Sainz de Medrano 1993: 36). De ahí que la lectura de las obras de ficción contribuye no sólo a una «reflexión sobre el mundo», sino también a «la construcción social de las identidades» (Calvo Calios 2015: 222).

En el presente libro se analiza la participación de varios dramaturgos representativos del teatro ilustrado y romántico en la reelaboración y actualización del mito fundacional de la «pérdida y restauración de España» en la memoria colectiva española. Se entiende por memoria colectiva «un capital social intangible» que incluye «el conjunto de tradiciones, creencias, rituales y mitos que poseen los miembros pertenecientes a un determinado grupo social y que determinan su adscripción al mismo» (Colmeiro 2000: 223). Sin pretensión de abarcar toda la producción cultural sobre el mencionado díptico temático, se considera la construcción de la imagen de los héroes, heroínas y villanos relacionados con los eventos fundacionales de los principios del siglo VIII en el imaginario cultural desde una perspectiva diacrónica y bajo un prisma comparativo. Se tienen en cuenta las fuentes históricas y literarias en las que se inspiran los autores dieciochescos y decimonónicos, en función de una lectura basada en la sociología del conocimiento y en la teoría de la ideología de Karl Mannheim, la psicología cultural de Lev Vygotsky y la teoría del construccionismo social de Kenneth Gergen. El proceso de la toma de conciencia del mundo, del Yo y del Otro, nace de la interacción entre las personas; la secuencia de los eventos recordados no corresponde necesariamente a la secuencia de los eventos tal y como ocurrieron porque la memoria se reparte y se comparte en la comunidad, es decir, se construye en el proceso de distribución social, según explica Kenneth Gergen. Lo que recordamos sobre una persona o un evento histórico proviene de una mezcla de discursos y fuentes sociales de conocimiento, y por tanto la historia es construida por la colectividad (Gergen 1999: 135). La construcción y la distribución sociales no son actos neutrales, sino que, al contrario, son condicionadas y determinadas por la ideología dominante en la sociedad. La ideología representa una actitud interpretativa del conocimiento en relación con la situación existencial del individuo que lo produce o expresa (Mannheim 2013: 50). Se entiende que la memoria colectiva, según se deduce de la visión de Maurice Halbwachs, tiene un funcionamiento similar a la ideología, en el sentido que le atribuye Althusser, «como el sistema de ideas legitimadoras de un grupo social» (Colmeiro 2000: 222). De ahí que, en este libro, el punto de partida para la lectura crítica de los textos que, al acercarse al mito fundacional de España, se inscriben en el discurso hegemónico[1] y contribuyen a perpetuar su control sobre la conciencia histórica nacional, sea la propuesta de Halbwachs sobre la memoria colectiva como una construcción social que hace imposible recordar el pasado sin involucrar los intereses actuales (Meyer 2010: 177).

2.

Las primeras referencias al desastre militar que puso fin a la civilización visigótica peninsular se encuentran en dos crónicas escritas a mediados del siglo VIII, la *Crónica bizantina-arábiga de 741* y la *Crónica mozárabe* del año 754. La primera resume la conquista árabe sin explayarse en detalles y con un tono que revela cierta parcialidad hacia los musulmanes. La segunda crónica es más extensa y enfoca los problemas políticos y las rivalidades intestinas que desgarraron la nación visigoda en las últimas décadas de su existencia, la derrota de su ejército en Guadalete, y la rápida conquista de la península ibérica por las huestes árabes y bereberes.

---

[1] Se entiende aquí por «discurso hegemónico» la doctrina ideológica del centro, es decir, de la monarquía católica española y su visión de la «pérdida y restauración de España» o la «Reconquista», dirigida a legitimar y justificar el proceso histórico que ha conducido a la formación de la identidad política, etnorreligiosa y cultural de España en el siglo XIX.

Georges Martin afirma que, a diferencia de todas las obras historiográficas posteriores, la *Crónica mozárabe de 754* es la primera y la última en reportar los hechos desde una perspectiva testimonial, sin una carga ideológica, aunque reconoce que no es totalmente imparcial (1984: 17). No creo que sea posible ser parcial y mantener neutralidad ideológica al mismo tiempo, especialmente cuando se trata del colapso trágico de una civilización con la cual el autor obviamente simpatiza. La *Crónica mozárabe de 754* fue escrita más de cuatro décadas después de los eventos catastróficos que describe y, al igual que otros textos del mismo género, sintetiza e incorpora en su narración la información proveniente de varias fuentes anteriores. El propio hecho de seleccionar una secuencia de eventos específicos para narrar, y el de aplicar a la narración un filtro emocional, implica una postura ideológica.

El punto de partida para la *Crónica de 754* son los textos de Isidoro de Sevilla y Jean de Biclaire (Martin 1984: 13), mientras que la sección dedicada a la invasión árabe es esencialmente una ampliación de la *Crónica de 741*. Los párrafos que explican los hechos relacionados con la conquista musulmana no se distinguen por su estilo de las secciones en las que se narran los acontecimientos en tierras mucho más lejanas y épocas anteriores. La excepción la constituye el tono que revela la amargura del autor por la destrucción del reino visigodo, evidente en el uso retórico de los términos con los que califica, describe y juzga a los protagonistas de los eventos narrados y sus acciones. El autor compara la destrucción del reino visigodo «a los desastres de Troya, Jerusalén, Babilonia y Roma», es decir, lamenta la pérdida de la patria desde una perspectiva no sólo histórica, sino también mítica y épica (Rubio García 1974: 195).

La *Crónica de 741* tampoco es objetiva y neutral, pero se distingue radicalmente de la narrativa cronística posterior porque ofrece una visión descentralizada de la invasión musulmana. Su autor se concentra en las victorias y las conquistas árabes, alabando la experiencia y la virtud del ánimo de los militares musulmanes, así como la diligencia y la prudencia de sus líderes (Anónimo 1999: 164). Al resumir la expansión árabe, manifiesta respeto e incluso una actitud encomiástica hacia el profeta y «otros dos regentes musulmanes» (Blanco Silva 1999: 155). La expansión territorial del califato de Damasco hacia las regiones periféricas, luego de la conquista del norte de África, se ve como una continuación lógica del empuje iniciado en Arabia. En el siguiente fragmento de la *Crónica de 741*, la llegada de los musulmanes a la península ibérica se menciona como un eslabón en la cadena de sus conquistas a nivel mundial (Franco Sánchez 2001: 297):

> Hulit llegó al cetro del reino de los Sarracenos, según lo que había dispuesto su padre. Reina por 9 años, hombre de tanta prudencia al disponer los ejércitos tanto como desprovisto del favor divino, ya que casi destruyó para sí mismo la virtud de todas las personas próximas. Y debilita la Romania con una activa devastación por todas partes. También llevó las islas a cerca de la destrucción. Subyugó por la devastación las fronteras de la India. También en las partes occidentales subyugó el reino de los godos en Hispania afirmado por una antigua solidez, acercándose por medio del general de su ejército de nombre Musa y una vez sometido el reino impuso tributos. (Anónimo 1999: 165)

Los textos históricos medievales recurren al paradigma providencialista para explicar la victoria musulmana y la derrota de los godos en Guadalete, atribuyendo reiteradamente la desaparición del reino visigodo a la degradación moral encarnada por la Babilonia bíblica (Álvarez Junco 2013: 143). La *Crónica de 741* desafía este paradigma y la tradición interpretativa que lo sostiene. La invasión de la península ibérica se percibe como un hecho geopolítico, y no se focaliza la atención en el protagonismo individual de los personajes que más tarde adquieren funcionalidad clave en el discurso hegemónico. Por tanto, los sucesos bélicos en las primeras dos décadas del siglo VIII no se interpretan en el texto como castigo divino a las transgresiones morales de los monarcas visigodos.

Conviene destacar también el hecho de que Hispania aparece mencionada como un espacio puramente geográfico, y que los godos no son considerados como una nación autóctona de la península ibérica. El cronista los ve como un pueblo europeo que ha establecido una comunidad política en la península. Este ángulo de vista problematiza la ideología del discurso político posterior que asocia España con el reino visigodo, afirmando la existencia de la nación española con anterioridad a la invasión musulmana.

Si comparamos el fragmento de la *Crónica de 754* que se aduce a continuación con el ya citado fragmento de la *Crónica 741*, resulta evidente que el primero incorpora al segundo, pero a la vez lo amplía e introduce varios cambios significativos:

> Ulit habiendo alcanzado el cetro sarraceno, según lo había dispuesto su padre, y empeñado en la labor de ensanchar su reino en lucha con otros pueblos durante cuatro años, vive colmado de honores, de constantes triunfos. Fue hombre de tan extraordinarios conocimientos militares que, aun faltándole la ayuda divina, destrozó los ejércitos de casi todas las provincias limítrofes, y sobre todo debilitó la Romanía con devastaciones constantes. También llevó las islas casi hasta su exterminio, sometió la India después de asolar su territorio y redujo pueblos enteros a una absoluta pobreza. Destruyó, mediante asedios, fortalezas en todos los rincones de Libia y subyugó toda la Mauritania. También en Occidente sometió el reino godo asentado en España con una solidez ya tradicional –lograda en casi 350 años, desde su origen y principio en la era 400, y que desde Leovigildo se había ido extendiendo pacíficamente por toda España durante 140 años hasta llegar a la era 750 [712 de la era cristiana] en que fue destruido gracias a Muza, general del ejército enviado allí, y hecho tributario. (Anónimo 1980: 69)

A primera vista, el texto puede dar la impresión de que el cronista adapta la visión centrista árabe porque preserva la estructura del discurso de la *Crónica de 741*, en la cual la invasión musulmana se menciona como un simple episodio del éxito militar del califato de Damasco en el contexto de la expansión global de su poder. Pero si prestamos atención a los cambios en el vocabulario y a la ampliación del texto, se hace evidente que se trata de un acto de apropiación y subversión del texto original. Lo primero que hace el cronista es eliminar la palabra «prudencia» como calificativo del monarca de los sarracenos, sustituyéndola con la referencia más neutral a sus «extraordinarios conocimientos militares». Luego, se expande la descripción de las acciones de los musulmanes enfocando su efecto negativo en la vida de los pueblos conquistados, como, por ejemplo, cuando se señala la reducción de «pueblos enteros a una absoluta pobreza», el hecho de llevar las islas «casi a su exterminio» y causar la destrucción de Libia. La última oración del párrafo parece ser particularmente significativa, ya que transmite la idea de la destrucción del reino visigodo, presente en los textos de los cronistas posteriores. El discurso hegemónico español asocia la derrota militar del rey Rodrigo con la idea de la destrucción violenta de su reino y con el concepto de la «pérdida de España» en el imaginario colectivo español. Lo curioso es que el original de la *Crónica de 754* en latín, que se reproduce en la edición bilingüe de López Pereira, describe la acción de Muza con la palabra «endomuit» (1980: 68), es decir, el perfecto del indicativo de «endomo», con el sentido de «conquistar» o «someter», y no «destruxit», que significaría «destruyó». Se trata de un ejemplo de traducción manipulativa, influenciada consciente o inconscientemente por la memoria histórica nacional. Al final del fragmento citado de la *Crónica de 741* se alude a la victoria del ejército del general Muza sobre los godos con el verbo «sometió», y se indica que el propósito era imponerles impuestos. Es curioso que se mencione la obligación de pagar tributos, lo cual apunta hacia la causa económica de la expansión musulmana. En la Baja Edad Media, luego de que al-Ándalus fragmentado se debilitara militarmente, algunos de sus gobernantes empezaron a pagar tributos a los soberanos cristianos del norte de la península y a los vecinos musulmanes más poderosos, aunque trataron de camuflar los pagos como «gastos de paz, para evitar así a sus súbditos las guerras» (Lardizabal & Epalza 2007: 155). Pero aunque las alusiones a la motivación económica se mantengan iguales en las dos primeras crónicas, es notable el cambio ideológico en la segunda, donde se contrasta el carácter pacífico de la expansión visigoda y la supuesta brutalidad de las tropas de Muza.

La manipulación ideológica de la historia de la confrontación entre musulmanes y cristianos, de la que la *Crónica de 754* es una de las primeras muestras, continúa en el siglo IX. En las *Crónicas asturianas* el califato árabe deja de ser el centro de expansión geopolítica y se transforma en una fuerza de la barbarie periférica, mientras que los cristianos atrincherados en el norte de la península se convierten en el adalid de la resistencia europea. El cambio de perspectiva va a ser determinante para el desarrollo del discurso historiográfico y literario español, y se debe a la necesidad de afirmar la soberanía de Asturias. Durante el proceso de consolidación de su estructura política y social, la joven monarquía asturiana no sólo tiene que defenderse de los musulmanes, sino que se ve obligada a enfrentarse a las pretensiones territoriales de los francos. En la época entre el fin del siglo VIII y principios del IX en el discurso cronístico peninsular se produce una bifurcación ideológica. Por una parte, se mantiene la conciencia de la confrontación con al-Ándalus en el sur y, por otra, se hace patente la necesidad de responder a una amenaza que provenía desde el norte de los Pirineos. Carlomagno, el rey de los francos, y luego el emperador augusto, pretendía «ayuntar a su señorío a España» (Ríos Saloma 2011: 85). Sus pretensiones se fundaban sobre la base de una visión alternativa de la Reconquista, retratada en los textos cronísticos de finales del siglo VIII y principios del IX, titulados *Chronologia regnum gothorum* y *Chronicon moissiacense*. La debacle militar visigoda y la muerte del rey Rodrigo se registran en estos dos textos a través de un prisma de motivación política e ideológica carolingias, concediendo a Carlomagno un papel central en la lucha dirigida a recuperar los territorios arrancados a la cristiandad por los sarracenos (Martin 1984: 19, 21). Los cronistas francos construyen una visión de la «Reconquista» según la cual el rey de los francos encarna el poder militar cristiano y, en virtud de ello, debe ser considerado como heredero auténtico del territorio perdido por los visigodos (Martin 1984: 19, 21).

Según algunas fuentes historiográficas, Alfonso II, rey de Asturias, aceptaba su condición de subordinado o dependiente del emperador franco (Collins 1998: 74). Pero aunque este dato estuviera anclado en la realidad, Alfonso no acepta ser vasallo de la monarquía carolingia, e incluso llega a enfrentarse militarmente a Carlomagno para defender su autonomía (Ríos Saloma 2011: 85). En todo caso, las *Crónicas asturianas*, escritas en Oviedo entre 874 y 890, al igual que el testamento de Alfonso II, le dan de lado a las pretensiones de Carlomagno, y ensalzan al rey don Pelayo como protagonista e iniciador original de la restauración de la monarquía cristiana en la península ibérica (Escalona 2004: 224, 232). Al destacar la función histórica de este último como fundador del reino de Asturias y como sucesor verdadero de la monarquía visigoda, el reino hispano-cristiano defiende su legitimidad y autonomía ante las pretensiones de los francos (Martin 1984: 25). El hecho bélico y la victoria en Covadonga se entienden como el punto de arranque para el comienzo de la resistencia cristiana y de este modo fijan los derechos de los herederos de don Pelayo sobre el territorio de Iberia. Como señala Espino Nuño, las crónicas «son la culminación del proceso de justificación ideológica iniciado en el reinado de Alfonso II [...] haciendo hincapié en todo aquello que mostrase la vinculación de los monarcas asturianos con sus predecesores visigodos» (1996: 22). Explica Fernández Ubiña que de este modo

> se creaba el mito de la «Reconquista» como cruzada religiosa capitaneada por el reino asturleonés, y se proyectaba al pasado visigodo el

imaginario político de estos reinos, especialmente sus ideales monárquicos unitarios y sus pretensiones hegemónicas frente a los poderes diversos que entonces coexistían en la Península, cristianos unos y musulmanes otros. (1998: 192)

En este proceso de legitimación, además de subrayar el papel hegemónico de don Pelayo en la resistencia cristiana, se acepta el cataclismo de la civilización visigoda como parte de la historia de Asturias. Se trata de un acto de apropiación de la memoria del desaparecido reino con el fin de crear una imagen heroica de su pasado mítico-histórico e instrumentalizarla en la construcción de su propia identidad. A partir de este momento, el goticismo se convierte en el motor de la ideología hegemónica del reino de Asturias. Más tarde, el reino de Castilla también toma la decisión estratégica de apropiarse del pasado visigodo a través de Asturias, y Alfonso el sabio se inscribe en la *Estoria de España* como «heredero legítimo del trono de Pelayo» (Cruz Díaz 2014: 61). El rey cronista crea una estructura discursiva basada en la oposición binaria y en el «modelo medieval de la caída y la redención, o la muerte y el renacimiento» para evitar la asociación con los vicios morales y la debilidad militar de la monarquía visigoda (Deyermond 1985: 345). Desde una perspectiva histórica, el derrumbe del poder visigótico peninsular significó la pérdida de la oportunidad para los nómadas germanos de jugar un papel dominante en la etnogénesis de la nación española. El establecimiento de una sociedad islámica en la península ibérica altera los procesos de formación identitaria porque introduce un componente etnogenético nuevo y, al mismo tiempo, despeja el camino para la futura hegemonía del sustrato hispanorromano en el proceso de la formación de los nuevos reinos medievales hispano-cristianos. El reino de Castilla adquiere importancia precisamente por su posición estratégica en la zona fronteriza entre el norte cristiano y el sur musulmán y luego, como bien se sabe, expande su dominio por la península absorbiendo los reinos vecinos de los alrededores y estableciendo la base del estado español moderno. Cuando

Castilla consolida su poder militar y adquiere un papel dominante en el proceso histórico de la «Restauración», su monarca asimila «de hecho los títulos Rex Gothorum, Rex Hispaniae y Rex Castellae» (Fernández Ubiña 1998: 193).

Hay quienes han expresado reservas e incluso críticas con respecto al goticismo y la idea de la existencia de España anterior a la conquista musulmana. Por ejemplo, en el siglo XIX, Marcelino Menéndez y Pelayo rechaza la españolidad de los visigodos subrayando la diferencia entre éstos y los hispanorromanos (2014: 238), y en el XX Américo Castro se opone a la identificación atemporal entre España y la península ibérica porque, en su opinión, la definición de la españolidad se debe basar en una estructura social y cultural específica, y la de los visigodos no tiene mucho que ver con la de los españoles modernos (1985: 40, 179-80). A juzgar por los escritos de Ramírez de Helguera, los godos jugaron el mismo papel en el siglo V que los árabes en el VIII. El autor se refiere a «los godos invasores», que «penetraron desbordados en la península sin obstáculo alguno, talando y reduciendo a cenizas multitud de ciudades, villas y lugares» (1896: 21). Herwig Wolfram también presenta a los godos como parte de una fuerza militar externa cuando escribe que «atacaron España en 468» (1990: 185; mi traducción). La misma perspectiva se transparenta en un manual de historia sobre la civilización de Occidente, donde se explica que «los visigodos invaden España, arrojan de ella a los vándalos y establecen un reino en España y Galia meridional» (Hardy McNeil 2000: 243). Es decir, tanto los godos como los árabes fueron conquistadores de la península ibérica en sus respectivas épocas, pero se les trata de un modo muy diferente. Con muy pocas excepciones, la derrota militar y el derrumbe de la monarquía goda se califican como la pérdida de algo propio, mientras que la resistencia y la eventual victoria de Castilla y Aragón sobre al-Ándalus se define en términos de una confrontación con el enemigo externo.

Señala Miguel Argaya Roca que España «nace durante la Reconquista como, en todos los sentidos, "algo nuevo"», y cita a Sánchez

Albornoz, para quien «los reinos de España no habían nacido como resultado de la prolongación histórica de viejas unidades étnicas culturales de la primitiva Hispania, sino como fruto de lo accidentado de la vida política de los largos siglos de Reconquista» (Argaya Roca 2006: 62). España se establece como una entidad autónoma, con su propia identidad cultural, lingüística y social, muy distinta a la del reino de Vitiza y Rodrigo. Si en la memoria histórica colectiva la derrota en Guadalete está relacionada con la pérdida de España es por la preferencia ideológica y política por la identificación de los godos con los españoles, que les fue negada a los musulmanes (Álvarez Junco 2011: 143, 145). Es decir, la idea de la existencia de España desde la prehistoria se arraiga en la sociedad española por la influencia del discurso hegemónico en la construcción del imaginario colectivo (Pérez Garzón 2011: 17). Las diferencias socioculturales y etnolingüísticas entre distintas comunidades que habitaban en el norte del país no tenían importancia en el momento histórico en que comienza la construcción de la nueva identidad. El vínculo esencial entre estas comunidades y el factor determinante en el proceso que los une es la identidad católica, que se convierte en uno de los componentes fundamentales de la identidad nacional española (Rosario 2007: 18).

El proceso de la formación identitaria requiere una narrativa que justifique los hechos históricos con el fin de crear el sentido de comunidad entre todos los integrantes de la nación imaginada (Anderson 2006: 6). Al reconocer la desaparición del poder militar visigodo como un hecho traumático para la cristiandad europea, los cronistas comienzan a referirse a la conquista árabe desde una perspectiva etnorreligiosa. Los grupos de resistencia que se refugiaron en las montañas de Asturias y en los Pirineos reciben el nombre de «cristianos» para subrayar el factor unificador, y los conquistadores de la península el de «moros», para destacar su origen foráneo. De este modo se establecen y se fijan las identidades de grupo sobre la base de las cuales más tarde se formaría el binomio «moros y cristianos». La relación entre los dos grupos integrantes del binomio es jerárquica: atribuye a los «cristianos» el criterio de superioridad moral y de la causa justa y a los moros, el papel de antagonistas en el contexto de la lucha del Bien contra el Mal (Burshatin 1985: 98). Este proceso influye en la construcción del concepto de nación en España porque incluye sólo a los cristianos en la comunidad política que se establece en la conciencia colectiva. España es imaginada como una nación cristiana porque la gran mayoría de los ciudadanos, aun sin conocer a todos sus compatriotas ni mucho menos a los desaparecidos visigodos, vislumbran una comunidad única a partir del criterio de la unidad de grupo vista en oposición a otro grupo (Anderson 2006: 6). El grupo asociado con el concepto de la «otredad» incluye a musulmanes, moriscos, judíos y conversos. Recordemos a modo de comparación que los godos llegaron a la península en el siglo v y permanecieron unos doscientos cincuenta años, mientras que la presencia de los árabes se extendió por un período de casi ocho siglos. Es decir, al-Ándalus, bajo sus diferentes nombres, existió como entidad política mucho más tiempo que el reino visigodo, e incluso más que algunos estados modernos, incluyendo a todos los del Nuevo Mundo. A pesar de haber hecho una contribución apreciable a la cultura y al desarrollo de los espacios urbanos, los musulmanes, al igual que los judíos, quedan fuera del concepto de la españolidad. Este último se afirma a través de una combinación de criterios basados en el reconocimiento del poder absoluto de la monarquía española, las prácticas culturales y la fe católica:

> El moro, el judío y el hereje son símbolos de alteridad, la antítesis del Nosotros ontológicamente definido en confrontación radical con el Otro. El continuado esfuerzo epistemológico por conocer y clasificar al Otro creó, por oposición, la representación religioso-monolítica del Nosotros nacional, fue resultado de la agónica convivencia con el Otro. (Lisón Tolosana 2004: 80)

La diferencia irreconciliable entre el Otro foráneo y el Nosotros nacional, que se subraya con la idea de la continuidad entre la nación goda y la nación española, unidas simbólicamente ante el enemigo común, se instrumentaliza para justificar la exclusión de los grupos no cristianos de la comunidad imaginada de España. Como consecuencia, la conquista del territorio de al-Ándalus por parte de una nueva entidad política y cultural, formada en el siglo VIII en el norte de la península ibérica, se enmarca como una recuperación del territorio perdido a consecuencia de una invasión extranjera.

Después de la derrota y disolución del reino nazarí, aumenta la presión sobre el «Otro» para que se asimile o abandone el reino. Al mismo tiempo, con la creación de los *Estatutos de limpieza de sangre* se induce «una dinámica totalmente contraria a la política asimilacionista cuyo órgano supremo fue la Inquisición» (Stallaert 2003: 21). El catolicismo se convierte en un requisito esencial para la españolidad y forma la base del paradigma de cristiano viejo, un arquetipo antropológico cultural que combina elementos étnicos y contenido religioso (Hernández Franco 1996: 62). La construcción y la promoción de la identidad etnorreligiosa contribuye a consolidar España como nación, pero a costa de decisiones políticas lamentables como la expulsión de las minorías judía y musulmana de la península ibérica. Al fracasar el proceso de aculturación de los conversos moriscos y judíos, incluso estos grupos sufren represión y exilio.

La aculturación no fue del todo exitosa debido a la imposición de unas prácticas culturales que infringían los derechos que originalmente les fueron concedidos a las minorías religiosas. Uno de los ejemplos más elocuentes de la intolerancia hacia el «Otro» es el caso de las restricciones en cuanto a la higiene personal. La práctica del aseo regular se convierte en un elemento de distinción entre los cristianos y los no-cristianos cuando el rey Alfonso VI prohíbe las abluciones por temor a que el contacto con el agua pueda dañar el espíritu guerrero de sus tropas (Weiner 2001: 67). En el siglo XVI el decreto se extiende a todos los residentes del reino, se ordena la demolición de los baños árabes, e incluso se les prohíbe «bañarse en sus casas y fuera de ellas» (Estévez Romero 1900: 182). Los musulmanes, los moriscos y los conversos se encuentran ante la necesidad de tomar una decisión difícil: escoger entre violar la ley civil y afrontar el peligro de ser denunciados y castigados o someterse al edicto y abandonar las prácticas culturales que incluían abluciones. La represión aumenta significativamente a mediados del siglo XVI durante el reinado de Felipe II, con la publicación de una lista de restricciones de orden económico y social. Además, este segmento de la población de España es colocado en un limbo identitario, puesto que se afirma que ellos no son «pueblo aparte», pero tampoco son «parte del pueblo español» (Estévez Romero 1900: 18).

La representación ideológica de la oposición entre los moros y los cristianos se mantiene en la literatura de tema histórico incluso después de la expulsión de las minorías religiosas de la península y se adapta para metaforizar otros conflictos políticos y culturales. Los dramaturgos neoclásicos participan en la construcción de la memoria nacional manteniendo la perspectiva hegemónica sobre la «pérdida y restauración de España» y la diferenciación jerarquizada entre los dos grupos en conflicto. Siguen la práctica de la caracterización literaria, establecida en las épocas anteriores, de asociar con los hombres cristianos el modelo de masculinidad basado en la violencia y la dominación, y resaltar en la imagen de los musulmanes los rasgos negativos, como la cobardía y la debilidad (Mirrer 1996: 47).

En las tragedias neoclásicas, los defensores de la patria y fundadores de la nueva monarquía son los godos, los cántabros, los asturianos y los gijoneses, identificados como «españoles» y «cristianos» y caracterizados por los adjetivos «ínclitos», «nobles» y «valientes». En general, todas pecan de maniqueísmo en la descripción y caracterización de los personajes cristianos y musulmanes. La imagen de don Pelayo se identifica anacrónicamente con la nación española y con su futura función mesiánica como restaurador de España.

En *Hormesinda*, de Nicolás Fernández de Moratín, la línea divisoria entre los dos conjuntos sociales en pugna se hace patente con la exclamación de Munuza, «Arma, arma, mis Alarbes y Africanos» y el llamamiento de Pelayo: «Arma, Cántabros míos y Asturianos» (Fernández de Moratín 1770: 88). Cuando el «gallardo Alfonso» rompe las cadenas de Hormesinda, los moros «infieles» huyen cobardemente», y el brillo de la «ardiente espada» de don Pelayo espanta a Munuza (1770: 92). Al recibir la herida mortal, el musulmán cae al suelo «rabiando en sangre tinto», «abominable», «horroroso» e «infernal» (1770: 92). En la última escena, el personaje de don Pelayo ordena a «los cristianos con espadas desnudas» marchar a Covadonga para empezar desde allí «la conquista de España» (1770: 93-94).

En la tragedia de Gaspar M. de Jovellanos, el personaje de Munuza afirma que don Pelayo es de «de la estirpe de los godos» (1846: 29). El personaje árabe, Achmet, trata de persuadir a Munuza de abandonar sus pretensiones a la mano de la hermana de Pelayo porque está preocupado por los «aceros» que «empuñan los valientes asturianos»; y en efecto, en palabras del personaje de Igunda, «los valientes asturianos» defenderán el honor de las mujeres y la patria (Jovellanos 1846: 38, 54). En el primer acto, uno de los personajes cristianos, que se llama Suero, explica que es imprescindible defender a la hermana de don Pelayo no sólo por el asunto de honor, sino porque ella es «el ilustre depósito [de sangre de los godos] fiado / al valor asturiano, esta reliquia de la estirpe real» (1846: 21). Esta declaración es particularmente significativa no sólo para marcar la diferencia entre los moros y los cristianos, sino también para afirmar la legitimidad de los derechos de Asturias sobre la herencia goda. En la tercera tragedia representativa del ciclo temático de don Pelayo, de Manuel J. Quintana, en la escena de la fundación de la nueva monarquía el héroe nacional se dirige a los guerreros cristianos presentes, primero con el apelativo de «españoles» y luego con el de «godos» (2018: 198-199). En la misma escena, Alfonso exhorta al mismo grupo a la acción con las palabras «Sigámosle, españoles», y al proponer que Pelayo sea el nuevo rey, usa el término «Valientes españoles» (Quintana 2018: 200).

La tragedia contiene varios componentes de la ideología del nacionalismo identitario, basado en la diferenciación religiosa y racial. En primer lugar, don Pelayo tiene una función mesiánica y derrama sangre vicariamente, mediante el sacrificio de su hermana. En segundo lugar, la guerra en contra de los árabes se identifica con el concepto bíblico de la libertad como liberación de un pueblo conquistado y esclavizado. En tercer lugar, el bando contrario es deshumanizado al ser identificado como la fuerza del mal, y de ahí que la lucha contra este enemigo no admita armisticios.

La identidad de grupo de los españoles se construye en oposición al Otro invasor, foráneo y ajeno, es decir, al árabe musulmán y africano. En el poema *Pelayo* de Alonso de Solís, la hazaña del héroe de Covadonga consiste en haber recuperado «la Ibera monarquía», luchando contra las fuerzas invasoras muy superiores identificadas con el nombre colectivo «el mauritano» (Solís 1754: 2, 5). En la tragedia de Quintana, el enemigo colectivo es el «africano» sediento de «oro y placer» (2018: 164), mientras que en la pieza de Gaspar M. de Jovellanos se afirma que los «africanos» son los nuevos dueños de Gijón (Jovellanos 1846: 54). En la segunda escena de la tragedia *Florinda*, de María Rosa Gálvez, don Pelayo cuenta los hechos de la batalla en Guadalete e identifica a los invasores como «africanos» y «agarenos» (1804: 60). En el último acto de la tragedia *Rodrigo*, de Gil y Zárate, el godo Teodófrido exclama: «Día funesto a la española gente / ¿Dónde, Godos huís? Al Africano / Así cedéis cobardes?» (1838: 51). En *Egilona,* de Gertrudis Gómez de Avellaneda, el personaje bereber Caleb habla de su «africano corazón» y es identificado como «mauritano» en el diálogo entre Ermesinda y Egilona (2018: 285). Hacia el final de la tragedia, el rey Rodrigo exclama: «¡No! Que la Arabia con sus tribus venga; ¡quiero morir; pero morir matando!» (Gómez de Avellaneda 2018: 318). Se reitera constantemente la extranjeridad del Otro, sea su procedencia cual fuere, de Mauritania, África o Arabia. La reiteración sirve para subrayar el contraste entre la identidad de los «invasores» y la ascendencia europea de los españoles en el momento histórico de la consolidación de la identidad nacional de España. El problema de autodefinición identitaria que preocupa tanto a los intelectuales españoles trasciende los períodos ilustrado y romántico, según confirma el siguiente comentario de Antonio Machado sobre el valor histórico de España como baluarte de Europa:

> España ha sido la víctima de las mayores calumnias: porque hasta el título de europea se le han negado quienes, con total desconocimiento de la historia y de la geografía, sostienen que el África empieza en los Pirineos, olvidan que en los Pirineos no empieza, sino que en ella acaba el gran baluarte de la Europa occidental, erizado de sierras y poblado de pechos indomables, merced a los cuales Europa es Europa. (1964: 134)

La diferenciación entre los españoles y los que no se consideran como tales en los textos que se adscriben a la visión hegemónica de la «pérdida y restauración de España» tiene varios niveles de semantización. Ya en las crónicas y los textos poéticos de los siglos XII y XIII se insistía en la división entre lo «propio» y lo «ajeno», y se identificaba lo «propio», es decir, el Yo español y cristiano, con el color blanco y el criterio de la autenticidad, mientras que lo «ajeno», es decir, el Otro no-cristiano, se identifica con el color oscuro y con una supuesta falsedad o falta de autenticidad (Mirrer 1996: 52). La distinción cromática es jerarquizada desde una perspectiva cualitativa y moral, en tanto que «el color blanco simboliza la luz, la eternidad, la perfección trascendente, la simplicidad, el sol, el aire, la iluminación, la pureza, la inocencia, la castidad, la santidad, lo sagrado, la redención, la autoridad espiritual», mientras que la oscuridad se asocia con el mal, y el color negro, con el duelo, el luto y la penitencia (Balderas Vega 2008: 520-25). Las obras dramáticas de los siglos XVIII y XIX fomentan esta diferenciación cromática y continúan atribuyéndole valores morales y éticos. En *Hormesinda* de Moratín, don Pelayo es de «progenie ilustre» y de «ilustre sangre», es el «rayo de Luz», «heroico» y «firme», mientras que su hermana es «dulce», «inocente» e «hija amada de Luz» (1770: 3, 37, 59, 60, 83). En la pieza de Jovellanos, el personaje de don Pelayo, su hermana Dosinda, los godos y los asturianos se asocian con el «honor», el «recato», la «firmeza», la «razón», el «valor», lo «antiguo», lo «natural» y lo «ilustre» (1846: 30, 43). La virtud de la «dulce» e «inocente» protagonista de *Abdalasis y Egilona*, de Vargas y Ponce, es asociada con la «luz más pura» y «el sol más claro»; ella es una «clara goda» de «clara estirpe» (1804: 10, 33, 34 65). El alma del personaje de Egilona de Valladares de Sotomayor conserva la «preciosa luz de la virtud» (1817: 11). Incluso el personaje del rey Rodrigo, que no es muy alabado en otras obras, en *Egilona* de Gómez de Avellaneda aparece con «luz» y «fuego» en su pecho y en su semblante, habla de la «gloria de la estirpe goda», tiene «sangre ilustre» y sueña con expiar sus pecados para recobrar su gloria, que «será crisol de donde salga / limpia mi vida» (2018: 301, 296).

En contraste con estas descripciones positivas, en el mismo drama de Gómez de Avellaneda la referencia al lugar geográfico de procedencia de Caleb, el ya mencionado jefe de la guardia del emir Abdalasis, va acompañada de una alusión al color oscuro de su piel y se asocia con una caracterización negativa, es decir, con sus intrigas, cobardía y traición. El personaje de Munuza en la pieza de Moratín exhibe las mismas características desde la primera escena: es «vil, infame, y atrevido / entre tostados árabes nacido» (1770: 3). En la escena trágica unipersonal titulada *Florinda*, de Francesc de Bahamonde, también se califica al personaje colectivo de musulmanes con el denominativo «Alárabe tostado» (1817: 7). En la tragedia *Abdalasis y Egilona*, de José Vargas y Ponce, la reina goda rechaza los avances del moro Mahomad gritándole: «Detestable! Tu negro aspecto desalada huyo» (1804: 74). La configuración negativa de los musulmanes se completa con las referencias textuales a su carácter supuestamente bárbaro, pérfido y satánico. Así, en el texto del «Argumento» que precede el poema *Pelayo* de Alonso de Solís se explica que el mismo Luzbel, ni más ni menos, es quien sirve de consejero a Munuza, y que el diablo en persona «teme la ruina del imperio moro» por ser su aliado (Solís 1754: 1). En *Hormesinda*, Nicolás Fernández de Moratín alude a los «bárbaros Pendones» de los «bárbaros soldados» de Damasco (1770: 10), y en *Florinda*, de Gálvez, se califica a las tropas de Musa ibn Nusayir con las denominaciones de «los bárbaros alárabes» y el «bárbaro enemigo», además de subrayar su cobardía al mencionar que huyen sin atreverse a volver al combate (1804: 58). En la escena trágica unipersonal de Bahamonde se combinan las referencias a la barbarie y al origen foráneo de los musulmanes: «triunfa el Moro: del bárbaro se aumenta la soberbia [...] Africanos, volad, nada os detenga» (1817: 8). El personaje de Rogundo, de la tragedia de Jovellanos, recuerda «el día terrible y malhadado» de la derrota de Rodrigo por el «bárbaro africano» (1846: 17), y Alfonso en *Pelayo* de Quintana habla de «los bárbaros infieles» (2018: 166).

El rechazo a la imagen narrativizada del Otro se realiza a partir de la diferenciación geográfica, racial y religiosa. Al confesar a su dama de compañía Ermesenda en la segunda escena del primer acto que adora a Abdalasis, Egilona no deja de recordar con horror y vergüenza que ama a quien es:

> Del Califa apoyo;
> orgullo de la gente musulmana;
> firme sostén del Alcorán impío...
> [...] quien a Iberia sujetó a sus plantas
> y con arroyos de cristiana sangre
> regó los lauros que en su sien se enlazan.
> (Gómez de Avellaneda 2018: 236)

Manuel José Quintana, por boca de Veremundo, califica la religión musulmana de «plaga» que se levanta en la Arabia y se extiende por «la Asia y la Libia» (1805: 51). Bahamonde, por su parte, se lamenta que «del Alcoran los torpes ritos / profanan el recinto, que antes era / de

Religón sagrada feliz centro» (1817: 9). La función política de la reina Egilona en el drama trágico de Gómez de Avellaneda cristaliza en la última escena, cuando ella vaticina la «libertad del español imperio» y rompe el estandarte árabe (2018: 337).

En la tercera escena del primer acto de *Egilona*, la protagonista expresa su tristeza por el hecho de que aún haya godos cautivos en el día de bodas con el caudillo musulmán (Gómez de Avellaneda 2018: 242). Para complacer a la reina y como parte de la celebración del fausto día, el emir Abdalasis ordena que traigan a su presencia a los tres últimos cautivos, identificados en las acotaciones como «cristianos, con cadenas y rodeados de la guardia», para liberarlos (2018: 249). Al dirigirse a los prisioneros godos con el apelativo a la vez anacrónico e ideológicamente cargado de «Guerreros españoles», el emir subraya su propia condición de extranjero, y por extensión, la de los musulmanes (Gómez de Avellaneda 2018: 249). En el segundo acto se sugiere que, a pesar de que el territorio del reino visigodo haya sido conquistado por los árabes, sigue siendo «el suelo español», y Abdalasis lo confirma usando el apelativo «la española tierra» para referirse al territorio que ya en su época se denomina al-Ándalus (Gómez de Avellaneda 2018: 262, 277). Con este reconocimiento del derecho de los cristianos sobre la península ibérica el drama trágico de Gómez de Avellaneda se adscribe a la ideología de la «Reconquista» y a su retórica de legitimación. En el teatro ilustrado y romántico las referencias anacrónicas a la españolidad de la península y a sus habitantes godos como antepasados de los españoles modernos promueven la ya mencionada mitología hegemónica, que reclama la península ibérica para la monarquía española. La imagen identitaria del español moderno se completa con su ascendencia goda, su fe cristiana y su asociación con el concepto geográfico de Hispania.

Si comparamos las obras teatrales que tratan el tema de la «Reconquista» notaremos diferencias considerables en cuanto a los detalles, circunstancias, personajes e incluso, al énfasis interpretativo, pero en conjunto, todas comparten un rasgo común: pretenden racionalizar el efecto traumático de la memoria de aquel cataclismo político conocido como «la pérdida de la patria». Se pretende compensar la conciencia de la derrota histórica de los visigodos y, al mismo tiempo, se trata de avasallar retóricamente a los musulmanes, que se representan como parte de una otredad hostil. A pesar de que en algunos textos se esboza una visión neutral o positiva de las minorías religiosas en España, tanto en la época anterior a la Ilustración como en el teatro neoclásico y romántico, la construcción de la identidad propia se apoya sobre «una imagen contrapuesta y hostil de un Otro para darle de esa forma razón de ser a un Yo Mismo» (Taub 2008: 28).

En el ambiente político de finales del siglo XVIII y principios del XIX, con una España en la encrucijada entre el casticismo y el europeísmo ilustrado, el discurso literario se instrumentaliza para criticar todo aquello que atente contra la visión identitaria basada en la virtud, los valores cívicos y el patriotismo. Es revelador que paralelamente con la exploración de los mitos fundacionales, la literatura de la época ilustrada destaca, enfrenta y ridiculiza ciertas actitudes contemporáneas, como por ejemplo el afrancesamiento de algunas capas de la población urbana y la conducta afectada o amanerada en que éste resultaba. La tendencia crítica se observa en las comedias de Nicolás Fernández de Moratín y Tomás de Iriarte, así como en las *Cartas marruecas* del coronel José de Cadalso, para nombrar a tres autores representativos. Además de una crítica de vicios, el proceso de la edificación cívica y nacional requiere modelos que presenten «eminentes cualidades morales y patrióticas» (Andioc 1988: 382). Juan Meléndez Valdés refleja la postura de los intelectuales ilustrados cuando propone «que se den al pueblo, "como ejemplos más insignes de virtudes cívicas y guerreras", el heroico despecho de Numancia, el ínclito Infante don Pelayo, el religioso don Ramiro...»; es decir, ejemplos provenientes de la historia nacional (Andioc 1988: 382). El país estaba enfrentando una profunda crisis ideológica e identitaria (Morales Moya 1993: 7), y el aumento de interés hacia el tema de la «pérdida y la restauración de España» –y en particular, hacia la victoria mítica de don Pelayo sobre los moros, en contraste con la derrota de Rodrigo– cobra relevancia como fuente de inspiración y estímulo patriótico. La reescritura y la reinterpretación de temas patrióticos en el teatro de la época forma parte de un esfuerzo político dirigido a superar la división interna y avanzar hacia la cristalización de la idea de la España moderna, que incluía en el nuevo concepto de la identidad unificada toda la variedad de identidades regionales, representadas simbólicamente en el texto con referencias a los godos, los astures y los cántabros.

Don Rodrigo, Florinda la Cava y el conde Julián

1.

Al concluir el conflicto militar con la toma del reino de Granada por los reyes católicos, la historia ficcionalizada en las crónicas medievales pasa a servir como fundamento para el discurso histórico-identitario enfrascado en la tarea de la construcción social de «la idea de España como colectividad susceptible de dar un sentido de pertenencia a los distintos grupos que conformaban la sociedad española» (Ríos Saloma 2011: 42). El proceso de construcción social tiene dos fases principales. En los siglos XVI y XVII, el propósito es fortalecer la monarquía católica, construyendo la identidad nacional en base a la lealtad y obediencia del súbdito a su rey. A partir de la segunda mitad del siglo XVIII se trata de estimular reacciones patrióticas y la conciencia nacional ante la decadencia del poder imperial español. Se busca apoyar el proceso de formación de la identidad nacional como parte de la construcción del concepto de ciudadanía, relacionado con el amor patrio, la cultura y el territorio. Los escritores se permiten ciertas libertades en cuanto a la configuración de los personajes y la presentación de acontecimientos históricos, pero esencialmente se mantienen dentro del espacio ideológico y se guían por las versiones del pasado establecidas en el discurso de los cronistas medievales.

Con sólo echar una rápida ojeada a la producción literaria sobre «el díptico temático de la pérdida y la restauración de España» (Romero Tobar 2014: 59) se puede notar la existencia de varios núcleos temáticos en torno al grupo de personajes centrales identificados en el capítulo anterior. El primer núcleo incluye al rey Rodrigo, Florinda y al Conde Julián; el segundo, a don Pelayo, Hormesinda y Munuza; el tercero, a Egilona y Abdalasis. Desde un principio, el discurso literario se interesa por los personajes de Rodrigo, Florinda y el conde Julián en el contexto del paradigma de crimen y castigo, mientras que el tema de don Pelayo se elabora con el propósito de establecer su «carácter mesiánico» en la historia de España (Cramer 2005: 196). Antes de la popularización del tema de la restauración de la patria, en los siglos XVIII y XIX, los demás personajes tenían una función episódica, y aparecían con varios nombres e identidades distintas (Freyschlag 1965: 84). Los dos personajes musulmanes, el emir de Córdoba Abdalasis y el jefe militar de las tropas árabes en Gijón, Munuza, adquieren más relevancia en el teatro neoclásico y romántico porque se acomodan mejor a la agenda ideológica del proyecto ilustrado. La configuración de su identidad y el tratamiento de su papel histórico puede variar sustancialmente. Lo mismo ocurre en la construcción de las dos protagonistas femeninas, Hormesinda y Egilona.

Las diferencias entre las versiones de distintos autores en el caso de los últimos cuatro personajes mencionados son mucho más pronunciadas que en el caso de Rodrigo, Pelayo, Florinda y el conde Julián. La identidad de éstos es más estable en el discurso literario y por lo general sus nombres son mucho más reconocibles. Sin embargo, a pesar de la desigualdad de su posición en la jerarquía de la memoria nacional española, todos se inscriben de modo funcional en el mito de la «pérdida y restauración de España» mediante un proceso de alienación y apropiación. En primer lugar, los individuos son despojados de su identidad histórica real –si es que la tuvieron, por supuesto–, para luego ser apropiados por el discurso ideológico de las monarquías asturiana y castellana. Se les asignan comportamientos arquetípicos en la narrativa fundacional de acuerdo con la visión cultural hegemónica y los patrones paradigmáticos de la tradición cristiana. Adquieren, de este modo, una significación simbólica en el imaginario colectivo y se ponen al servicio del poder porque lo capacitan para «desplegar mecanismos de legitimación ideológica» (Pérez Garzón 2000: 27).

Si consideramos la visión establecida por la cronística medieval, es posible subdividir a los personajes de acuerdo con su funcionalidad en el contexto del pensamiento providencialista. Inspirados por la visión bíblica del mundo, los cronistas construyen la memoria de la derrota de los godos y de la restauración de España sirviéndose del paradigma ético-religioso de la lucha entre el Bien y el Mal (Cramer 2005: 52). Las dos partes de esta oposición binaria se asocian con las dos partes beligerantes, es decir, con los moros y los cristianos, que aún sobrevive y se expresa en diferentes manifestaciones culturales, incluyendo las fiestas, danzas o celebraciones anuales (Albert-Llorca 2003: 12). En el discurso de la «Reconquista» la categoría del Bien incluye a los godos y los asturianos que pelearon al lado de don Pelayo, así como a los cristianos en general, con excepción de los personajes que supuestamente se pusieron del lado de los moros o abandonaron al rey Rodrigo en Guadalete. El Mal es representado por los musulmanes y los cristianos traidores, como el Conde Julián, Oppas y los hijos de Witiza, y por los corruptos reyes visigodos que precedieron al rey Rodrigo en el trono. Ríos Saloma incluye a don Rodrigo en este grupo y señala que el paradigma entre principios opuestos del bien y el mal estructuró «el relato sobre la pérdida y restauración de España» en el siglo XVI (2011: 46). En el discurso literario de los siglos XVIII y XIX, la imagen de don Rodrigo es polifacética, y tanto Florinda como él son tratados con cierta ambivalencia, aunque no con igualdad.

Al personaje del último rey visigodo se le atribuye una conducta basada en el modelo mítico de la transgresión. Don Rodrigo supuestamente rompe las reglas sociales y desafía las prohibiciones, con lo cual provoca la invasión musulmana; así es como quedó grabado, al menos, en el imaginario colectivo. Sin embargo, hay una serie de contradicciones en el discurso hegemónico sobre la «pérdida de España» que permiten cuestionar el rol que le ha sido asignado. En primer lugar, es curioso que en la *Crónica de 741* ni siquiera se le mencione. El hecho de no aparecer como figura suficientemente relevante para ser identificado por su nombre, a pesar de su estatus real y de ser quien provoca la invasión musulmana, ya planta dudas sobre toda la mitología de crimen y castigo que se asocia con su nombre. Si las transgresiones del rey, según la versión hegemónica de la historia nacional, causaron el desastroso fin de su reino, ¿cómo entender la omisión de su nombre de la primera crónica conocida, escrita apenas tres décadas después de aquellos eventos? Tal vez el nombre se omitió porque el personaje no tuvo la importancia que históricamente se le ha asignado. La incursión del ejército árabe en el territorio visigodo, según ya se ha anotado, no se produjo para ajustar cuentas entre individuos poderosos, sino más bien tuvo que ver con una motivación de índole económica e imperialista. En la *Crónica mozárabe de 754* se menciona el nombre del rey godo, pero sin el peso de la culpa que se le adjudicaría posteriormente. Don Rodrigo aparece representado más bien como una víctima de las circunstancias. Se alega que llega a ocupar el trono a ruegos del Senado y «en virtud de una revuelta» (Anónimo 1980: 69), lo cual difiere de la versión hegemónica, según la cual se le acusa de llevar a cabo un golpe de estado y derrocar al legítimo rey Vitiza para usurpar el poder. En la *Crónica mozárabe de 754* se afirma que ciertas facciones políticas godas pusieron sus esperanzas en la capacidad de don Rodrigo de actuar de modo decisivo para salvar el reino. Es más, parece que los árabes y los bereberes ya estaban en el sur de la península, por haber llegado a Hispania durante el gobierno del ya mencionado Witiza, y varios años antes de la coronación de Rodrigo (Anónimo 1980: 70). Este último apenas se mantuvo un año en el poder, durante el cual trató de reconciliar los grupos visigodos en conflicto y dirigió personalmente las operaciones militares en varios frentes al mismo tiempo, es decir, contra los vascones en el norte, contra la disidencia interna en Toledo, y contra los moros en el sur del país. Ni siquiera se le puede llamar con justicia «el último rey de los godos», porque el hallazgo de dos acuñaciones de moneda posteriores a su derrota sugiere que el reino visigodo tuvo por lo menos dos reyes más, llamados Aquila y Ardo (Díaz 2001: 67). El discurso hegemónico de la «Reconquista» afirma la culpabilidad de don Rodrigo vinculándola con los pecados y transgresiones que supuestamente comete, pero la omisión de su nombre de la primera crónica, el carácter ficcional de sus transgresiones —que no aparecen mencionadas en la segunda crónica—, y una serie de contradicciones que existen en distintos textos contribuyen a desestabilizar su imagen negativa y la versión oficial de su historia, y abren la puerta a la posibilidad de que estemos en presencia de una manipulación ideológica y de que el monarca visigodo, acusado de ser un rebelde alevoso, usurpador del poder real, un caudillo militar inepto y un pecador desobediente a su Dios, no sea más que «un chivo expiatorio» en la memoria colectiva (Fletcher 1999: 31).

En la construcción de la leyenda de las transgresiones del rey, el espacio central ha sido adjudicado a la supuesta violación de Florinda, también conocida como la Cava, según varias fuentes medievales, tanto árabes (Hernández Juberías 1996: 182) como cristianas (Menéndez Pidal 1973: xiv).

De acuerdo con la versión legendaria de los hechos, al recibir la noticia de que Florinda fue violada por Rodrigo, el conde Julián facilitó la invasión musulmana para vengar la deshonra de su hija. En una conveniente muestra de justicia poética, según una crónica escrita cinco siglos después de aquellos eventos, el rey Rodrigo recibe el castigo de la propia mano del padre de la joven violada (Jiménez de Rada 1989: 153). Según otras fuentes, después de la derrota en Guadalete don Rodrigo huyó a Portugal, donde hizo penitencia y murió, y existen, por lo menos, dos obras de teatro que lo ubican en Córdoba durante el gobierno del emir árabe Abdalasis: *Egilona*, de Gertrudis Gómez de Avellaneda, y *Juicios de Dios*, de Ramón de Valladares.

En la versión del mito que se desarrolla en la pieza teatral *El último godo*, Rodrigo comete dos transgresiones sexuales. Además de la leyenda de Florinda, Lope de Vega incorpora en el argumento el motivo del rapto de la hija del rey de Argelia. El desarrollo del conflicto dramático depende de las consecutivas transgresiones del monarca visigodo, porque son necesarias para justificar la ira de Dios. Una sola transgresión, es decir, la seducción o violación de Florinda, no sería suficiente porque podría interpretarse como efecto de un poderoso apasionamiento y verse, en el marco de la teoría dramática clásica, como un error trágico. El propósito ideológico de la tragicomedia *El último godo* es sugerir la inevitabilidad de la destrucción del reino godo por voluntad divina, dejando en claro que ésta se produce a consecuencia de un patrón pecaminoso en la conducta del rey Rodrigo. Por esta razón, el dramaturgo necesita recargar los tonos negativos en la configuración moral de su protagonista, añadiendo la trasgresión de espacios sagrados o prohibidos a las ofensas en contra del honor paternal del rey moro Benadulfe y del conde Julián. El castigo divino se materializa en forma de la catástrofe militar del ejército godo en el año 711, con lo cual la tragicomedia se ubica firmemente dentro del discurso providencialista.

La fuente de la tragicomedia de Lope de Vega es *La historia verdadera del Rey Don Rodrigo* de Miguel de Luna. Se trata de un texto ficcional estilizado como crónica medieval y presentado al público como una supuesta traducción de cierto manuscrito apócrifo en árabe (Menéndez y Pelayo 1897: XLIV). A su vez, *La historia verdadera* se inspira en otra obra similar, la *Crónica sarracina*, escrita por Pedro del Corral, que, a pesar de su título, también es un texto de ficción construido a partir de las técnicas y motivos provenientes de los libros de caballería (Díaz-Plaja 1968: 195). Miguel de Luna no se interesa tanto en enfocar la culpa individual y el error fatal del rey Rodrigo, sino que llama la atención a los vicios morales de toda la monarquía corrupta de los visigodos, siguiendo las fuentes medievales que les acusan de haber cometido pecados morales, de ser corruptos, arrogantes y crueles (Fuchs 2004: 112). Las crónicas medievales aluden a los problemas sistémicos de los sucesivos gobiernos visigodos, y en algunas, la responsabilidad por el debilitamiento del reino cae en los hombros del antepenúltimo soberano visigodo, que se llama Egica (Martin 1984: 14). En la *Historia de los hechos de España* de Rodrigo Jiménez de Rada se hace un detallado recuento de traiciones y regicidios, responsabilizando a varias generaciones de gobernantes visigodos del fracaso de su Estado y de la destrucción de su nación:

> Ataúlfo fue muerto a traición en Barcelona por uno de los suyos durante una amigable conversación; Sigérico fue muerto por los suyos de manera semejante; Turismundo fue muerto en Tolosa por un criado suyo a instigación de su hermano; Teodorico fue muerto por su hermano Eurico de manera semejante; Amalarico fue muerto por su ejército en Narbona en medio de la plaza; Theudis fue muerto por uno que fingió estar loco para matarlo; Theudisclo fue estrangulado en Sevilla por uno de los suyos en medio de un banquete; Agila fue muerto por los suyos en Mérida; Leovigildo mató a su hijo Hermenegildo porque no quería acceder a la herejía; Liuva, hijo de Recaredo, fue muerto a traición por Witérico; Witérico fue muerto por unos cuantos conjurados durante un banquete; y Vitiza fue cegado por Rodrigo, y Rodrigo, según se cree fue muerto por Julián; Fruela mató a su hermano Vímara con sus propias manos, y los suyos, en venganza lo asesinaron en Cangas. […] por los pecados de Vitiza y del postrer Rodrigo y de otros reyes anteriores, algunos de los cuales se apropiaron de la dignidad del trono con una conjura, otros por fratricidio o parricidio, sin respetar la sucesión establecida, estalló la ira de Dios y apartó de la presencia de su Majestad a la gloria de los godos, a la que hasta entonces había tolerado. (Jiménez de Rada 1989: 152-153)

Aunque en su *Historia* el arzobispo Rodrigo Jiménez de Rada configura a don Rodrigo como pecador, el recuento de regicidios y otros crímenes cometidos por varios monarcas godos anteriores ayuda a cementar en la mente del lector la inevitabilidad y la justicia del castigo divino y reduce, por tanto, la responsabilidad individual de Rodrigo. Miguel de Luna pinta la invasión musulmana como una especie de purificación del territorio manchado por los vicios y pecados, tomando la ominosa y turbulenta historia de la sucesión monárquica visigoda como punto de partida (Fuchs 2004: 112). Su versión también contribuye a reducir la culpa de Rodrigo, pero al mismo tiempo aumenta la dimensión ficcional de su imagen. Los ecos de la perspectiva que ofrece Miguel de Luna se sienten en la tragedia *Rodrigo* de Gil y Zárate, donde la destrucción del reino visigodo a manos de los moros se presenta como una condición necesaria para poder construir «un nuevo y afanoso imperio», y regenerar «la sangre goda envilecida» (Gil y Zárate 1838: 44).

Algunos críticos sugieren que el propósito de Miguel de Luna era el de «reescribir los orígenes de la historia del cristianismo en la Península con el fin de conseguir que su población de origen árabe fuera considerada 'natural' o 'nativa' de la misma» (García-Arenal 2010: 254). Es posible que fuera así, pero la tentativa no se corona con el éxito, ya que dicha visión no logra cuajar en la memoria cultural española. Durante el largo proceso de la formación de su identidad nacional, los cristianos españoles se atrincheran en el rechazo físico y simbólico de la imagen del Otro con la cual asocian a los musulmanes, los moriscos, los judíos e incluso, a los conversos. Continúan identificando a España con Hispania y a los españoles con los godos, y favorecen la imagen de los moros como «una plaga enviada por Dios sobre España por los pecados de nuestros padres» (Arjona y Lainez 1868: 280). La manipulación de la figura histórica de don Rodrigo, así como su ficcionalización ideológica, se inscriben dentro de esta visión cultural e identitaria.

El motivo de la culpa de don Rodrigo se mantiene en la mayoría de los textos literarios –incluyendo las obras teatrales de los siglos XVIII y XIX–, aunque con algunos cambios y variaciones. En la *Crónica sarracina* de Pedro del Corral, los romances viejos y la poesía de tradición popular, se desarrolla el tema de la penitencia del rey Rodrigo (Menéndez y Pelayo 1905: 562), que le ofrece la posibilidad del perdón y de una redención (Ratcliffe 2011: 62). Encontramos la influencia de este tratamiento del personaje en las obras literarias dieciochescas y decimonónicas. En el drama trágico de Gertrudis Gómez de Avellaneda, por ejemplo, don Rodrigo se configura con cierta aureola de monarca desdichado y arrepentido, que pasó de la dicha a la desgracia por no ser capaz de contener sus pasiones. Ramón Menéndez Pidal habla del culto a «la trágica figura del rey Rodrigo» en los teatros de aficionados, que mantenían viva esta imagen mientras «se preparaba el tiempo glorioso en que para estos teatros caseros vendría *El puñal del Godo*» (1973: xxiv). En la escena del encuentro con el conde Julián en el drama de Zorrilla, el rey visigodo reconoce su culpa, pero trata de justificar su incapacidad de resistir la tentación con alusiones a la belleza de su víctima, al tiempo que sugiere que las acciones del padre de ésta no son justificables: «culpa fue de mi amor la culpa mía / de Florinda me abona la hermosura / Mas ¿quién te abonará tu villanía?» (Zorrilla 1843: 25). La argumentación que el dramaturgo pone en boca del personaje de Rodrigo es inaceptable tanto para el lector actual como para muchos en el pasado, pero se hace posible en el drama gracias a la tradición cultural patriarcal y acaso también por la influencia de la tragedia clásica, que admitía la transgresión causada por el desenfreno pasional como error disculpable.

2.

Curiosamente, a pesar de compartir con Florinda y el conde Julián la responsabilidad histórica de la desaparición del reino visigodo, el rey don Rodrigo fue tratado mejor por el discurso hegemónico. De hecho, se le dio la oportunidad de hacer penitencia y arrepentirse de sus pecados. El conde se lleva la peor parte en la historia por pactar una alianza con los musulmanes para vengarse del rey Rodrigo. A Florinda se le culpa de haber provocado o seducido al rey. Incluso, hay quienes aceptan que la hija del conde Julián fue violada por don Rodrigo, pero aun así la critican por no defenderse con suficiente fuerza. Florinda emerge de todas estas consideraciones como un personaje de configuración ambivalente. Su imagen ficcional y su condición de víctima ya han atraído la atención de intelectuales españoles desde el siglo XVIII, según se confirma por los textos de autores como Feijóo, Cadalso y Montengón (Sebold 2004: 296)[1]. En el siglo XIX, Florinda clama por su inocencia en la escena trágica de Francesc Bahamonde. Anuncia «sus justas quejas» ante el «mundo tirano, mundo abominable / Opresor de la cándida inocencia», y ante el personaje masculino colectivo del «Árabe sanguinario, Godo injusto» —es decir, ante todos los hombres musulmanes y cristianos contemporáneos, entre quienes «gimen las virtudes» (1817: 5). Se dirige retóricamente al «malvado Rodrigo» calificándolo de «fiero monstruo» porque «de tu apetito torpe la violencia / ¡que inexplicable cúmulo de males / a Florinda causó! cuántas afrentas!» (Bahamonde 1817: 5). Como consecuencia de las acciones del rey visigodo, la hija del conde Julián tiene que huir a los montes evadiendo el contacto con todos los humanos, porque se ve despreciada tanto por los moros que escarnecen su nombre con «viles apodos», como por los godos que la abominan por ser «el instrumento infame» que ha causado la desgracia de su reino (1817: 5). La inocencia que la joven defiende en los versos de esta escena trágica es confirmada más tarde, en el

---

[1] El tratamiento de la imagen de Florinda sigue suscitando interés, y en en el siglo XXI ha sido abordado por Elizabeth Drayson (2007: 174), Patricia Grieve (2009: 131), Belen Atienza (2009: 174), Marjorie Ratcliffe (2011: 17) y Veronika Ryjik (2011: 46), entre otros.

drama romántico *La Calentura* de José Zorrilla, y ni más ni menos que por el propio rey Rodrigo (1886: 22, 32).

Tanto en la tragicomedia de Lope de Vega como en la *Verdadera historia* de Miguel de Luna se indica que el rey provocó la invasión musulmana cometiendo varias transgresiones, y si las tomamos en consideración, junto con las referencias a los pecados de sus predecesores, el acto de violencia hacia Florinda parece tener una funcionalidad episódica y complementaria. Sin embargo, a pesar de estar asociada solamente con una de las transgresiones del rey, no se le concede la oportunidad de hacer penitencia ni de ser perdonada y redimida, y le toca «sufrir a manos de un hombre, de la historia y de la literatura» (Ratcliffe 2011: 62).

Es interesante que la incorporación del personaje en el mito de la «pérdida de España» ocurra varios siglos después de la conquista musulmana. Se le menciona por primera vez con el nombre de «la Cava» en la *Chronica gotorum pseudo isidoriana* (Meky 2005: 104), atribuida al historiador cordobés Muhammad ibn Musa al-Razi (González-Muñoz 1998: 303, 305). También se menciona como posible fuente y origen de la leyenda a un historiador egipcio de finales del siglo IX, Aben Abdelhacam (Menéndez Pidal 1906: 69). Abdelhacam era famoso por sus cuentos fabulosos, y se le atribuye la creación del mito de la transgresión del palacio prohibido, al que don Rodrigo supuestamente entra para descubrir un cuadro o lienzo con guerreros árabes pintados y una fatal inscripción anunciando la futura invasión del reino (Pons Boigues 1898: 411).

Las dudas sobre la existencia real de Florinda ya se habían expresado en siglos anteriores, según se vislumbra por el comentario de Fernández Guerra (1877: 49-50), y a decir verdad, todo parece indicar que ella «es un personaje de ficción aceptado como real» en la memoria nacional (González Alcantud 2000: 544). Se trata de una construcción ideológica sin ningún fundamento histórico, modelada sobre la base de la transgresión de Eva y Adán e incorporada como un hecho real en el imaginario colectivo (Martín Morán 1992: 90). La identificación entre la causa de la pérdida del paraíso se puede confirmar por el título de la ópera de Rafael Pombo, *Florinda o la Eva del reino godo* (1880: 1). La tradición religiosa abrahámica —es decir, judía, cristiana y musulmana— ha facilitado la aceptación de la culpa de Florinda gracias al precedente de Eva (Grieve 2009: 26). El motivo de la violación que causa la ruina de un poderoso también se encuentra en los textos visigodos del siglo VI, así como en la historia romana y en las baladas nórdicas (Drayson 2007: 24). Culpable o inocente, Florinda es tratada con mucho más rigor que su ofensor, debido esencialmente a la tradición cultural marcada por una tendencia misógina (Bosh Fiol & Ferrer Pérez & Gili Planas 1999: 10).

¿Cómo llega a perdurar la leyenda? Probablemente, porque la idea de un rey abusador de su poder y la traición de un padre que quiere vengar su deshonra se recibe y se acepta porque encaja en la mitología cristiana sobre el pecado y sus consecuencias, presentado en el marco del tema del crimen y el castigo. Además, permite racionalizar el éxito militar de los musulmanes y la derrota visigoda. En este contexto no es de extrañar que a pesar de ser una simple facilitadora ficticia del motivo de la venganza en toda esta historia, la imagen de la Cava termina por cristalizarse en la memoria colectiva como la de aquella mujer que ha causado uno de los peores cataclismos sociales de la temprana Edad Media (Ratcliffe 2011: 200). Si comparamos las acciones de Rodrigo y Florinda se hace evidente la falta de balance en su tratamiento en la historiografía y la literatura.

La imagen de su padre, el conde Julián, lleva una fuente carga negativa a partir de la crónica de Jiménez de Rada. Se indica que, al concluirse la conquista árabe, el conde fue ejecutado junto con los hijos de Vitiza por el caudillo Musa (1871: 48). En *La verdadera historia* de Miguel de Luna se ofrece una versión alternativa, según la cual el conde se vuelve loco y luego se apuñala al enterarse del suicidio de su hija a causa de los remordimientos que sintió por «causar» la desgracia de su patria (1606: 102). Lope de Vega contribuye a la demonización del padre de Florinda aplicándole un paralelo con Judas. Para no dejar lugar a dudas sobre la dimensión del crimen del conde, el personaje de Julián en *El último godo* admite expresamente su traición: «Judas fui en vida, seré en muerte Judas», y luego se ahorca tal y como lo hizo el discípulo de Jesús, según la mitología cristiana (1897: 371). Marcelino Menéndez y Pelayo destaca la relación entre el mito nacional y el mito bíblico como un hito importante en la evolución de la leyenda (1897: xvii). Aunque el asunto varía en cuanto a los detalles, *El último godo* y su fuente literaria se mantienen dentro del paradigma ideológico que requiere la aplicación del castigo justo a los culpables.

La leyenda de la supuesta traición del conde Julián a su rey, patria y religión se construye en las crónicas medievales tardías y en las obras literarias basadas en éstas. Forma parte de la memoria colectiva, pero no ha sido aceptada por todos, y en varias épocas se han expresado dudas respecto a la identidad del padre de Florinda, e incluso sobre su existencia real. Cómo señala Victor Gebhardt en su *Historia General de España*:

> La conducta de Julián, del hombre que es reputado el principal instigador de la invasión, ha sido explicada de distintos modos: unos pretenden que el gobernador de Ceuta se pasó por dinero a los Sarracenos: otros, y estos son los más, que quiso tomar venganza de un ultraje personal. Estos dicen que Rodrigo había violado a su hija Florinda, aquellos, que, a su esposa, y autores hay en fin que, fundándose en que crónica alguna contemporánea, ni árabe, ni cristiana, habla de semejante violación, niegan la misma existencia del conde. (1862: 110)

En la *Crónica de 741* no hay mención alguna de la existencia del conde Julián. En la *Crónica de 754* tampoco se alude al padre de Florinda, aunque sí hay una breve referencia a cierto africano de origen noble, educado en la religión católica y llamado Urbano, que sirvió de consejero a Musa ibn Nusair. Algunos medievalistas, incluyendo a Sánchez-Albornoz, han adelantado la hipótesis de que Urbano podría ser el conde (Albarrán Iruela 2013: 57). Esta sugerencia especulativa, sin embargo, sólo tendría sentido si también se mencionara la ofensa al honor del personaje por parte del rey Rodrigo o, por lo menos, la existencia de una hija, pero no hay tal información. En las crónicas del reino de Asturias no se alude tampoco a la leyenda de la venganza del conde, y tal omisión puede considerarse como un indicio de que se desconociera su figura (Gonzalbez Cravioto 2011: 6). Las referencias al conde Julián no aparecen hasta la *Crónica silense*, que se escribe a finales del siglo XII, es decir, casi cinco siglos después de la invasión árabe (Meky 2005: 113). ¿No es lógico suponer que de haber existido el conde traidor, y de haber jugado un rol tan espectacular y dramático en el destino del reino visigodo, difícilmente habría podido quedar desconocido a todos estos cronistas durante tanto tiempo? Aun suponiendo que un tal Urbano es el prototipo para la creación del personaje del conde Julián, lo más probable es que su participación no tuvo la relevancia que se le adjudica en el discurso hegemónico.

En cuanto al tema de la violación, entre distintas consideraciones, como la de autores que aluden a un intento que no se lleva a cabo (Drayson 2007: 176), hay que tomar en cuenta el detalle referido en la cita anterior de Victor Gebhardt sobre las contradicciones de las fuentes en cuanto a la identidad de la víctima de la supuesta lujuria del rey Rodrigo. El historiador confiesa que no se sabe a ciencia cierta si se trataba de la hija o de la esposa del conde. Existe la leyenda de la violación de la esposa de Julián, que tiene sus orígenes en la Baja Edad Media, pero a partir del siglo XIII ésta comienza a perder terreno debido a la preferencia por la versión que identifica a Florinda como la víctima del rey visigodo (Meky 2006: 115).

En el siglo XIX, José de Zorrilla aprovecha esta ambigüedad y elabora una nueva versión del mito en su drama *La calentura*. El rey Rodrigo tiene una aventura erótica con la esposa del conde Julián, y la violación de su hija a la mañana siguiente es producto de una equivocación. *La calentura* es la secuela del drama *El puñal del godo*, en el cual Florinda juega un papel tradicional, y acepta, incluso, el peso de la culpa por la pérdida de España. En *La calentura*, en cambio, se produce una reconfiguración del carácter de la doncella goda. El personaje del rey Rodrigo sensualiza a la joven, recuerda su relación con ella, y curiosamente la exonera de toda culpa. En la sexta escena se produce el reencuentro entre el rey y la hija del conde Julián en una ermita en Lusitania, y esta última perdona a su ofensor. José Zorrilla no llega a responsabilizar a Rodrigo de la pérdida de España porque escribe dentro de los límites del discurso hegemónico patriarcal; lo que hace es desplazar la supuesta culpa a la madre de Florinda, es decir, a la esposa del conde Julián, pintándola como una aventurera ansiosa por seducir a su rey. En *La calentura*, la condesa le escribe una carta a Rodrigo firmándola con el nombre de su hija con el fin de concertar un encuentro amoroso. El rey acude a la cita creyendo que va a ver a Florinda y tiene una relación erótica con la condesa, cuya verdadera identidad no llega a descubrir debido a la oscuridad. Esta situación equívoca es lo que lleva a consecuencias tan inesperadas como desastrosas al día siguiente, pero queda en claro que la violación de la Cava ocurre por un malentendido entre ella y el rey, y que la persona culpable del malentendido y por extensión de todo lo que ocurre a continuación es la madre de la víctima. Este es uno de los pocos intentos de adaptar al teatro la leyenda de la violación de la condesa, aunque no sin introducir algunos cambios en la motivación y la conducta de los protagonistas.

El drama histórico *El conde Julián* de Miguel A. de Príncipe presenta otro tipo de desafío a la leyenda hegemónica de la traición. El discurso hegemónico culpa al conde de la catástrofe visigoda «sin reconocer el hecho de que éste se vengara del ultraje de su hija Florinda (la Cava), engañada y deshonrada por don Rodrigo» (Picón Garfield 1993: 96). Picón Garfield sugiere que Gertrudis Gómez de Avellaneda en su drama trágico *Egilona* desmitifica «la hegemonía del centro, tanto histórico como literario», al hacer que Rodrigo reconozca «su culpabilidad por la invasión» (Picón Garfield 1993: 96). Miguel de Príncipe se anticipa a la dramaturga cubana al reconfigurar la imagen del conde y contrastarla con la figura de Rodrigo. Don Julián es un padre amoroso, un caballero no desprovisto de virtudes y un ser humano compasivo. Se comporta noblemente cuando tiene la oportunidad de asesinar al rey Rodrigo durante un encuentro y, en cambio, prefiere desafiarlo a un duelo; rescata a una familia de judíos conversos de la esclavitud, y trata de consolar a Florinda con la esperanza de que podrá lograr la felicidad en su vida y ser una «buena madre» (Príncipe 1839: 28, 58, 78). El autor del prólogo a la edición de 1839 habla del episodio del rescate de la familia de Tobías, que le ha enternecido, y destaca «la destreza con que el poeta hace venir al conde a enjugar las lágrimas a estos desgraciados», añadiendo que «este rasgo de filantropía va tan directo al corazón del espectador que, aunque quisiera, no puede ya en adelante aborrecer a Julián» (Príncipe 1839: 14). Cuando el rey Rodrigo emite un edicto reconociendo los derechos de los árabes a la Mauritania Tingitana, el conde Julián intenta acompañar a Muza y a Tarif al puerto, pero los moros no quieren regresar a su país porque han decidido conquistar España. Por lo tanto, la culpa de la traición se traslada hacia ellos, por ser quienes traicionan al conde Julián. Hacia el final de la obra, en el séptimo cuadro, el padre de Florinda rechaza el apelativo de «traidor» que se le aplica:

> ¡Cómo! ¿ser español y acá en mi pecho
> inhumana traición se albergaría?
> ¡Miente la tradición! ¡Miente la historia!
> ¿Español y traidor? ¡horrible ofensa!
> Oh patria mía, a tu heredada gloria
> Julián rechaza la calumnia inmensa:
> ¡Miente la tradición! ¡Miente la historia!
> (Príncipe 1839: 164).

Sin embargo, el conde comprende que quedará para la posteridad como tal: «de traidor con el renombre / descenderé a la tumba: el vil apodo / con que me afrenta el godo, / eternamente manchará mi nombre» (Príncipe 1839: 164). La versión que se desarrolla en el drama no logra mejorar la imagen de Julián en la memoria histórica nacional, y fue criticada por otros autores contemporáneos como Gil y Carrasco (Samuels 1939: 114), pero influye en algunos textos del siglo XX que ofrecen una visión distinta pero favorable de esta figura mítica. Me refiero en particular a la novela *La reivindicación del conde don Julián* de Juan Goytisolo, que constituye un ataque satírico y paródico a la tradición literaria española (Black 2001: 81).

Al igual que en el caso de Florinda, el hecho de que las primeras referencias a su padre aparezcan en una crónica tardía es significativo para comprender la manipulación ideológica de su figura por el discurso hegemónico. Dichas referencias coinciden con un momento histórico en que el reino de Castilla lucha por extender su poder en la península. El reino se define como heredero de los dominios visigodos por medio de don Pelayo y Asturias, como ya se ha comentado, pero también porque tiene un vínculo importante, político y geográfico con la desaparecida monarquía: la ciudad de Toledo. Así, se apropia de la construcción ideológica de la «pérdida» de una patria con capital en Toledo para promover el ambicioso proyecto de la emergente monarquía castellana, es decir, la «restauración de la patria» con sede en dicha ciudad. El enfoque en la traición del conde y en la violación de su hija coadyuvan a enfocar la atención en el territorio castellano y legitimar la castellanización del esfuerzo por restaurar la monarquía cristiana.

De Hormesinda a Pelayo: la evolución del héroe

1.

En la época anterior a la Ilustración, los pecados o los errores morales de los visigodos sirven como un referente al pecado original en el contexto de la retórica destinada a fortalecer la creciente hegemonía del absolutismo católico. El teatro áureo muestra cierta preferencia por la construcción positiva del personaje del rey y se orienta hacia los intereses de la monarquía (García Lorenzo 2006: 337). En *El último godo* de Lope de Vega este papel se atribuye a don Pelayo[1]. El héroe de Covadonga aparece en el segundo acto de la obra y tiene una función secundaria, pero cargada de simbolismo. En cuanto a la configuración del protagonista, el rey Rodrigo, la tragicomedia revela un trasfondo ético, aunque no estético o técnico, de la tradición trágica clásica, dirigida a corregir y prevenir la conducta de los príncipes y reyes. Ofrece un ejemplo moral en la imagen de don Rodrigo, quien es retratado como un tirano, mal caballero, irresponsable y cínico (McKendrick 2000: 50-51). Lope de Vega evita, sin embargo, codificar un subtexto subversivo en contra de la monarquía española al contrastar al rey pecador con don Pelayo. El rey Rodrigo es el último de una monarquía decadente, mientras que don Pelayo surge de las

---

[1] Este capítulo contiene fragmentos del artículo «La gloriosa hazaña del ínclito Pelayo» (Selimov 2000), pero no se trata de un versión revisada y ampliada, sino de un estudio radicalmente nuevo.

cenizas del antiguo reino para llevar a España por el camino de restauración y grandeza (McKendrick 2000: 51). Desde la perspectiva providencialista, el contraste se confirma con el favor de Dios hacia el héroe de Covadonga, favor que se materializa durante la batalla con la introducción de un elemento sobrenatural en el argumento: los musulmanes observan con horror que sus «propias flechas» se vuelven en contra de ellos mismos (Vega 1897: 108). Este acontecimiento marca el cambio de fortuna para los cristianos y explica el comienzo de una serie de victorias que conducirán a la «liberación» completa de la península ibérica.

Si la toma de Granada, en 1492, marcó el fin de la división territorial de la península ibérica entre el emirato hispanomusulmán y los reinos cristianos, y sentó las bases para la formación de una identidad española unificada, la guerra de independencia y la victoria sobre Napoleón, en 1812, catalizó su consolidación. En las *Cartas Marruecas* de José Cadalso se afirma, desde una perspectiva crítica, que el carácter español del hombre de las provincias no había cambiado en quinientos años y se componía, en general, «de religión, valor y amor a su Soberano, por una parte, y por otra de vanidad, desprecio de la industria (que los extranjeros llaman pereza), y demasiada propensión al amor» (1827: 87). Los ilustrados, a diferencia de los españoles de las épocas anteriores, al meditar sobre la soberanía, el despotismo y la república, tienden a identificar la idea de la nación con la libertad y el pueblo más que con el rey y la monarquía. Es cierto que en más de una tragedia neoclásica se reproduce la imagen positiva del soberano o de la figura del poderoso identificable con el poder real, como explica Cañas Murillo (2013: 84-86). En *Hormesinda*, por ejemplo, Trasmundo al hablar de la culpa del conde Julián alude a las desdichas que llueven sobre España porque «un vasallo usurpó la acción del cielo, / pues castigar al rey toca a Dios solo» (Fernández de Moratín 1770: 50). Sin embargo, las referencias a la tiranía y al hecho de que el nuevo rey es un caudillo elegido por medio del voto popular, como ocurre en las tragedias del ciclo temático sobre don Pelayo, entrañan un subtexto subversivo para el absolutismo borbónico.

La construcción de la imagen de don Pelayo como «Restaurador de España» se prioriza a partir de la segunda mitad del Siglo de las Luces. Uno de los primeros autores en tratar de recuperar y actualizar el tema de la «pérdida y restauración de España» fue Alonso de Solís, con la publicación de su extenso poema *Pelayo*. Pero cualquier lectura requiere un público culto, y debido al alto porcentaje de analfabetismo en la población, el alcance de la escritura estuvo limitado en esta época. El espectáculo teatral le gana al texto escrito, porque tiene una capacidad superior de llegar a un público amplio, y por eso comienza a jugar un papel central en la promoción del mito fundacional de la Reconquista y en la configuración de sus héroes y villanos. Lope de Vega se lleva el honor de ser el primer dramaturgo que trata el tema en su tragicomedia *El último godo*, aunque la versión que desarrolla tiene un impacto cultural limitado en el siglo XVIII y los dramaturgos ilustrados la descartan en favor de una versión alternativa. Escribe ésta y varias otras obras de tema histórico «al modo de crónicas dramatizadas», marcando el momento en que se concreta el traspaso de la antorcha ideológica de la mano de los cronistas a la de los dramaturgos y poetas (Romanos 2000: 699).

La idea de un teatro inspirado en la historia nacional como instituto moral y con un papel funcional en la promoción de ideas políticas y modelos de comportamiento, que contaba con el apoyo de la política cultural del conde de Aranda, dio inicio a una experimentación teatral alrededor del año 1770 (Lope 1996: 337). Los dramaturgos neoclásicos, motivados por los ideales ilustrados que enaltecían el progreso humano y la armonía social, llevan a la escena asuntos históricos con el fin de reafirmar y exaltar la identidad nacional. Toman como modelo y punto de partida la tragedia *Ataulfo*, de Agustín Montiano y Luyando (Lope 1996: 337). Las figuras modélicas de héroes nacionales, «que simbolizan a la España tal como debería ser», aparecen en una serie de tragedias neoclásicas de autores de la generación «arandina», es decir, *Pelayo* de Jovellanos, *Hormesinda*, *Guzmán el Bueno* y *Lucrecia* de Moratín, *Numancia destruida* de Ayala, *Sancho García* de Cadalso, entre otras (Andioc 1988: 385). Juan Antonio Maraval habla de la conciencia de la nación en los escritores españoles del setecientos y añade que «esta nación es una entidad política (más que literaria), una realidad conectada con el modo de vivir, de existir y de pensar de los ciudadanos» (Gies 2006: 238). El camino hacia la formación del concepto de España como nación pasa por un proceso de consolidación identitaria en el imaginario colectivo. Los dramaturgos ilustrados contribuyen a dicho proceso al concederle prioridad al tema de la liberación de España y no al de su pérdida, mientras que la representación de la victoria de los cristianos como un triunfo de la virtud y de la verdad pretende exaltar los sentimientos patrióticos del público y facilitar la suplantación de los nacionalismos regionales con la idea de la unión nacional, basada en el origen común de todos los españoles. Por otra parte, el interés de los dramaturgos neoclásicos por el tema de la resistencia contra la invasión musulmana puede relacionarse con una función utilitaria de autodefensa en contra de las acusaciones de afrancesamiento (Torrecilla 2008: 77). La lucha contra el invasor musulmán había quedado en el pasado, pero la crítica de la «dominación cultural francesa» era actual y tenía un impacto negativo en la recepción del teatro neoclásico; por eso los autores de tragedias dieciochescas producen textos llenos de «reiterada apología» de los héroes como don Pelayo, entre otros (Torrecilla 2008: 77). Y no está demás decir que los intelectuales españoles instrumentalizan el tema de la «pérdida y restauración de España» en el contexto de la ansiedad regeneracionista, que aparece ya en el Siglo de las Luces, anticipándose a la generación de 1898 (Gies 1999: 307). El enfoque en el papel modélico de don Pelayo pretende alertar e inspirar a la nación.

Algunos historiadores cuestionan la información sobre don Pelayo y la batalla de Covadonga debido a la ausencia de su nombre en la *Crónica de 754* (Abós Santabárbara 2003: 325). Hay distintas opiniones al respecto, pero no cabe duda que la producción dramática en los siglos XVIII y XIX contribuye a consolidar la imagen heroica de este personaje en el imaginario colectivo. Don Pelayo pasa a dominar el escenario y ocupar un espacio acendrado en la memoria nacional gracias, en parte, a las tragedias neoclásicas españolas. Los primeros dramaturgos en enfocar la figura y la hazaña de Pelayo en el Siglo de las Luces son Nicolás Fernández de Moratín y Gaspar M. de Jovellanos. Sus tragedias, tituladas respectivamente *Hormesinda* y *Pelayo*, se acomodan a la función instrumental de exaltar las raíces de España. Pero a pesar del parentesco ideológico y artístico entre las dos obras hay una serie de diferencias significativas en el nivel de la estructura y en el tratamiento de los personajes principales. El problema principal, con el cual tuvieron que enfrentarse Fernández de Moratín y Jovellanos, consistía en la configuración del personaje de Pelayo, y en la complicada tarea de reconciliar su función como héroe mítico nacional y su papel de héroe trágico neoclásico.

Nicolás Fernández de Moratín intenta incorporar algunos recursos del teatro áureo en la estructura neoclásica de su tragedia (Caso González 1966: 501). Quiere atraer el interés del público, que en aquella época manifestaba cierta resistencia ante la introducción del formato clásico en la escena española, considerándolo un modelo extranjero (Pujante 2010: 24), y trata de salvar distancias para hacer la tragedia neoclásica más digerible para el espectador de su tiempo. Intenta romper el círculo de tiza que la rodeaba y suavizar la transición hacia la nueva estética.

Hormesinda y su autor fueron duramente criticados por varios críticos contemporáneos, y se ha dicho incluso que como obra dramática la pieza fue un fracaso (Caso González 1966: 501). Al discutir su realización artística y la configuración del personaje central, Caso

González caracteriza el carácter de Pelayo como «el más lamentable» de la tragedia debido a una supuesta «insensatez» relacionada con su confianza en la amistad de Munuza (1966: 502), y John Cook afirma sin ambages que el Pelayo de Moratín «es increíblemente estúpido» (1974: 220; mi traducción). David Gies indica que el personaje de don Pelayo tiene una serie de fallas en la configuración de su carácter, y es menos logrado que el de Munuza (1979: 138-139).

Lo curioso es que, según la recaudación en taquilla, la pieza tuvo éxito durante los seis días de representación, logrando un ingreso diario promedio de unos 3 150 reales. Esta suma superaba cuatro veces lo que recaudaron en años anteriores las famosas obras de Pedro Calderón de la Barca, *El alcalde de Zalamea* y *El médico de su honra* (Gies 1979: 141); tal parece que los espectadores que pagaron las entradas para la función de *Hormesinda* en 1770 no compartían del todo la perspectiva crítica referida en el párrafo anterior. De otro modo, la obra con el personaje central tan defectuoso no se hubiera mantenido en las tablas y no habría ganado tanto dinero. ¿Es posible que los espectadores vieran la obra desde una perspectiva distinta? Obviamente, la pieza tuvo su público y a pesar de las críticas fue recibida con aplausos que se escucharon, incluso, más allá de las fronteras de España, como demuestra la mención del éxito de su puesta en escena en la revista londinense *The Foreign Review* (Anónimo 1826: 418). Si consideramos la popularidad del tema de honor áureo en el público español y tomamos en cuenta su influencia en la estructura de la trama, junto con la personalidad del personaje, la configuración de don Pelayo resulta mucho menos problemática de lo que pueda parecer a primera vista.

Lo primero que se puede hacer para acercarnos a la lógica de la construcción del protagonista masculino de *Hormesinda* es tomar en consideración su comportamiento, que revela un temperamento explosivo y una obsesión clínica con su reputación social y honor familiar. En el prólogo a la segunda impresión de la tragedia en 1770, se nos da una clave interpretativa de la conducta de Pelayo. Parece que, a pesar de las buenas recaudaciones en taquilla, el dramaturgo se había dado cuenta de que hubo cierto desconcierto en el público por causa de la confianza que el futuro héroe godo depositaba en el gobernador moro. En la segunda edición, el texto de la tragedia se publica precedido de un prólogo en el cual se ofrece una explicación o justificación de esta actitud. Ignacio Bernascone afirma que la supuesta credulidad de Pelayo no constituye un demérito para la obra, si se considera su funcionalidad en el contexto de la estructura neoclásica, y en particular, en la observancia estricta de la unidad del tiempo (1770: viii). El tiempo que dura la acción corresponde al tiempo de la representación de la obra, es decir, unas dos horas, porque si durara más «sería inverosímil que no se deshiciese el enredo que consiste en una equivocación, cuya naturalidad y sencillez es su mayor artificio» (Bernascone 1770: 3). Por tanto, la actitud de Pelayo es humanamente justificable. Es verdad que pierde los estribos cuando se le comunica que su nombre ha sido deshonrado, pero lo hace sólo por un par de horas. Por otra parte, esta actitud del protagonista no se basa solamente en la confianza que deposita en Munuza, sino que también está relacionada con los comentarios del godo Trasmundo. Pelayo cree que Trasmundo confirma la ofensa. Se trata de un malentendido, y a decir verdad, Trasmundo comparte la responsabilidad porque, sea por delicadeza o cualquier otra razón, no le cuenta a Pelayo en qué consiste la ofensa, limitándose a sugerencias indirectas e insinuaciones. Aquí, Moratín aprovecha la tradición del teatro barroco para colocar el honor del protagonista en el centro del conflicto trágico (Caso González 1966: 501) y vincular el desarrollo del conflicto con una intriga basada en un equívoco. El público estaba más que familiarizado con la dinámica y los recursos del tratamiento áureo del tema de honor porque las obras de Lope y Calderón seguían representándose en los teatros españoles en el siglo XVIII.

Según el argumento de *Hormesinda*, al regresar de una embajada en Córdoba don Pelayo es informado de que durante su ausencia se ha cometido una transgresión en contra de su honor familiar. El portador de la noticia, el anciano Trasmundo, se abstiene de dar detalles al ofendido príncipe y simplemente lo dirige a pedirle cuentas del asunto a Munuza. El conflicto surge cuando este último le informa a don Pelayo sobre la supuesta caída moral de Hormesinda. No se trata de un simple error de juicio, sino de una «infamia tan horrenda» que mancha directamente el honor de don Pelayo. Es decir, desde un principio, el moro vincula el supuesto crimen de Hormesinda con la reputación de su hermano, usando palabras que llevan una carga acusatoria y altamente ofensiva:

> Tu persona, y estirpe reverencio
> y no es bien que un borrón en ti consienta.
> Hormesinda, tu hermana, poco atenta
> al decoro, y blasón de tu prosapia,
> que a costa de peligros mantienes,
> frágil como mujer, de los desdenes
> no se armó, como debiera: esto fue causa
> de que (tu honor manchando) cometiese
> el más torpe, y más vil de los deslices.
> (Fernández de Moratín 1770: 31)

Además, no se trata tampoco sólo de una afirmación verbal de la culpa de la doncella. Para convencer a Pelayo, Munuza aprovecha el recurso de unas cartas falsas, la vista de las cuales deja al protagonista godo lívido de rabia. La verdad es que el ofensor es el propio Munuza, quien forzó a la hermana de Pelayo al matrimonio, pero este último no llega a saberlo a tiempo por culpa de Trasmundo. Se ha dicho que lo que impulsa a Munuza es el amor que siente por Hormesinda, ya que no tiene ninguna «pretensión de ascenso social o ampliación de su base de apoyo político» (Pérez Magallón 2001: 93). Pero en la tragedia se sugiere que Munuza está motivado por un sentimiento mucho menos noble, según confiesa a Hormesinda, «por gozarte, / pues no hubo otro remedio, desposarte / logré conmigo»; y ahora está «rabioso, y despechado / de no haber tus favores conseguido» (Fernández de Moratín 1770: 68). En efecto, Munuza le habla de su amor a Hormesinda, estando ya don Pelayo ausente, pero no se le puede creer porque después le confiesa a la princesa goda que envió a su hermano a Córdoba para que lo maten y así tener la libertad de lograr sus «favores» (Fernández de Moratín 1770: 3, 18). Por otra parte, en la conversación con Tulga se hace evidente que la conquista de España no se ha completado; es por eso que Munuza necesita eliminar a don Pelayo, a quien ya los cristianos han elegido rey. Como explica el gobernante moro: «así toda la España sometemos / al africano yugo, y les cortamos / la esperanza de la nueva monarquía» (Fernández de Moratín 1790: 15). El plan de Munuza cuenta con la reacción de don Pelayo, de quien se espera que mate a su hermana en el primer arranque de cólera. En el caso de que esto no ocurra el gobernante árabe tiene una solución alternativa. Ha ordenado a Zulema a matar a Hormesinda con la intención de culpar a don Pelayo de fratricidio y luego envenenarlo, con la esperanza de que dadas las circunstancias nadie trataría de defenderlo o vengarlo.

La equivocación de la que depende el enredo no ocurre sólo una vez, sino que se basa en una cadena de malentendidos que, como apunta Ivy McClelland, están emparentadas con la técnica del equívoco de la comedia de capa y espada del Siglo de Oro (1970: 153). El primero se produce en la ya mencionada conversación entre don Pelayo y Trasmundo, y el segundo ocurre en la escena octava del segundo acto, cuando el anciano le pregunta al líder godo si él queda informado de la verdad y éste le responde «ya nada ignoro» (Fernández de Moratín 1760: 12). Mientras Trasmundo interpreta la respuesta a su manera, es decir, cree que don Pelayo sabe sobre la traición de Munuza, el protagonista godo piensa que Trasmundo se está refiriendo a la caída moral de Hormesinda. El anciano presiona al héroe para que no dilate la acción, y le indica que sólo lavando el honor con la sangre de la persona culpable éste adquirirá el derecho para casarse con su hija Gaudiosa. Mientras que Trasmundo insinúa la necesidad de castigar a Munuza, don Pelayo piensa erróneamente que el anciano se refiere a su obligación de ajusticiar a Hormesinda.

La conducta de don Pelayo está condicionada por el sangriento código de honor que se convierte en uno de los temas principales en la época barroca. El código tiene varios ingredientes, y entre los más importantes se debe mencionar la consideración de que la «mujer es el origen de la deshonra del varón», la necesidad de «proteger la buena fama de un individuo», y el requisito de que «la venganza debe ser de sangre», y «pública si la afrenta fue pública» (Cañas Murillo 1995: 43, 12, 14, 15). En un momento crucial del diálogo entre hermanos, Pelayo se muestra conmovido por las lágrimas de Hormesinda, pero en cuanto ella trae a colación el nombre de Trasmundo como garante de su inocencia, ocurre otro malentendido más. El príncipe godo recuerda las supuestas acusaciones del anciano y esto lo obliga sobreponerse a sus sentimientos compasivos. Como consecuencia ataca a su hermana, gritando con ira «Muere, muere / desdichada mujer, baldón y afrenta / de godos y españoles» (Fernández de Moratín 1770: 61). Horrorizada por un cambio de ánimo tan brusco, Hormesinda se desmaya, lo cual Pelayo interpreta como confirmación del delito:

> ¿Son Munuza, Zulema, ni los moros
> los que lo dicen solos? ¿Trasmundo
> y ella misma, que es más, no lo publica
> con la propia aflicción de su deshonra?
> (Fernández de Moratín 1770: 42)

A pesar de que los lamentos de Hormesinda despiertan un sentimiento de compasión en su hermano, de acuerdo con la estética sentimental dieciochesca, el carácter público de su deshonra complica la posibilidad de un perdón. La reputación y el honor están íntimamente vinculados (Cantalapiedra Erostarbe 1995: 5-6) y, según la perspectiva ética del teatro áureo, la afrenta pública es imperdonable.

Por esta razón Pelayo se lamenta con amargura de que la ofensa le pesa más porque es del conocimiento de todos:

> Qué, ¿Zulema
> también lo sabe ya? ¡Qué tan extrema
> es mi infelicidad, que aun el consuelo
> de ser oculta me ha negado el cielo!
> ¿Y qué infame he de ser públicamente?
> (Fernández de Moratín 1770: 33-34)

En la escena final del tercer acto, para presionar a Pelayo, Munuza con fingida compasión afirma que él hubiera querido no ser el testigo de su deshonor, pero ya que la afrenta es pública, cree que se debe actuar con rapidez, pues cualquier dilación empeoraría la situación. La respuesta del godo es inmediata: «Morirá Hormesinda / Con esta espada» (Fernández de Moratín 1770: 57). Puede parecer una reacción exagerada, pero si contextualizamos la obra en su época las hubo peores. Por ejemplo, cabe recordar el caso, supuestamente real, de un tal don García, en la época del rey Felipe II, quien al encontrarse por la calle con un hombre mudo le preguntó «por señas de donde venía», a lo que «el mudo le respondió por señas, poniendo ambas manos en la cabeza, a manera de cuernos», para explicar que volvía de la fiesta de toros. Don García malinterpretó el gesto, «fue a su casa arrebatado del demonio y de los celos», y al encontrarse con su esposa en la escalera la asesinó a estocadas (Rodríguez Freyle 1979: 306).

En el caso de *Hormesinda*, la intriga también se alimenta de la confusión y del hecho que don Pelayo es proclive a arrebatos temperamentales, y por lo tanto, su falla trágica es dejarse llevar por la ira. La lección moral que emerge del conflicto causado por la reacción excesivamente emocional del héroe, dechado de un guerrero medieval cegado por la furia, armoniza perfectamente con la crítica neoclásica del efecto nocivo de las pasiones. Se muestra que la capacidad de razonar de don Pelayo se disuelve al mencionarse la afrenta, y como consecuencia, el protagonista desatiende la explicación de Hormesinda en el tercer acto. La extrema sensibilidad y la reacción emocional del héroe no parecen tan exageradas, si se considera también que el propio Trasmundo llama la ofensa al honor de Pelayo un mal peor que la propia destrucción del reino visigodo (Fernández de Moratín 1770: 22).

Al cabo de dos horas, hacia el final de la tragedia, don Pelayo se da cuenta de la inocencia de Hormesinda y de la traición de Munuza. Dirige su espada en contra del verdadero culpable y lo mata, mientras Alfonso, el duque de Cantabria, rescata a Hormesinda a punto de ser quemada en la hoguera. El autor evita el desenlace trágico, porque la muerte de ésta a manos del hermano, por muy dramática que resultase, lo convertiría en fratricida y afectaría el halo heroico alrededor de su figura. Esto, como consecuencia, podría disgustar al público español y afectar negativamente la recepción de la obra. Por otra parte, el propio Pelayo no podía morir, pues tal solución sería inconsistente con la historia y destruiría la verosimilitud de la trama. La solución final que el autor escoge es admisible, según la poética clásica y neoclásica, ya que el héroe trágico no tiene que morir, con tal de haber estado en una situación de grave peligro y muy cerca de padecer la muerte. Es decir, el triunfo de don Pelayo y Hormesinda no mengua el carácter trágico de la obra. Según la teoría neoclásica, el héroe trágico debe ser un príncipe que sufre un cambio desastroso de fortuna y de este modo despierta la compasión y el miedo en los espectadores, sirviéndoles de ejemplo moral (Luzán 1789: 92-93). Dado que la función central de la tragedia es la corrección y la purgación de las pasiones, ésta debe ocurrir como consecuencia de una fuerte reacción emocional (Luzán 1789: 93), y es importante que el héroe trágico no sea alguien de virtud excepcional, porque la caída de un personaje perfecto sólo provocaría indignación. No debe tampoco ser un villano, cuya muerte pareciera un justo castigo, sino más bien un individuo que sin ser perfectamente virtuoso, no sea completamente malvado. El cambio de fortuna debe ser el resultado de un error trágico pero disculpable (Aristóteles 1798: 37).

En la tragedia de Moratín el error de Pelayo es perdonable, porque el motor de sus acciones es una emoción extremadamente poderosa. La obsesiva preocupación con el honor obliga a Pelayo a priorizar un problema personal por encima de todas las demás consideraciones: políticas, legales o sociales. Moratín logra demostrar cómo el temperamento violento lleva a su personaje al borde de fratricidio y de la muerte, la cual, de haber ocurrido, traería terribles consecuencias para España, según sugiere el autor, ya que «los míseros cristianos, que suspiran / en vil esclavitud...» centraban todas sus esperanzas de redención en el brazo heroico de Pelayo (Fernández de Moratín 1770: 24). La construcción de la imagen de Pelayo como héroe nacional se realiza con referencias anacrónicas a su hazaña y a su funcionalidad de restaurador de España. La intencionalidad ideológica de la pieza contribuye a la memoria colectiva con las referencias al «gran Pelayo» y su reputación de ser «Esperanza y blasón de nuestra gente», «fiel y última esperanza / de la infeliz España...», encargado de la «gloriosa» tarea de «librar España» (1770: 2, 37, 80, 94). Se trata de una visión anacrónica que *Hormesinda* comparte con la tragedia de Jovellanos. Esto no constituye un demérito en el contexto histórico en que se produce la obra. Es un drama que revela un espíritu nacionalista y la intencionalidad de definir España a través de sus héroes (Gies 2006: 242). A pesar de incluir el acto de tiranicidio, la tragedia de Moratín recibe el apoyo institucional porque el tirano es visto como un representante del poder extranjero y su muerte es justificable en el contexto de «la restauración de la patria a través de la figura de Pelayo», precisamente porque el héroe «simboliza la liberación de España» en la lucha contra «un poder extranjero» (Fernández Cabezón 2012: 97). En cuanto a la veracidad de los hechos representados, ninguna de las tragedias que desarrollan el tema tiene mérito histórico en sentido estricto de la palabra. Todo el asunto, incluyendo la existencia de Hormesinda, es de origen más bien legendario y forma parte de la construcción social que obedece a la dinámica de legitimación de la conquista cristiana del territorio bajo el control del emirato hispano-musulmán. Según explica el historiador asturiano José María Escandón, el conflicto entre Pelayo y Munuza por causa de Hormesinda es una ficción que se origina en el siglo XII, ya que el Restaurador de España no tuvo hermana (1862: 83).

En la tragedia *Pelayo* de Gaspar M. de Jovellanos, al igual que en la *Hormesinda*, el honor es el motor de la acción central, pero se trata de un concepto sustancialmente distinto del que encontramos en la pieza de Moratín. La reputación y el conocimiento público de la ofensa dejan de jugar un papel principal y el honor aparece vinculado a la virtud, entendida en el contexto filosófico de la Ilustración, es decir, como un sello de la perfección propia de cada individuo, que incluía calidad humana y responsabilidad cívica. Uno de los personajes con función patriótica en la obra, llamado Suero, afirma que los godos deben dar sus vidas por «las leyes, / los templos y el honor; sepa Pelayo / que el suyo, aunque está ausente, en todo trance merece nuestro apoyo» (Jovellanos 1846: 21). En el segundo acto, cuando Munuza declara su intención de querer enlazarse a la estirpe de Pelayo mediante el matrimonio con su hermana Dosinda, Rogundo le responde con una interrogante: «¿Creéis que el infortunio ha desterrado la virtud y el honor de nuestros pechos?», y deja en claro que todo el pueblo está motivado por «el amor de la patria, afecto ilustre» (Jovellanos 1846: 50). Se trata de una visión del honor colectivo, identificado con la virtud, la patria y la religión. La transgresión de Munuza ya no es únicamente el problema personal de don Pelayo, sino que atañe a toda la Nación, lo cual se ve en la siguiente exclamación en el cuarto acto: «se lavará tu afrenta ¡oh dulce patria!» (Jovellanos 1846: 89).

La tragedia de Jovellanos es también conocida con los títulos alternativos de *Munuza* o *La muerte de Munuza*. El propio autor parece preferir desde un principio el título *Pelayo*, según explica en el prólogo:

> el nombre solo de Pelayo, respetable en todo el mundo, dulce y grato al oído de los buenos españoles es el mejor título en que puedo fundar la esperanza de una favorable acogida [...] Aunque pudiera titular esta tragedia la *Muerte de Munuza*, he querido distinguirla con el ilustre nombre de Pelayo, tomando el fundamento de su título, no de la acción, sino de la persona más famosa que interviene en ella. (1846: 11,125)

La impresión que produce el título corresponde a la práctica de elegir «temas patrióticos» con el fin de atraer más público, y de promover la tragedia neoclásica como arte dramático nacional y no imitación extranjera (Torrecilla 2008: 76). El tratamiento de la figura de don Pelayo en esta obra es sustancialmente diferente del que realiza Moratín en *Hormesinda*. La rebelión contra los moros y la liberación de la patria para el Pelayo moratiniano ocurre como consecuencia de su venganza personal contra Munuza. Cuando se le ofrece el liderazgo de los cristianos, el protagonista de *Hormesinda* anuncia sus prioridades sin ambages: «Mi venganza primero; en este día / diles que admitiré la grande oferta / después que vengue yo la afrenta mía» (Fernández de Moratín 1770: 47).

En la tragedia de Jovellanos el personaje de Pelayo actúa de un modo distinto. Aunque se lamenta del hecho que la mala suerte lo colocó en una situación extremadamente difícil, la de ser deshonrado o fratricida, la verdad es que ya sabe que debe priorizar el bienestar común por encima de sus objetivos personales. La configuración del personaje se estabiliza en el contexto de la ética y la estética del Siglo de las Luces: cada individuo es miembro de una comunidad y, por tanto, debe contribuir con su propio esfuerzo al bien común, así como «lidiar por su honor y el de su causa» y «por nuestra patria» (Jovellanos 1846: 86, 89). Su objetivo principal es restaurar España y limpiar de este modo la afrenta asestada por el enemigo. Pero el protagonista no sólo quiere sacudir el yugo sarraceno, sino que busca conquistar la «dulce libertad» definida como categoría universal, presentada como una «inquietud general de los mortales» (Jovellanos 1846: 89). Ésta puede interpretarse dentro del pensamiento liberal de Jovellanos como una referencia a la libertad tanto cívica como política, así como a la posibilidad de ejercer sus derechos sin estar esclavizado por un enemigo externo, y sin sufrir los abusos interiores (Martínez 2012: 116, 118). Las palabras de don Pelayo no dejan espacio para las dudas sobre el propósito de su lucha y sobre las intenciones de sus partidarios. A diferencia del protagonista de *Hormesinda* y de su motivación de tradición áurea, en la pieza de Jovellanos el héroe no busca la gloria personal, sino que lucha para beneficiar a la nación: «¡Oh dulce patria! / ¡Oh amada libertad! en favor vuestro / también conspiran las heroicas almas» (Jovellanos 1846: 82).

Con el fin de consolidar la imagen heroica de don Pelayo, Jovellanos trata de reconfigurar el espinoso punto de amistad con Munuza, al que Moratín asignó una función clave en el argumento de su tragedia. Tomando en consideración el hecho de que la amistad con el enemigo conquistador de su país resultaba un tanto desagradable para el sentimiento nacionalista y patriótico español, Jovellanos explica que el gobernador de Gijón era un godo que fingía ante Pelayo estar motivado por un sentimiento patriótico al ponerse al servicio de los moros. Según se desprende del argumento, en un principio don Pelayo creía que Munuza pretendía colaborar con los moros sólo para posicionarse en una situación que le permitiera aliviar las penas de sus compatriotas. Pero descubre que su objetivo verdadero era ganar la corona de Asturias/España, y convertirse en un rey tributario de los árabes. Por ello, una vez desengañado, Pelayo censura a su antiguo amigo y lo tilda de traidor:

> Veo cuál era el fin de unas bondades
> que nunca he pretendido, y fueron hijas

> de tu ambición perversa e insaciable.
> Ella sola ha regido tus acciones,
> no el amor de la patria, cuyos males
> son hoy de tu perfidia triste efecto.
> Unido estrechamente a los cobardes
> hijos e imitadores de Witiza,
> y hecho parcial de la facción infame
> del falso don Julián y el traidor Opas,
> fuiste de los primeros que al turbante
> ofrecieron sus cultos en España.
> (Jovellanos 1846: 110)

Recordemos que el personaje de Munuza en la tragedia de Moratín era un guerrero árabe de alto rango, y por esta razón, según se ha sugerido anteriormente, las manifestaciones de amistad entre él y Pelayo entraban en conflicto con el sentido patriótico de la obra. En la tragedia de Jovellanos la imagen de Pelayo mejora porque es amigo de un godo, a quien cree ser un patriota compasivo y preocupado por su pueblo, y cuando se da cuenta de lo contrario, rechaza su amistad y sus propuestas dispuesto a morir, como se verá más adelante. John Polt critica la configuración de don Pelayo en esta tragedia, cuestionando sus motivos para mantener lazos de amistad con Munuza (1971: 64). Sugiere, por una parte, que la conducta de ambos parece ser igualmente hipócrita: si don Pelayo «acepta una amistad vil sólo para proteger a su gente bajo el poder de Munuza, ¿no es el mismo tipo de razonamiento con el cual Munuza justifica su colaboración con los moros?» (Polt 1971: 64; mi traducción). Por otra parte, «si Pelayo realmente sólo ahora se da cuenta de la vileza de su amigo, la vileza consiste principalmente en la afrenta personal de aspirar a casarse con la hermana de Pelayo» (Polt 1971: 64). Para responder a ese cuestionamiento hay que tomar en consideración las palabras del restaurador de España en los primeros versos del pasaje anterior. Claramente, don Pelayo se distancia de las acciones indignas de Munuza, y demuestra desconocer su verdadera naturaleza. No está preocupado por la afrenta personal, sino por la amenaza que la ambición del godo renegado representa para España. La usurpación de la monarquía concluiría y legitimaría la conquista musulmana porque al unirse «a la estirpe de los godos / por el ilustre enlace» aspira al «tiempo / en que mi amor reúna los sagrados derechos de la sangre y de la guerra» (Jovellanos 1846: 30). Esta es la razón por la que el autor vincula las acciones de Munuza con las del conde Julián y Opas, es decir, con un acto de traición a la patria.

Al enfrentársele, don Pelayo pasa a representar la rectificación simbólica del fracaso de don Rodrigo, quien no supo a tiempo distinguir en su campo a los traidores que, según la leyenda, lo abandonaron en Guadalete y contribuyeron así a la destrucción del reino visigodo. Si Munuza pertenece a este grupo y representa la conquista árabe, Pelayo representa la Restauración, con lo cual el autor de la tragedia «se alinea con quienes compartían el mito godo» (Sala Valldaura 2005: 286). Cabe señalar que el motivo de la traición también está presente en la tragedia *Hormesinda* de Moratín, encarnado en el personaje de Tulga (Torrecilla 2008: 82-83).

En el contexto de la poética neoclásica, según ya hemos señalado, Moratín necesitaba que Pelayo no fuese perfecto a fin de justificar el cambio de fortuna, pero lo irónico es que para configurarlo como héroe trágico se vio obligado a opacarlo como héroe nacional. Jovellanos, al contrario, destaca el patriotismo del Restaurador de España y crea un personaje que no comete errores ni presenta defectos morales. Como resultado, Jovellanos logra poner a Pelayo en el pedestal de héroe nacional perfecto, pero a costa de tener que sacrificar su imagen de protagonista trágico neoclásico. Ivy McClelland subraya que Jovellanos estaba interesado en reclamar al héroe asturiano para Asturias y que lo logra con una configuración más balanceada del personaje y una retórica patriótica mucho más convincente que la de Moratín (1970: 189).

El hecho de que Jovellanos considerara usar el nombre de Munuza para el título de la pieza, según explica en el prólogo a la primera edición, es sintomático de la función de este personaje en la estructura de la obra. Mientras Pelayo adquiere protagonismo moral y un halo heroico, Munuza parece acercarse al papel de héroe trágico que paga con su muerte los extravíos de sus pasiones y ambiciones. La única reserva que podría articularse ante la tentativa de identificar al gobernador de Gijón con la función de héroe trágico en la pieza de Jovellanos es la siguiente: si nos acercamos a su muerte desde el punto de vista del espectador español, ésta parece ser merecida. El cambio de su fortuna debe servir de ejemplo a los espectadores, pero para poder asimilarlo tendrían que identificarse emocionalmente con el personaje, aunque sea desde una perspectiva universal. Al tratarse de un apóstata que traiciona a su pueblo y colabora con los enemigos de su patria tal identificación se hace imposible.

Munuza está motivado por la ambición de legitimar sus pretensiones a la corona de Asturias/España. Su subordinado, Achmet, trata de disuadirlo de su plan en la tercera escena del primer acto, indicándole que ya es un rey *de facto*:

> Vos sois aquí un monarca; todo el mando
> de tierra y mar tenéis en esta plaza;
> la guarnición, el fuerte, los soldados
> y las galeras, todo os obedece.
> (Jovellanos 1846: 27)

Achmet le aconseja no encolerizar con otra humillación a los que ya son oprimidos por el yugo del invasor musulmán, pero Munuza, empecinado en gozar del fruto prohibido, se niega a retroceder. A la ambición se le añade la esperanza de conquistar el corazón de Dosinda. Quiere lograr la corona y la mano de la princesa de un solo golpe y a cualquier precio. Por una parte, trata de persuadir a la doncella de la sinceridad de su afecto y por otra, defiende ante su hermano la validez de sus reclamos.

Achmet le recuerda a su jefe la falta de reciprocidad por parte de la hermana de Pelayo: «vos enamorado de Dosinda / (sufrid que os lo recuerdo), erais esclavo / de su tibio desdén y sus rigores» (Jovellanos 1846: 28). El propio Munuza confiesa que su amor por la bella princesa goda es un fuego que lo impele a despreciar todos los peligros y ahogar en la conciencia todas las consideraciones de honor, amistad y respeto (Jovellanos 1846: 28). Difiere del Munuza moratiniano, presentado como un vil embustero motivado por puro apetito carnal, pero es cierto que además de sentir amor lo mueven «los celos, la perfidia y la ambición» (Sala Valldaura 2005: 285). Munuza piensa que tal vez con el despliegue de las emociones puede ablandar el corazón de la joven. Pero cuando pretende poner en práctica su idea se encuentra con la más tenaz resistencia. Ante el fracaso de sus repetidas tentativas opta por forzar a Dosinda a casarse con él. Piensa de este modo matar dos pájaros de un tiro, porque así puede satisfacer a «su triste corazón», que, según el personaje, gime en «los vergonzosos hierros» del amor y de los celos, y por otra parte, lograr sus ambiciones políticas (Jovellanos 1846: 53). A las protestas de Rogundo responde cínicamente:

> Vuestros fueros
> yacen con sus autores en la tumba
> los alegáis en vano; el sarraceno
> es hoy legislador, y en adelante
> no habrá en Gijón mas ley que mis preceptos.
> (Jovellanos 1846: 49)

Pero no logra sus proyectos y perece. Como el código de honor prescribe la necesidad de vengar la ofensa con la sangre, y como el derecho del esposo o prometido es superior al del hermano, Rogundo es quien hiere de muerte a Munuza en esta tragedia. Antes de expirar, en los últimos momentos de su vida, no muestra arrepentimiento sino que, al contrario, insulta a Dosinda, a Pelayo y a Rogundo, y achaca su muerte a su excesivo amor y a la supuesta crueldad de Dosinda. Habiendo terminado su arenga, hace una pausa y con cierta majestad le ordena a su asistente Achmet que le lleve fuera de la presencia de quienes considera «viles objetos», sin que éstos le repliquen o traten de detenerlo (Jovellanos 1846: 120). Este momento de clausura en el desarrollo de la acción dramática eleva al personaje de Munuza. Hay un marcado contraste entre la última escena de la tragedia de Jovellanos, en que Munuza herido se retira de la escena, y la bárbara y sangrienta exhibición pública de la cabeza de este caudillo árabe sobre la punta de una lanza en *Hormesinda* de Moratín, inspirada probablemente en la escena final de *Fuenteovejuna* (Gies 1979: 138).

En la tragedia de Jovellanos, Munuza se manifiesta como un personaje complejo (Polt 1971: 62), lo que se confirma en la escena final mediante su actitud hacia sus amigos y enemigos. Incluso en los últimos momentos de su agonía es capaz de pensar en su amigo árabe, lamentando que no pudo recompensarlo de forma adecuada: «Querido Achmet, yo muero sin premiarte» (Jovellanos 1846: 120). Esa expresión de amistad contrasta con las quejas del moribundo Tulga, colaborador de Munuza en la *Hormesinda*, quien insulta a su jefe: «¡Indigno Munuza! de tal dueño / Y tal servicio, premio tal se espera: / Con desesperación ardiendo muero» (Fernández de Moratín 1770: 88).

Cabe señalar también otro rasgo que distingue la tragedia de Jovellanos de la de Moratín, la visión estética que se manifiesta en la primera y parece anunciar el teatro romántico. Entre los rasgos similares se puede nombrar el sentimentalismo recurrente en la pieza y la imagen del héroe perseguido por el destino hostil (Polt 1971: 74), que se ve, por ejemplo, en el siguiente parlamento de Munuza:

–¡Oh, Dios! Todos me insultan, y no puedo
vencer esta pasión. ¡Mujer ingrata! […]

> No sé, cómo es capaz la débil alma
> de una mujer de tanta resistencia;
> Algún genio infernal en sus entrañas
> ha derramado el odio y el despego.
> Todo el mundo me ofende, todos tratan
> de abatir mi altivez... un brazo oculto
> mi amor y mis proyectos desbarata.
> ¿Acaso el cielo injusto está de acuerdo
> ¿Con los que me persiguen? ¡Qué martirio!
> para un pecho inflamado, ver frustradas
> ¡Tantas ideas dulces y halagüeñas!
> (Jovellanos 1846: 96)

Munuza pronuncia estos versos porque a pesar de todo su poder, tal y como muchos otros héroes románticos, se siente víctima del abandono universal. Increpa a Pelayo por no haberlo tratado con justicia: «Tú me llenas de injurias y baldones; / Pero dime, insolente, qué maldades / distinguen el gobierno de Munuza?» (Jovellanos 1846: 107). En su defensa trae a colación el tema de los crímenes de los reyes visigodos, mencionados en el primer capítulo, y añade que la opresión de España pesa en la conciencia de quienes han arrastrado el país a la ruina con sus delitos, mientras que él sólo trató «comprar con mis servicios / la salud de mi patria» (Jovellanos 1846: 107). En su actitud inculpatoria hacia los demás y su persistencia en lograr el amor de Dosinda a cualquier precio se anticipa a personajes como Sancho Saldaña, de la novela histórica homónima de José de Espronceda.

Por otra parte, Pelayo emerge como un líder consciente de su papel histórico de restaurador de la Patria. Cuando rechaza la oferta de alianza de Munuza siente la necesidad urgente de dar una explicación, pues no quiere «que se diga en tiempo alguno / que aquel mismo Pelayo que constante / supo vengar injurias de Munuza, / fue a la vista del suplicio tan cobarde» (Jovellanos 1846: 107). Actúa tal como si supiera el desenlace histórico de los eventos, y como si no quisiera cambiar la historia. Al ser llevado al lugar donde debe recibir la muerte, que no ocurre por la intervención de los gijoneses, el godo parece adquirir una función mesiánica. Acepta la muerte y anhela limpiar con el sacrificio de su sangre inocente «las culpas de la patria» (Jovellanos 1846: 109). Aparece así coronado con la aureola de héroe, casi mártir y hombre de bien al mismo tiempo.

Pelayo es de estirpe goda y por lo tanto, su pretensión es legítima a diferencia de la de Munuza, «el amigo más fiel del africano», deslegitimado por servir a un poder extranjero (Jovellanos 1846: 30). Jovellanos escribe desde la posición hegemónica del discurso de la Reconquista, relacionando el concepto de España con Pelayo a través de Asturias y, según ha señalado John Polt, de este modo la tragedia adquiere un atractivo patriótico doble, tanto en el contexto de España como en el de Asturias (1971: 61).

2.

En 1805 se pone en escena la tragedia *Pelayo* de Manuel J. Quintana, en la que cristaliza la imagen heroica del campeón de España y del primer rey de la monarquía cristiana posterior a la desintegración del reino visigodo en la península ibérica. En la «Advertencia» a la obra, el autor explica que a pesar del mérito y de la calidad de las dos obras dramáticas anteriores sobre el mismo asunto, es decir, de *Hormesinda* y *Pelayo (Munuza)*, le pareció posible tratar el tema «con otro plan y diversos medios», para así darle «al heroico restaurador de nuestra Nación y Monarquía el triunfo de admiración y de alabanza que todo buen español le debe» (Quintana 1805: 3). Según Fontanella, Quintana transforma la leyenda de Pelayo y, a diferencia de Moratín y Jovellanos, no abraza la visión optimista de la patria reformada bajo la monarquía española restablecida (1983: 66). Es posible que la diferencia de perspectiva tenga que ver con el hecho de que Moratín y Jovellanos escriban entusiasmados por la fe en los ideales de la Ilustración, mientras que Quintana produce su pieza en una época en que el movimiento ilustrado ya se encuentra estancado y el entusiasmo optimista está por agotarse.

Desde una perspectiva política y legal, España afirma su soberanía nacional durante la guerra de Independencia con la Constitución de 1812, y Quintana participa en el proceso que lleva al nacimiento del liberalismo español (Dérozier 1978: 23). Aboga por la abolición de «las formas estrechas y aristocráticas [...] mediante el ejercicio de la opinión pública para beneficiar la soberanía y el sentido de dignidad del pueblo español» (Sánchez Agesta 1990: 22). La tragedia *Pelayo* encarna el espíritu liberal de la Constitución y contiene ideas afines a sus planteamientos sobre la nacionalidad y el concepto del ser español modernos. Si consideramos las dos versiones distintas de la tragedia, es decir, la original, del año 1805, y la revisada, de 1821, como parte de un proceso de maduración o evolución del pensamiento de Quintana, el hecho literario de la tragedia es paralelo al hecho político de la Constitución. Para el análisis crítico que se realiza en este libro se utiliza la segunda versión de la tragedia, que es la que se reproduce en el apéndice. Más adelante se discutirán las diferencias más relevantes entre las dos versiones.

La pieza, en la cual un poco de historia y mucha ficción se amalgaman para formular una imagen modélica de un líder nacional, logró un éxito rotundo y lo sostuvo incluso en escenificaciones posteriores, a juzgar por el éxito en taquilla. Casi tres décadas después de su estreno, en el agosto de 1832, se vendieron en un teatro de Valencia 1 454 entradas, mientras que por la misma época la tragedia *El Cid* sólo vendió 683 (Bretón de los Herreros 1965: 296).

Los dos cambios más importantes en la estructura de la tragedia, que contribuyen a su vez a la cristalización de la imagen heroica de don Pelayo, son la eliminación del motivo de su supuesta alianza y amistad con Munuza y la transformación del tema tradicional de la virtud ofendida en un profundo conflicto psicológico entre el amor y el deber. Desde el primer acto, el dramaturgo presenta el conflicto a través de una imagen desdoblada de Hormesinda, que se siente desgarrada entre su amor por Munuza y la obligación moral a su fe, su familia y su patria. El joven e impetuoso Alfonso comenta sobre la relación de la joven con el general árabe en forma ofensiva y derogatoria, mientras que el sabio Veremundo, sin justificar a la princesa goda, manifiesta compasión y entendimiento. Trae a colación, incluso, los casos de otras mujeres godas de alta nobleza que se entregaron en matrimonio a los guerreros árabes, como, por ejemplo, la propia esposa del rey don Rodrigo, Egilona. Si los ilustres varones de armas fueron doblegados, ¿qué derecho moral tienen los que reprochan a las mujeres la falta de resistencia?, sugiere el personaje (Quintana 2018: 162). Veremundo afirma que el pueblo de Gijón ha sido tratado mucho mejor que los habitantes de otras ciudades en el territorio del reino: las casas y las vidas de los gijoneses han sido respetadas y el ejercicio de la religión cristiana, tolerado por los musulmanes. Esta situación privilegiada, en su opinión, es el resultado de la influencia de Hormesinda sobre Munuza. Según Veremundo, el árabe ha sido amansado por el sentimiento amoroso y, gracias a la hermana de don Pelayo, actúa como un gobernante benévolo, por lo cual: «hasta este tiempo / Gijón sólo conoce su clemencia» (Quintana 2018: 164).

La discusión que se desarrolla en la primera escena establece las pautas de la lectura del subtexto de la tragedia, que tiene que ver con distintos puntos de vista sobre la función de Munuza y Hormesinda en la obra, y sobre el papel asignado a los hombres y las mujeres en la conquista y sus secuelas. Coloca a la hermana de don Pelayo en el centro del conflicto trágico, estructurado según el modelo neoclásico, pero con una presencia de imágenes y modelos discursivos más bien propios del romanticismo temprano o (pre)romanticismo.

Desde su entrada en la escena, Hormesinda se presenta como una figura atormentada por un conflicto interior porque ama a Munuza y ve en él ciertas cualidades positivas. Cree que el gobernador árabe posee sentido de compasión y que no está, por tanto, desprovisto de la virtud del alma, tan admirada en la Ilustración. Pero, al mismo tiempo, la joven comprende que su amor es un insulto a su familia y a su patria. El sufrimiento de la protagonista aumenta al no encontrarse una solución posible o salida a la agónica lucha psicológica. Hormesinda busca apoyo en Veremundo porque el recuerdo de su hermano Pelayo, a quien cree muerto, le amarga las perspectivas de la boda con Munuza. La doncella no encuentra consuelo, su corazón se desgarra entre dos sentimientos encontrados, entre su deber a la patria y su amor por el enemigo de su religión. Así lo confiesa a Veremundo: «Sabed que aquel cáliz de dulzura, / tras el que anhela el corazón sediento, / A fuerza de amarguras y martirios / Está ya en mi interior vuelto en veneno» (Quintana 2018: 166). Hormesinda trata de justificar sus sentimientos recurriendo a argumentos similares a los que esgrime Veremundo en su discusión con Alfonso. Confiesa que se ha enamorado de Munuza porque la impresionó con su generosidad en un momento en que ella se sentía vulnerable. Esa vulnerabilidad se retrata por medio de una imagen que emparenta la visión estética sentimental de la Ilustración y la angustiada conciencia romántica. Hormesinda se describe como «huérfana, sola, planta abandonada / en temporal tan largo y tan deshecho» (Quintana 2018: 165). Esta construcción discursiva es reminiscente del lenguaje que Russel Sebold identifica con el nacimiento de la cosmovisión romántica (1989: 160). Se origina en la poesía de autores del siglo XVIII y luego reaparece en el discurso de los románticos en el siglo XIX, según se puede confirmar por los siguientes ejemplos representativos: «huérfano, solo, joven desvalido» (Meléndez Valdés 1797: 274), «qué será de ti, huérfano y solo» (Álvarez de Cienfuegos 1821: 187), «solo, huérfano abandonado» (Ochoa 1840:184), «huérfano, triste, solo, abandonado» (Vergara 1877: 891). Una imagen similar aparece también en la tragedia de Gaspar M. de Jovellanos cuando Dosinda se caracteriza como una joven «abandonada de mi familia, sola, sin consuelo, / en un mortal desmayo sumergida» (1846: 37).

La hermana de Pelayo es representada como una mujer virtuosa y valiente, que no duda en ejercer agencia en los momentos decisivos, aunque manifiesta sensibilidad emocional y los rasgos de comportamiento que se asocian con el estereotipo tradicional femenino. En opinión de José Valero las «armas» de Hormesinda «son el amor, la piedad, la ternura, la retórica de las lágrimas» (2003: 598). La protagonista se desmaya en un momento crítico, como tantos otros personajes femeninos. Sin embargo, hay que destacar también que Hormesinda sabe alternar sus armas, como cuando dice, por ejemplo, ya en su primera aparición en escena, que no va a tolerar los insultos y acusa a los godos de ingratitud e hipocresía, y de no cumplir su función masculina de defender la patria y a ella misma:

> Que, si temí las quejas del cariño,
> a la voz del insulto me rebelo.
> ¿Por qué, si soy escándalo a los míos,
> si tan injustos me condenan ellos,
> por qué a la seducción, a los halagos
> del moro vencedor no me escondieron?
> Cuando el furor y la venganza ardían,
> cuando ya el hambre y el violento fuego
> prestos a devorar nos amagaban,
> era justo, era honroso en aquel tiempo
> que yo a los pies del árabe irritado
> fuese a ablandar su corazón de acero.
> (Quintana 2018: 166-167)

En otro episodio, durante el encuentro con su hermano, Hormesinda defiende su agencia libre y todos los intentos de Pelayo por convencerla con razonamientos y reproches fracasan. Es interesante notar que, al ver su desesperación, Hormesinda le propone una solución al dilema de honor al estilo áureo que, como ya vimos, tiene una función central en la tragedia de Moratín. Exclama: «He aquí mi seno: hiere, y en un punto / acaba con tu afrenta y con mi vida»

(Quintana 2018: 188). Se trata de un momento de mucha importancia, porque en una escena anterior don Pelayo se lamentaba de que su hermana no hubiera seguido el ejemplo de la mítica Lucrecia romana, quien prefirió quitarse la vida antes que vivir deshonrada: «¿Por qué sabiendo… / Tal abominación, al mismo instante / un agudo puñal no abrió su pecho? / Ella con su inocencia moriría, / Yo no viviera con borrón tan feo» (Quintana 2018: 173). Pero cuando se le ofrece la oportunidad de limpiar su honor con la sangre de su hermana, Pelayo demuestra que no piensa cometer el fratricidio. Hace caso omiso a la pregunta y simplemente continúa razonando con Hormesinda, proponiéndole dejar a Munuza y escapar a las montañas. Esta solución a la deshonra está muy lejos de la tradición barroca del teatro de honor. De hecho, cuando finalmente comprende que el motivo verdadero de Hormesinda, además del deber, es el amor que siente por Munuza, y al escucharla defender con firmeza su decisión de mantenerse al lado de quien ya es su esposo, se retira. La amenaza, pero no con una venganza sino con el «brazo inexorable» de la justicia, una vez que quede derrotada la tiranía (Quintana 2018: 190).

La reacción de Hormesinda entronca con la cosmovisión romántica, porque revela un sentido exagerado del sufrimiento interno del personaje. El castigo interior es peor que cualquier otro que pueda provenir del exterior, incluyendo al de Dios: «Mi suplicio está aquí dentro; / no es posible mayor para Hormesinda» (Quintana 2018: 190). Ivy McClelland sugiere que la innovación de Quintana consiste en quitar el énfasis al aspecto patriótico de don Pelayo, que Moratín y Jovellanos se esforzaron tanto en destacar, y trasladarlo a la lucha personal en la conciencia de Hormesinda (1970: 262). Es cierto que la atención al conflicto interior de Hormesinda es una innovación importante, pero su función es destacar aun más el heroísmo patriótico de don Pelayo, eliminando los escollos que encontraron los dos dramaturgos mencionados. Al transformarse en una protagonista trágica, la hermana de Pelayo no sólo deja el campo libre para que el héroe nacional suba al pedestal glorioso que le estaba edificando el discurso hegemónico en épocas anteriores, sino que también apuntala su imagen con su propio sacrificio y muerte al final de la obra. El motivo de la predestinación, que se verbaliza en la meditación trágica de la protagonista y cierra la escena, es sintomático de su función de heroína. Según Hormesinda, el cielo ha determinado su caída como parte de la ruina de toda la España visigoda, pero, como se demuestra en la escena final de la tragedia, no se trata de una caída, sino de un sacrificio que limpia las culpas y purifica la nación.

En el último acto, cuando Munuza descubre la identidad de su cuñado y ordena su encarcelamiento, Hormesinda demuestra no ser tan egoísta como suponía su hermano. Aprovechando la confusión causada por la rebelión de los gijoneses, lo libera de la cárcel. Hasta el momento de la liberación de Pelayo parecía que los musulmanes eran quienes iban a ganar la batalla, pero la aparición del héroe godo impulsa a los cristianos a un contraataque y, finalmente, a la victoria. Hormesinda, mientras tanto, vuelve al lado de su esposo, pero éste la acuchilla al comprender que ella fue la causa de su derrota y de la ruina del gobierno musulmán. Acto seguido, se clava él mismo puñal en el pecho. El desenlace trágico es una consecuencia lógica del desarrollo de la acción, y contribuye a que *Pelayo* se convierta en una tragedia mucho más lograda desde el punto de vista de la teoría literaria del neoclasicismo.

Albert Dérozier considera que Hormesinda es una «afrancesada perfecta» porque prefiere el sentimiento sobre los deberes, tiene la ilusión de un ideal humanitario y ama al tirano (1978: 124). Sala Valldaura, por otra parte, destaca «la hondura del conflicto interior de Hormesinda», que «favorece su relación con Pelayo, humaniza a éste en la medida en que dialoga con ella y ahonda el surco argumental de la tragedia» (2005: 437). Creo que Hormesinda emerge como la verdadera heroína trágica de la obra: es virtuosa, aunque no perfecta, comete un error disculpable, y finalmente perece, arrastrada a la destrucción por el conflicto entre su deber/amor por Munuza y el deber/amor por su patria y su hermano.

Manuel José Quintana explora la complejidad de la experiencia de una mujer que se encuentra desgarrada entre dos fuerzas y dos posiciones justificables. Más allá de la poética neoclásica, si miramos la actitud de Hormesinda con la lente hegeliana, resulta evidente que su agonía interior y su tentativa de ejercer agencia se integran orgánicamente en la estructura del conflicto para generar la tragicidad de la obra. En el siglo XIX, sin embargo, por la época de la puesta en escena y publicación de la primera versión de la tragedia, el personaje de Hormesinda fue objeto de crítica muy severa (Valero 2011: 40). Uno de los detractores de pieza escribe en el *Diario de Madrid* que

> esta mujer está siempre en contradicción consigo misma, sin saber ella lo que ama o aborrece, ni lo que ha hecho, ni lo que tiene que hacer, ¿qué mayor contraste de sentimientos puede desear? Ya defiende a su hermano, y trata de salvarle, y para esto llena de dicterios a su esposo: ya trata de salvar a su esposo, y éste la injuria y la desprecia. (en Valero 2011: 39)

El autor de esta interpretación negativa considera el conflicto interno de Hormesinda a través del prisma de la visión patriarcal, que no acepta el papel activo de la agencia femenina ni admite en la mujer la capacidad de experimentar conflictos profundos. Otros comentarios negativos, como, por ejemplo, «la compasión por esta insulsa hembra es nula», o «¿qué diablos importa que Hormesinda viva o muera?» (Valero 2011: 38-39), demuestran una falta de comprensión de la funcionalidad trágica del personaje en la arquitectura de la obra. Cabe señalar que aun cuando los comentarios críticos se dirijan a la primera versión de la tragedia, que luego fue sustancialmente revisada, la causa y las circunstancias de la muerte de la hermana de don Pelayo tienen importancia en ambas versiones.

La significación simbólica de Hormesinda aparece ya en el primer acto de la tragedia en el argumento entre dos personajes godos, Alfonso y Veremundo, y gira en torno al inminente matrimonio de la hermana de Pelayo con el jefe árabe, Munuza. Se discute y se cuestiona la permisibilidad del matrimonio de las nobles cristianas con los jefes musulmanes. Alfonso rechaza la unión nupcial de Hormesinda porque la considera como una continuación de la conquista musulmana y una aceptación de la derrota de los cristianos. Veremundo, al contrario, cree que el matrimonio mixto puede traer paz y mejores condiciones para los godos vencidos. Su mirada refleja la visión patriarcal cuando dice: «Mira a Eudon de Aquitania dar su hija / a un árabe también; y hacerla precio / de una paz» (Quintana 2018: 163). Sus palabras contienen una referencia al cuerpo femenino como moneda de cambio o una especie de objeto de consumo con valor tangible, que hace posible una transacción en la cual se adquiere un beneficio intangible pero valioso: se entrega el cuerpo de una persona para comprar la paz de muchos. Se trata de una larga tradición con raíces en la esclavitud y las prácticas de sacrificios humanos, que se ve en los mitos griegos y en la literatura española de la ilustración, como por ejemplo en la leyenda del Minotauro y en *Solaya o los circasianos* de José Cadalso, respectivamente.

David Gies conecta la tragedia de Quintana con el contexto político e ideológico de la primera década del siglo XIX y sugiere que mientras Pelayo representa la resistencia ante la agresión extranjera, Hormesinda es España que se entrega a la tiranía (2009: 29). La comparación aparece en boca de Pelayo, cuando reprocha a Hormesinda su amor por Munuza:

> te entregaste
> al árabe feroz que te esclaviza?
> ¿No pensabas en mí? ¿No contemplabas
> que era clavar en las entrañas mías

> un acero mortal, y atar la patria
> al yugo atroz del musulmán tú misma?
> (Quintana 2018: 186)

Conviene destacar que desde la perspectiva del discurso hegemónico Hormesinda, en efecto, es España que ha sido entregada a los moros, sea por traición, castigo divino, corrupción o abandono. Pero se trata, al mismo tiempo, de una Hormesinda y una España que no se rinden, que se rebelan y luchan. Tenemos un precedente de esta actitud de resistencia en la protagonista de la pieza de Moratín, que permanece firme ante las amenazas y los ruegos del moro (Caso González 1966: 501). Las acciones y las decisiones de la hermana de don Pelayo en la tragedia de Quintana, su agencia e, incluso, su amor por Munuza, desafían la funcionalidad de la mujer como objeto de consumo masculino en la sociedad patriarcal. Aun cuando al final de la tragedia Hormesinda retorna al lado de Munuza, lo hace para tratar de convencerlo de entregarse a la merced de Pelayo, porque cree que así puede salvar su vida. Es decir, su actitud no es de sumisión, sino que ejerce su agencia libre. Munuza no puede quedar con vida, y su suicidio ilustra la posición ideológica del discurso hegemónico que no admite la posibilidad de perdón y convivencia de los dos grupos enemigos en el mismo espacio geográfico. Hormesinda se presenta como un agente del poder en el sentido de que sus acciones pueden causar un cambio en otros «sujetos actuantes», estructurando «el campo de acción posible de los otros» con el fin de dirigir su conducta (Foucault 1988: 15). La capacidad de ejercer el poder no es simplemente potencial sino real. A pesar de su posición subalterna en la jerarquía social patriarcal, Hormesinda se mueve dentro de una dinámica de acción que posibilita su influencia en el destino de otras personas. Por ejemplo, se enamora de Munuza, pero se mantiene firme a sus ideales y lo induce a modificar su comportamiento: es capaz de «ablandar su corazón de acero», hacerlo desistir de la violencia contra los habitantes de Gijón y aspirar a llamarse su «esposo» (Quintana 2018: 167). Las acciones del personaje árabe demuestran su vulnerabilidad emocional, como cuando reacciona ante el desmayo de la novia durante la ceremonia nupcial. Exasperado al ver que «cuando debiera la alegría / su corazón henchir, y este momento / ser el más delicioso de su vida, / dudar?… ¿temblar?… ¿desfallecer?», Munuza ventila sus sentimientos ante uno de sus guerreros, pidiéndole opinión: «¿Es temor? ¿Es desdén? ¿Qué es esto, Audalla? / ¿Pude esperar en semejante día / tal confusión?» (Quintana 2018: 175, 178). Hay que subrayar que Hormesinda conquista la benevolencia y el amor del musulmán no sólo por la belleza física de su cuerpo, sino también con su ademán y con «sus palabras compasivas llenas de encanto y de dolor». El poder simbólico de Hormesinda se revela en la confesión de Munuza: «Yo la escuché y venció» (Quintana 2018: 179). Por tanto, el personaje de Hormesinda representa una victoria simbólica de España sobre sus conquistadores. En esta tragedia el matrimonio refleja el poder de Hormesinda, quien no es esclava del árabe ni tiene características de víctima, sino que se configura como una heroína trágica que toma decisiones y comete errores y, como resultado, tiene que pagar las consecuencias.

La muerte de la hermana de don Pelayo puede interpretarse en el contexto de la redención mesiánica de España. Con el ejercicio de la agencia femenina y con su último sacrificio Hormesinda limpia los pecados de la patria. El propio don Pelayo lo confirma al final de la obra: «¡Oh cielo! / ¿Está ya tu justicia satisfecha?». La muerte hace posible la «Restauración»: «Españoles, la sangre de Pelayo / bañando esta la cuna que sustenta / vuestro imperio naciente» (Quintana 2018: 228). La funcionalidad de Hormesinda en la tragedia simboliza una respuesta al mito de la culpabilidad femenina asociada con la imagen de Eva, Florinda y Helena de Troya, sugiriendo que si «por una mujer se perdió España» (Carlos 1908: 177), por otra se salvó. La leyenda fundacional que vincula «el amor de Munuza y la sublevación de los nobles astures» se construye precisamente con esta funcionalidad de la protagonista femenina en mente (Caso González 1966: 504).

En cuanto a la figura de Pelayo, Quintana logra cristalizar la imagen del héroe nacional perfecto, que aparece en la obra como un dechado de virtudes: noble, honesto, generoso y valiente. Don Pelayo no busca su propio bien, sino el bien de la patria, tal y como su homólogo en la tragedia de Jovellanos. Tiene una clara conciencia de su papel histórico, y así lo declara en el primer acto cuando responde al amargo pesimismo de Veremundo con gran entusiasmo y fe en el futuro: «Yo vengo a levantarle [el estandarte patrio], estos montes / serán mis baluartes, a su centro / volarán los valientes, y el Estado / quizá recobre su vigor primero» (Quintana 2018: 172). Aunque la noticia del amor de Hormesinda por el opresor árabe lo aflige, el llamado de la patria le hace recobrar las fuerzas. Pelayo es aclamado por todos como el líder indiscutible, y es elegido rey en el tercer acto. La afrenta personal no menoscaba a Pelayo, sino que lo estimula para la acción bélica, pues personaliza aún más en su figura los males de la patria. Por eso, según Alfonso: «Ese escándalo torpe que te ofende, / en lugar de apocarte, te engrandezca / al terrible castigo y la venganza» (Quintana 2018: 200). El papel de Restaurador se le atribuye a don Pelayo incluso antes de que cometiera su hazaña gloriosa. Tanto en la tragedia de Quintana como en la mayoría de otras obras dramáticas sobre el tema de la «pérdida y restauración de España» encontramos frecuentes referencias a la gloria de don Pelayo, a su papel heroico y a su imagen ilustre de salvador de España. En su arenga final Pelayo se dirige a sus compatriotas godos, asturianos o cántabros con el término anacrónico «españoles» (Quintana 2018: 218), lo cual permite acercar la acción a la perspectiva del público contemporáneo. Se trata de una estrategia que tiene el propósito de exaltar los ánimos patrióticos, además de sellar el vínculo entre la España mítica de los godos, «la España sometida a los árabes» y la España moderna, «recurrente en las tragedias que tratan el tema de don Pelayo» (Onaindía 2002: 315). Su mensaje es el de la misma unidad nacional que se ve en la proclamación de la Junta del Gobierno de Vizcaya luego de la invasión napoleónica en

1808: «Españoles: somos hermanos, un mismo espíritu nos anima a todos [...] Aragoneses, valencianos, andaluces, gallegos, leoneses, castellanos [...] Olvidad por un momento estos mismos nombres de eterna armonía y no os llaméis sino españoles» (Diego García 2010: 8). La proclamación de la Junta de Galicia es más directa en vincular la invasión francesa del siglo XIX y la árabe del siglo VIII: «El monstruo de Francia resolvió en su corazón tiranizar nuestra independencia [...]. Bajo el estandarte de la religión lograron nuestros padres libertar el suelo que pisamos de los inmensos ejércitos mahometanos, y nosotros ¿temeremos ahora embestir a una turba de viles ateos?» (Onandía 2002: 315-316). En toda la proclamación también se alternan los denominativos regionales y nacionales, «españoles» y «nobles gallegos», y en el fragmento citado se sugiere que el mismo sentimiento de pertenencia a una sola comunidad que unió a los cristianos hace siglos es el que debe unir a los pueblos de España para que juntos puedan defender su soberanía.

Las palabras finales de don Pelayo en la tragedia de Quintana confirman su función heroica. Recordemos que en la tragedia de Moratín lo último que hace el personajes de don Pelayo es atribuir el cambio favorable de la fortuna a la voluntad del cielo que, aunque «nos castigó en Jerez, ya se ha apiadado», y la tragedia concluye con el coro invocando la protección divina: «Ah! si pluguiese al cielo que Pelayo lograse, / como ha logrado está feliz hazaña, la más gloriosa de librar a España!» (Fernández de Moratín 1770: 97). En la obra de Jovellanos, los últimos en hablar son Suero y Dosinda. El propio Pelayo llama a Suero «nuestro libertador», y a Rogundo le agradece el haberle salvado la vida, porque, en efecto, el primero es quien los libera de Munuza, y el segundo acuchilla al tirano: don Pelayo está dispuesto a compartir la gloria con quienes participan en el esfuerzo colectivo (Jovellanos 1846: 121-122). Quintana, al igual que Jovellanos, promueve el concepto de la lucha común de todo el pueblo español, muy a tono con la visión ilustrada del progreso y el bienestar social. Pero a diferencia de Jovellanos, Quintana crea una imagen más acendrada del héroe de Covadonga, y en la segunda versión, revisada y corregida, lo individualiza y lo configura sin titubear no sólo como partícipe de una acción colectiva, sino también como su líder perfecto.

3.

El conflicto y la funcionalidad de don Pelayo y Hormesinda discutidos en el apartado anterior provienen de la segunda versión de la tragedia *Pelayo*, que se imprimió en 1821 en Madrid y más tarde fue incluida en las *Obras Completas* de Manuel José Quintana, publicadas por la Imprenta y Esterotipia de M. Rivadeneyra en 1852 con mínimas correcciones. Se trata de una versión corregida y mejorada por el propio autor. Hay una variante temprana, impresa poco después de su estreno en 1805, con el sello de García y Compañía. Las diferencias entre las dos versiones son significativas, especialmente en el nivel del argumento, el lenguaje y la acción; afectan la configuración y la imagen de los personajes principales, según se confirma por el análisis comparativo realizado por Albert Dérozier (1978: 132, 134). Creo que la segunda versión mejora mucho la imagen de don Pelayo al separar Quintana la función del héroe trágico y la del héroe nacional y concederle un mayor protagonismo al personaje de Hormesinda, convirtiéndola en una heroína trágica.

El primer cambio relevante para la construcción del conflicto trágico está relacionado con el tratamiento del tema del honor. En el teatro áureo el honor depende de la opinión de los demás (Jones 1910: 247) y de la conducta de «las mujeres bajo su protección» (Albert 2001: 32). Se trata de un modelo de masculinidad que obliga a vengar las injurias de un modo sangriento. En la primera versión de la tragedia, la noticia del matrimonio entre Hormesinda y Munuza se recibe como una ofensa personal a don Pelayo y su parlamento destaca el dolor que esta le causa:

> ¡Costumbre impía!
> tiránica opinión! ¡injusto fuero!
> las mujeres sucumben y en nosotros
> carga el torpe baldón de sus excesos!
> ¿Ella, esposa de un moro?
> *¡La ingrata!... ¡Oh cuánto amor!, ¡cuánta ternura*
> *la conservaba yo! Siempre el objeto*
> *de mis cuidados era..., y cuando ansioso*
> *de arrebatarla al yugo sarraceno*
> *vengo a Gijón; y que se diga esclava.*
> (Quintana 1805: 15; énfasis mío)

En la segunda versión, los últimos seis versos destacados en cursivas fueron eliminados para reducir el énfasis en los sentimientos del héroe, porque Quintana decide enfocar el conflicto interior de Hormesinda. Además, la eliminación de estos versos permite evitar el problema en el desarrollo del argumento debido a una contradicción en el parlamento citado. Si en los primeros cinco versos Pelayo critica el código de honor del Siglo de Oro, el último verso eliminado crea la impresión de que aún le preocupa *el qué dirán*, es decir, la reputación y el estatuto social de su hermana. ¿Cómo justificar las acciones del protagonista de la primera versión de la tragedia de Quintana una vez que se aclare el hecho de que Hormesinda no es esclava, sino esposa y vencedora, metafóricamente hablando, de Munuza? Recordemos que en la pieza de Nicolás Fernández de Moratín la intriga depende del conocimiento público de la supuesta ofensa moral relacionada con la pérdida de la virtud. Pero al enterarse de la inocencia de su hermana, el protagonista cambia su actitud y castiga al verdadero ofensor. El «indecente amor» de Munuza por Dosinda ofende ante todo a Rogundo, su «legítimo esposo», pero al mismo tiempo representa una ofensa a la Patria, a don Pelayo y al resto de los españoles (Jovellanos 1846: 81, 85). La razón que don Pelayo aduce al negarse a apoyar la unión nupcial entre Munuza y Dosinda es la falta de alcurnia de éste, que se articula en los siguientes versos: «Y tú, nacido / para servir entre la oscura plebe / debajo de mis leyes, has creído que adornará Pelayo tu vil frente / con su misma corona?» (1846: 79). La conducta de don Pelayo es consistente con la ideología de la pureza de linaje en una sociedad aristocrática. En la primera escena del cuarto acto, Suero sugiere que Pelayo es el único individuo cualificado para ser su caudillo y el primer monarca de Asturias porque «el cielo conserva en vos la esclarecida raza de nuestros reyes» (Jovellanos 1846: 88). Es decir, en el caso de estas dos tragedias dieciochescas, la noción de lo que constituye la ofensa está bien definida. En contraste con estas dos obras, la primera versión de la tragedia de Quintana no deja en claro qué es lo que constituye la ofensa para don Pelayo: ¿el matrimonio de su hermana, la opinión de los demás sobre ella, o la reducción de su estatuto social al papel de esclava, es decir, al peldaño más bajo en la jerarquía social? Al eliminar de la segunda versión los seis versos marcados en cursiva, Quintana elimina el subtexto tradicional áureo y coadyuva a fortalecer la consistencia lógica del desarrollo de la acción. La actitud de don Pelayo ante el problema de honor se define claramente como una crítica a su interpretación áurea y se construye en la pieza a través del prisma del pensamiento liberal. La consideración del comportamiento moral de su hermana deja de jugar el papel decisivo en la determinación de la virtud propia. El honor y la fama del héroe de Covadonga dependen únicamente de sus virtudes personales y de su mérito como Restaurador de España.

Otros cambios y adiciones al texto que se introducen en el segundo acto contribuyen a resaltar la imagen negativa de los moros. Por ejemplo, en la segunda escena Audalla le sugiere a Munuza no dejarse llevar por su amor y las promesas a Hormesinda. En su opinión hay que incrementar la presión sobre los habitantes de Gijón, porque sólo a través de la violencia y la fuerza es posible asegurar su obediencia:

> Goza en buena hora
> del amoroso halago y las caricias

de esa cristiana; los demás perezcan,
o en vergonzosa esclavitud nos sirvan,
mientras el Dios del Alcorán no adoren
(Quintana 2018: 180)

En la primera versión, el último verso de este fragmento era distinto y tenía menos carga semántica negativa: «mientras no abracen nuestra ley» (Quintana 1805: 21). Obviamente, la obligación de convertirse a la religión de los conquistadores resulta mucho más odiosa y problemática para los cristianos que aceptar su ley, un acto que no exige necesariamente el abandono de su propia religión, y puede entenderse simplemente como el requisito de aceptar el control político de los árabes y obedecer las reglas de la vida social bajo su gobierno. El cambio contribuye a fortalecer la lógica interna del desarrollo de la acción porque prepara al espectador para el edicto anticristiano que Munuza emite en el cuarto acto de la segunda versión. Los conspiradores godos cuentan con una fuerte reacción del pueblo y su rechazo a la conversión forzada a la religión musulmana. Aspiran a iniciar el levantamiento popular aprovechando los ánimos caldeados de los presentes en el mismo acto en que se leerá la nueva obligación.

En la cuarta escena del segundo acto de la primera versión, al comentar la noticia de la supuesta muerte de Pelayo, Munuza confiesa que: «su temeraria obstinación pudiera / sernos fatal; así cuando nos libre / Alá de su furor, gracias le rindo / de que a este imperio tan benigno asista» (Quintana 1805: 21). Este fragmento es problemático por varias razones. En primer lugar, se le reconoce la categoría de imperio a los territorios conquistados por los árabes, y en segundo lugar, da la impresión de que la palabra «benigno» puede referirse a «Alá» o al «imperio». Ambas posibilidades entran en conflicto con las referencias a la ya aludida barbarie de los moros y con la imagen negativa de su religión, que se construye tanto en el discurso dramático de la pieza como en el imaginario colectivo nacional. En la versión final, Quintana resuelve el problema mediante la sustitución del último verso, eliminando la referencia al imperio y sustituyendo el calificativo «benigno» con el término «propicio», que simplemente significa favorecer a alguien y no implica una calidad moral positiva: «su temeraria obstinación pudiera / sernos fatal. Así, cuándo nos libra / Alá de su furor, gracias le rindo / de que siempre propicio nos asista» (Quintana 2018: 182-183).

En otro fragmento de la primera versión hay una referencia a la conquista musulmana que contiene una comparación implícita con el imperio romano. Para motivar a los gijoneses a levantarse en contra de los árabes, don Pelayo les recuerda que las ambiciones de los musulmanes trascienden el territorio visigodo. Sus planes incluyen la conquista de toda la tierra y, por tanto, su próximo paso será «inundar las Galias / que al carro de su triunfo atar desea» (Quintana 1805: 37). La imagen que emerge de este último verso es problemática en el contexto ideológico del discurso hegemónico, porque contiene una referencia a la tradición romana de celebrar sus victorias con una procesión en la cual el triunfador desfilaba «en un carro tirado por cuatro caballos blancos» mostrando el botín, acompañado de los soldados que gritaban la palabra «triunfo» (Barcia 1894: 226). El imperio romano conserva su «prestigio inconmovible» en el imaginario cultural español (Abellán 2005: 353), y cualquier asociación con la invasión de los moros engrandece su acción bélica y entra en conflicto con la intencionalidad de demonizarlos en el texto de la tragedia. Por otra parte, en un nivel más universal, España estaba orgullosa de su condición de imperio, y a finales del XVIII y principios del XIX estaba tratando de mantener su estatus como potencia mundial e imperial, y la palabra «imperio» de por sí tenía cierto valor positivo. También hay que recordar que la invasión napoleónica ocurre entre la publicación de las dos versiones, y esto pudo haber influido en la sensibilidad del dramaturgo ante la conquista imperial externa. Por eso en la versión definitiva se elimina la imagen del carro de triunfo en este fragmento, y se la mueve hacia el final de la obra, donde tiene un sentido más abstracto. Se menciona un enemigo potencial del futuro clasificado como «un pueblo insolente», aunque cabe la posibilidad que estas líneas se hayan escrito con la reciente guerra de la Independencia en la memoria (Quintana 2018: 228). De este modo, la conquista imperial y el avance glorioso de los musulmanes, , que aparecen en la edición de 1805, se transforman en actos de violencia criminal en la segunda versión de 1821, porque ahora se habla de la ambición árabe de «inundar las Galias / que hollar también y esclavizar desea» (Quintana 2018: 198).

En la versión final del tercer acto, las sustituciones en el vocabulario se orientan hacia la promoción del concepto de la unidad española desde un punto de vista moderno. Si en la primera versión Pelayo se dirige a los nobles de la ciudad de Gijón con el apelativo «Gijoneses» (Quintana 1805: 33), en la segunda esta palabra es sustituida por el término «Ciudadanos» (Quintana 2018: 194). El párrafo trasciende la perspectiva local y regionalista, y se carga de un poderoso contenido político, cívico y nacional. Ya no se trata de la revuelta de los habitantes de una ciudad, descontentos con los abusos de su gobernador, sino de una rebelión asturiana que se realiza desde una posición política con el objetivo de proteger y defender a España. Al dirigirse a los conspiradores con el denominativo «Ciudadanos», don Pelayo marca el comienzo del despertar cívico de la nación. Es un anacronismo, pero ideológicamente válido en el contexto del pensamiento liberal de principios del siglo xix.

Además de este cambio terminológico, en la segunda versión desaparecen varios versos del siguiente parlamento de don Pelayo, cinco en total, comenzando por el segundo:

Gijoneses,
Disculpad estas lágrimas que riegan
mi rostro enrojecido, en mengua tanta

> *que mucho al fin que el pundonor las vierta*
> *Venganza os pido, y por venganza anhelo.*
> Si de vos por ventura alguno tiembla,
> que en semejante infamia sumergida
> su hija, su hermana o su consorte sea
> el que en si oyere del honor el grito
> como en mi pecho destrozado truena,
> ese me siga a castigar mi injuria,
> y así la suya con valor prevenga.
> (Quintana 1805: 34; énfasis mío)

En la versión final la primera parte de este discurso se reduce a las siguientes palabras: «Ciudadanos / si de vos por ventura alguno tiembla…» (Quintana 2018: 194). Quedan fuera las referencias a los sentimientos y a la venganza de la ofensa personal del protagonista. La imagen de don Pelayo pidiendo ayuda entre avergonzado y lacrimoso no contribuía a enaltecer su funcionalidad heroica en la tragedia. La repetición de la palabra «venganza» dos veces en un solo verso en la primera versión ponía demasiado énfasis en el estado emocional de don Pelayo. Su llamado a la rebelión entonces podría interpretarse simplemente como el deseo del personaje de solucionar su ofensa personal. Al eliminar el verso y la palabra repetida, el autor centra la atención en la amenaza a toda la comunidad y pinta a don Pelayo como un líder preocupado por los demás. La configuración del héroe nacional mejora significativamente al destacarse su intención de buscar justicia y aplicar el castigo al culpable mediante el esfuerzo colectivo. El motivo de la venganza no se elimina por completo de la obra, pero se matiza y trasciende los estrechos límites de honor individual, como se ve por la declaración de Alfonso a Pelayo: «No solamente a castigar tu injuria / te seguiré, sino a vengar con ella / a España que reclama nuestros brazos» (Quintana 2018: 195).

En el tercer acto el apelativo «Gijoneses» (Quintana 1805: 39) se sustituye con la palabra «Nobles godos» (Quintana 2018: 199).

Aunque parezca un cambio pequeño, el hecho de que ocurra en el episodio en que los cristianos eligen a don Pelayo como su Rey es de suma importancia. Si la votación se hace entre los gijoneses, se trata de una elección local, pero al indicarse que son los «nobles godos» quienes participan en la elección, se le concede una legitimidad de facto a la transferencia del poder porque se hace según la tradición visigoda. De este modo, los cristianos peninsulares de Asturias se presentan como herederos legítimos de la corona del desaparecido rey Rodrigo. Este episodio de la tragedia se conecta ideológicamente con el tema de la continuidad de la estirpe goda en los reyes de Asturias y de Castilla, que se construye, como se ha visto en el primer capítulo, en el discurso hegemónico. La tragedia *Pelayo* de Quintana anuncia no sólo el comienzo de una nueva monarquía, sino también la esperanza de que ésta llegue a dominar en toda España y luego se convierta en un imperio mundial.

De los cinco actos de la tragedia, el que más cambios sufrió fue el cuarto. En la primera versión, la acción empezaba con Audalla enviando a sus guardias a proteger el palacio, y ordenando a Leandro y don Pelayo esperar su suerte. Al principio del acto, ambos se muestran desalentados y lamentan su mala suerte con expresiones llenas de una carga sentimental que revela la influencia de la comedia urbana o lacrimosa dieciochesca. Cuando llega Hormesinda, don Pelayo la ataca con acusaciones e insultos, pero luego sorpresivamente cambia de actitud y afirma llorando que ama a su hermana, que la perdona, y expresa el deseo de abrazarla:

> Inexorable
> no penséis que yo soy, en mis entrañas,
> en medio de los gritos del enojo,
> aun la voz de la sangre es escuchada.
> Ven, delicia y oprobio de Pelayo,
> ven, recibe estas lágrimas amargas,
> que de mis ojos encendidos brotan,

> y a confundirse con las tuyas bajan.
> ¡Oh, si la mancha de tu error lavase!
> Mas no es posible, no.... por fin mi alma
> no te aborrece ¡el cielo te perdona
> como yo te perdono!
> (Quintana 1805: 49)

La reconciliación entre los hermanos es interrumpida por la llegada de Munuza a la mazmorra en compañía de Audalla. El gobernador árabe manda a llevar a Hormesinda a su estancia, y le pide a Pelayo que se humille ante él y acepte su poder a cambio de preservar la vida. No lo consigue, e irritado ordena su ejecución. En este momento llega Ismael con el anuncio de la rebelión de los cristianos. El problema de este comienzo consiste no sólo en la configuración sentimental de don Pelayo y el temor de la muerte que éste manifiesta, disminuyendo, según Dérozier, su imagen heroica (1978: 134), sino también en la referencia a «la mancha de tu error» y a la imposibilidad aparente de lavarla. Es decir, vuelve a resurgir la visión áurea del honor manchado por la transgresión femenina. ¿Por qué no puede lavarse la afrenta? Don Pelayo en este fragmento parece aceptar su derrota, y aunque esto añada cierta complejidad a la imagen del personaje dramático, tal conducta no contribuye a su configuración heroica, ni tampoco resulta beneficiosa para el propósito patriótico de Quintana.

En la versión final, el cuarto acto comienza con una escena protagonizada por Hormesinda, quien afirma estar preocupada por el curso de los eventos, por el destino de su hermano y por el futuro de España. En la escena siguiente se reproduce la conversación entre Munuza y Audalla, en la cual el primero ventila sus dudas con respecto a la sinceridad de su esposa y las sospechas de que ella pueda ser cómplice de los cristianos rebeldes. En este acto, Hormesinda revela imprudentemente la identidad de don Pelayo delante de Munuza. Don Pelayo es enviado a una mazmorra en espera de su suerte, pero esto no tiene consecuencias negativas, sino que, al contrario, permite engrandecer el papel que juega Hormesinda. En el quinto acto, es ella quien libera a Pelayo de la cárcel y lo salva de la muerte.

Si en la primera versión los sentimientos de don Pelayo descuellan por excesivos, y la función del héroe trágico interfiere con la imagen de Restaurador heroico, en la segunda versión el énfasis se traslada a Hormesinda, quien gana espacio y funcionalidad en la estructura de la obra y se convierte en su heroína trágica. En esta segunda versión, el discurso del cuarto acto tiene fluidez y desarrollo lógico. La primera versión, al contrario, adolece de varios defectos estructurales. Por ejemplo, al final del tercer acto se afirma la esperanza de don Pelayo de «vencer o morir» a la mañana siguiente (Quintana 1805: 63). El cuarto empieza ya con Leandro y don Pelayo detenidos por Audalla, sin darle idea alguna al espectador de lo que pasó.

La solución del conflicto y la construcción del efecto trágico son distintas en las dos versiones. En el último acto de la primera versión, don Pelayo acuchilla accidentalmente a su hermana, que se encontraba entre él y Munuza, y ni siquiera se da cuenta de ello. Tal solución tiene sentido en el contexto de la teoría neoclásica que aceptaba como un hecho trágico el acto de matar a un amigo o familiar sin reconocerlo. Sin embargo, dentro de la obra y tratándose de don Pelayo, este hecho crea una incongruencia, porque afecta la imagen del héroe como símbolo patrio. El intento de combinar la función de héroe trágico con la de héroe nacional no resulta feliz porque los dos papeles no son fácilmente reconciliables.

En la última escena de la primera versión, Hormesinda moribunda se resigna a recibir la muerte como castigo de Dios, con lo cual exculpa a su hermano de la acción fratricida. El problema es que ya los hermanos se habían reconciliado en la escena de la cárcel, y la posibilidad de que la muerte de la joven en la escena final pueda ser interpretada como una solución al dilema de honor personal es muy remota. Desde la perspectiva de la teoría y práctica clásica, el reconocimiento del vínculo de parentesco o amistad entre la víctima y su matador debe generar la experiencia trágica. Pero la tragicidad aquí se ahoga en el sentimentalismo casi melodramático de la escena, que se enfoca en las emociones de Pelayo ante la agonía de Hormesinda:

Pelayo: Hormesinda! Hormesinda! Abre tu pecho
a mi llanto, a mi amor.

Hormesinda: ¡O cual penetra
Esa voz cariñosa en mis oídos!
Cómo el rigor de mi agonía templa.
Pelayo!
Pelayo: Desdichada! ¡Y aun procuras
La mano asir que a perecer te lleva!

Hormesinda: Dios la guió: yo muero: tú de España
Vive a ser defensor…. Venciste, reina…
O! Si yo sola víctima!… La muerte
Me niega verte ya… Pelayo, estrecha
entre tus brazos a tu hermana
(*hace esfuerzo para abrazar a Pelayo,
y queda muerta en sus brazos y en los de Alvida*).

En la versión final, el episodio de la reconciliación entre los hermanos queda eliminado, por lo cual la tensión del conflicto se mantiene hasta el final. Hormesinda llega a la cárcel para liberar a Pelayo y lo insta a escapar para salvar su vida. Los árabes parecen estar ganando la batalla. Como era de esperar, Pelayo se niega a huir y se lanza al combate. Su aparición anima a los godos e inclina la balanza a su favor. El desenlace trágico ocurre cuando Munuza vuelve derrotado al palacio.

Compárese el fragmento revisado, que se cita a continuación, con el de la primera versión. Hormesinda ya no es un simple vehículo para hacer resaltar los sentimientos de su hermano, sino que está en el centro de la acción. Se enfatiza su sacrificio y el amor emerge como la causa que lleva a la protagonista a la muerte:

> *Pelayo*: Hermana mía, Hormesinda, ¿no me oyes?
> *Hormesinda*: ¡Cuál penetra
> esa voz amorosa en mis oídos!
> ¡Cómo el rigor de mi agonía templa!...
> Mi amor no halló perdón... Vino el castigo,
> ¡Y por cual mano!... Adiós, venciste... reina...
> pero tal vez en tus gloriosos días
> algún recuerdo esta infeliz te deba...
> esta infeliz... que por ti muere. (*Expira*)
> (Quintana 2018: 227-228)

La tragedia concluye en ambas versiones con el pronunciamiento de don Pelayo. Pero si en la primera se enfoca la percepción individual del héroe, su dolor y su «amargo luto» (Quintana 1805: 68), en la segunda la atención se centra en el concepto de la comunidad y en una perspectiva que reconoce las dificultades en el camino hacia la libertad, pero que sigue siendo más optimista que la anterior.

En la primera versión, el uso de la palabra «manchada» deja la impresión que la muerte de Hormesinda no ha logrado purificar la causa de la libertad: «con sangre de Pelayo manchada está la cuna que sustenta / vuestra naciente libertad» (Quintana 1805: 68). Esta imagen constituye la continuación al ya aludido pesimismo expresado por don Pelayo en su conversación con su hermana en la cárcel. En la segunda versión se da la preferencia al gerundio «bañando», que logra transmitir la idea de la purificación de la causa y del origen de España: «la sangre de Pelayo / bañando está la cuna que sustenta / vuestro imperio naciente» (Quintana 2018: 228). Además, el dramaturgo introduce una frase clave, «Muerto al tirano veis», con lo cual ofrece una clausura al tema de la ofensa y del castigo justo en el contexto del pronóstico sobre la capacidad del esfuerzo común y del heroico ejemplo de todos los españoles de eternizar «la alta gloria y libertad de España» (Quintana 2018: 228).

En la versión de 1805 está ausente la palabra «tirano» en la arenga final de Pelayo. El protagonista simplemente exhorta a los godos a vengar la muerte de Hormesinda y defender la «naciente libertad, con sangre / de esos feroces bárbaros»; pide que se acepte su dolor y su luto como ofrenda de su sacrificio por la patria (1805: 104). La palabra aparece en la versión de 1821. Sala Valladaura, entre muchos otros, subraya que el final apunta a la invasión francesa (2005: 440). Se puede suponer incluso que la derrota de Munuza representa simbólicamente la victoria española sobre José Napoleón, el usurpador de la corona de Fernando VII de Borbón. Por eso, al constatar la muerte del tirano, se pretende que ésta sirva de ejemplo a seguir para las generaciones futuras en el caso de que «un pueblo insolente allá algún día / al carro de su triunfo atar intenta / la nación que hoy libramos» (2018: 228). René Andioc sugiere que la «tiranía napoleónica se barrunta ya con tres años de anticipación en el *Pelayo*» de 1805, y que la frase «el pueblo insolente» anuncia la toma de posición frente a la «futura invasión» francesa (1988: 395). Creo conveniente aclarar que dicha frase no está en la versión de 1805, de modo que puede admitirse que se trate de una referencia a la invasión futura, pero sólo desde la perspectiva de don Pelayo, porque para los espectadores de la versión definitiva la guerra de Independencia era ya un hecho del pasado. El uso del término «tirano» en referencia al poder que Napoleón ejercía en España a través de su hermano es consistente con el uso de la palabra en los discursos públicos de Quintana, donde se aludía a la «abominable tiranía» del imperador francés (Valero 2003: 602). Nótese que David Gies ya intuye la alusión en el parlamento del personaje moro llamado Audalla en el segundo acto (2009: 28), el cual se mantiene sin cambios en ambas versiones de la pieza. Este uso de los términos y la visión política del dramaturgo apunta hacia el parentesco ideológico entre *Pelayo* revisado y el teatro político español que aparece en 1808 y que, como señala David Gies, no tiene precedente antes de esta fecha (2009: 23). La muerte de Hormesinda hace posible la metafórica referencia a la sangre de Pelayo, derramada vicariamente por la libertad y la independencia de la patria. Con la segunda redacción la tragedia encuentra su talla definitiva y Quintana logra consolidar el mito de don Pelayo y la construcción social de la imagen de España como nación-estado. El proceso de revisión ejemplifica no sólo la evolución del pensamiento y de la visión estética del autor madrileño, sino también la importancia funcional de la literatura en la cristalización del imaginario nacional; después de Quintana, la imagen de Pelayo se mantendrá en pie y el personaje medieval de la España moderna llevará por siempre el glorioso estandarte de su hazaña, formada y escudada por la búsqueda ilustrada de símbolos nacionales y ejemplos morales.

El poder, el honor y la virtud: la viuda de Rodrigo en el teatro ilustrado y romántico

1.

En las obras de teatro que desarrollan el tema de la «pérdida y restauración de España» predomina el protagonismo de los personajes masculinos, una perspectiva anacrónica y el contraste aleccionador entre el vicio y la virtud. Las mujeres se mueven dentro de un espacio controlado por los hombres, y tienen la función de objetos del deseo o de víctimas de sus transgresiones. Incluso cuando tienen papeles principales, su funcionalidad por regla general se supedita a las relaciones de poder entre los protagonistas masculinos. La configuración de los personajes femeninos y la atribución de papeles heroicos a las mujeres puede entenderse como el resultado del paulatino avance de la causa liberal en la sociedad española, que tiene uno de sus exponentes más ilustrativos en la obra del «patriarca del liberalismo» español, Manuel J. Quintana (Dérozier 1978: 675). Pero aun así, y a pesar de que la heroína trágica de *Pelayo*, Hormesinda, tiene la capacidad de ejercer el poder y tomar las decisiones que afectan la acción, su papel se instrumentaliza para destacar la gloriosa hazaña y la imagen heroica de don Pelayo, así como para subrayar simbólicamente la resistencia de la patria y defender el honor y la virtud inmarcesible de España.

Por otra parte, cabe la posibilidad de que el interés por las protagonistas femeninas tenga que ver con el intento de manipular la funcionalidad histórica de las mujeres visigodas. La configuración de su perfil como heroínas trágicas incluye una especie de heroísmo de la virtud, que se refiere a la capacidad de mantener la integridad y pureza de su cuerpo. La virtud de Egilona, igual que la de Hormesinda, se inscribe en el contexto ideológico patriarcal con el fin de compensar la caída de Florinda y apoyar la idea de la pureza etnorreligiosa de España en un momento crucial para la consolidación de la identidad nacional moderna. A Egilona, igual que a Hormesinda, se le asigna la función clave de negar la posibilidad de que la sangre española haya podido mezclarse con la de los conquistadores africanos. El rechazo del otro, es decir, «el rechazo "católico-español" de moros y de judíos», forma parte de la tradición hegemónica de carácter nacionalista (Aranzadi 2000: 468), y se instrumentaliza en el teatro ilustrado y romántico para defender la identidad europea de España. La diferencia entre el yo y el Otro permite proponer un concepto de españolidad basado no sólo en la pertenencia geográfica y religiosa, sino también en el origen étnico-racial.

Las obras teatrales del siglo XVIII y principios del XIX sobre el tema de la viuda del rey Rodrigo reflejan la influencia ideológica del momento histórico en que la cultura literaria se pone al servicio de la marcha optimista del progreso hacia la felicidad de una sociedad ilustrada. La figura del rey visigodo, con sus pecados, transgresiones y castigos, pasa a formar parte del fondo referencial y no tiene el protagonismo que tuvo en épocas anteriores. En la pieza trágica de Cándido María Trigueros titulada *Egilona*, don Rodrigo está ausente como personaje; lo mismo ocurre en la comedia de Antonio Valladares y Sotomayor, *Egilona, la viuda del rey Rodrigo*, y en la tragedia *Abdalazis y Egilona* de José Vargas Ponce. Pero dada la naturaleza cíclica del desarrollo humano y cultural, con la ruptura de las ilusiones ilustradas en el siglo XIX el optimismo cede espacio a la angustia y la melancolía, y el personaje del rey visigodo vuelve al escenario español en una serie de piezas teatrales, incluyendo la tragedia original *Rodrigo* de Antonio Gil y Zárate, *Abdalasis* de Manuel Cortés, *Egilona* de Gertrudis Gómez de Avellaneda, *El conde don Julián*, de Miguel Agustín Príncipe, y *El puñal del godo* y *La calentura*, de José Zorrilla.

Todas estas obras se distinguen entre sí tanto por la calidad de la realización como por su forma y contenido, pero a pesar de las diferencias en el tratamiento del tema y en la configuración de los personajes, todas forman parte de un esfuerzo colectivo que construye la imagen de la última reina goda y la graba en la memoria nacional. Ramón Menéndez Pidal se lamenta de que la comedia de Antonio Valladares y un drama anónimo titulado *Egilona, drama heroico en prosa*, que se ponen en escena en 1785 y 1788, respectivamente, no presenten «la verdadera historia de Egilona», y acusa al primero de «aquel malsano placer de embrollar los datos tradicionales que sorprendimos en el falsario Miguel de Luna» (1928: 24). Critica las innovaciones y las adiciones que le desagradan, en particular las que atribuye a la influencia de Miguel de Luna, porque cree que lo que hacen es contrariar «todo cuanto por tradición estamos habituados a tener por cosa sabida» (Menéndez Pidal 1926: 50). Alaba, sin embargo, las innovaciones, por insólitas que sean, siempre y cuando le agraden o le parezcan interesantes, como cuando comenta que «Rosa Gálvez dignifica además por su cuenta a Florinda, haciéndola amada de Pelayo» (Menéndez Pidal 1928: 32). Es reveladora su preferencia por el texto de Pedro de Corral como fuente de la leyenda de Rodrigo, a pesar de que reconoce que es un texto ficcional, «una novela» (1926: 21). Estamos ante un modelo de valoración que ejemplifica la influencia ideológica del discurso hegemónico en la construcción social de la memoria colectiva, y ante el hecho de que dicha influencia forma parte de un proceso que continúa, a pesar de haberse consolidado en el siglo XIX. Los dramaturgos buscan ideas, detalles y líneas argumentales nuevas en el discurso historiográfico y literario de épocas anteriores, y aluden con frecuencia a una supuesta veracidad o historicidad de sus textos en el marco de la auto acreditación dirigida a establecer un pacto de confianza con el público. Pero no tratan de rescatar una realidad histórica del pasado. De hecho, están conscientes de que trabajan con fuentes apócrifas y ficcionales (Polt 1970: 61). Lo que tratan de conseguir es moldear y perpetuar una visión a sabiendas ficcional pero justificable, con el propósito utilitario de reforzar el sentimiento patriótico y la imagen positiva de una España unida. Por eso no es un demérito para ninguno de los dramaturgos que desarrollan el tema de la reina Egilona que ésta se revele como fruto de la imaginación literaria más que como una figura rescatada del pasado nacional. Su configuración como personaje dramático no es histórica en el sentido de que no hay ni posibilidad ni intención de hacer pesquisas para alumbrar algún aspecto de la vivencia real de una mujer que fue borrada y reconstruida por el discurso hegemónico. De hecho, desde su mención en la *Crónica de 754* aparece como una figura cosificada, un objeto de transacción. El cuerpo femenino es tratado como mercancía en un proceso de intercambio que, según explica Luce Irigaray, «constituye» a las mujeres en «objetos», y les atribuye la función de configurar las relaciones entre hombres (2009: 128, 134, 137). Al pasar de las manos de un guerrero a las de otro como resultado de una acción bélica, la función de Egilona es simbolizar el cambio en la relación de poder entre estos dos hombres, y en particular, la derrota de los visigodos, sellada en el momento en que los moros victoriosos se apropian del reino y de la esposa de don Rodrigo. Por eso todo lo que sabemos de ella, es decir, lo que la memoria nacional ha conservado, está relacionado con la transición desde su rol de reina cristina al de esposa del emir musulmán.

La preocupación con el tema del segundo matrimonio de la reina en la época medieval tiene que ver en parte con el derecho a la herencia de la corona de Rodrigo. La posibilidad de que hubiera hijos podría interpretarse como la consumación del casamiento y legitimaría la conquista musulmana. Esta preocupación se refleja en las piezas teatrales neoclásicas y románticas, aunque más en su dimensión entogenética que legal, y por eso reiteradamente se rechaza tanto la posibilidad de la consumación de la relación como su legitimidad. El cuestionamiento o la negación de este matrimonio no era arbitrario, sino que venía respaldado por el fallo del concilio XII de Toledo del año 683, que condenaba y prohibía las segundas nupcias de reinas viudas (Orlandis 1957: 125-26).

Según la visión de la identidad nacional que históricamente se promueve en España, el único resultado de la mezcla de moros y cristianos que produjo una «raza mestiza» fueron los moriscos, y una vez que fueron expulsados «se completa la ansiada unidad racial de la Península» (Andreu 2016: 243).

La negación del mestizaje en el discurso literario, y en el teatro neoclásico en particular, estudiado por Pérez Magallón (2001: 93), forma parte de una estrategia que tiene por objetivo compensar una realidad muy distinta de la que era deseada, según explica Christiane Stallaert (1998: 92). La retórica de la negación refleja una preocupación identitaria con raíces en la Baja Edad Media, en que se empezó a prohibir bajo graves penas «que cualquier mujer cristiana, casada, soltera, amigada o mujer pública, entrase ya de día o de noche en los recintos de judíos o moros» (Rubio García 1992: 169). A mediados del siglo XIII las cortes de Valladolid incluso prohibieron a las familias cristianas emplear a mujeres judías y musulmanas para cuidar y amamantar a sus niños, e igualmente prohibieron a las mujeres cristianas hacer lo mismo con los niños de las minorías religiosas (Mirrer 1996: 9). Pero parece que durante la Alta Edad Media el matrimonio mixto entre hombres moros y mujeres cristianas era un fenómeno bastante común (Fernández Amador 1903: 74). Según Syed Imammuddin, los matrimonios mixtos más conocidos incluyen el de la hija del Duque de Aquitania, casada con el jefe bereber Munuza, el de una princesa cristiana, doña Iñiga, casada con un tal Amir Abdallah (1981: 134), así como el de la hija del Sancho II de Navarra con el líder árabe Hajib Almansur. El caso de la viuda del rey Rodrigo conocida por el nombre de Egilona es especial, porque su nombre en las crónicas medievales árabes es Umma-Asim, que traducido al castellano significa la madre de Asim. La *Crónica mozarabe de 754* es la primera en informar que la viuda del rey Rodrigo se volvió a casar y Luis Alonso Tejada explica que el matrimonio fue consumado:

> Según Levi-Provencal, el más autorizado historiador de la España musulmana, Egilona desde luego se hizo musulmana y adoptó el nombre de Umm 'Asim, «la madre de Asim», apenas dio un hijo de este nombre a su nuevo esposo. Lo cual echa por tierra ciertas teorías piadosas y bien intencionadas sobre el celo cristiano y castidad heroica de la bella Egilona. Algunas de ellas, fruto de una ingenuidad que no puede menos de hacernos sonreír. (1976: 154)

La visión del mestizaje como problema de la pureza de la sangre continúa vigente después de la toma de Granada e incluso después de la expulsión de los moriscos. Hay referencias documentadas a la integración de éstos en la nobleza española por medio de matrimonios, al igual que del rechazo de los cristianos viejos a estas prácticas. En un caso judicial del año 1727, un señor llamado don Andrés de Mendoza, el oficial mayor del Sello de la Santa Cruzada, presentó una queja ante el tribunal de la Inquisición de Granada en contra de Cecilio Enríquez de Lara por el hecho de haber ocultado su supuesto «origen islámico» al casarse con su hija (Soria Mesa 2014: 134).

En cuanto a Egilona, la reina viuda del reino godo, su conversión al islam, su unión con Abdalasis y la posibilidad de que tuviera un hijo de este último han sido problemáticos para la ideología hegemónica que defiende la «limpieza» de sangre de los españoles, y desestabilizadores para el discurso identitario español. Esta es la razón por la cual en el período entre los siglos XVIII y XIX, crítico para España, comienza a construirse una imagen alternativa de Egilona. Como hemos visto, la viuda del rey Rodrigo se inscribe en una simbología patriótica, con una identidad distinta de la que pudo haber tenido históricamente. Según la versión literaria, Egilona mantiene su fe cristiana, adquiere un papel protagónico en la confrontación con los moros, tiene agencia y poder. En el siglo XIX, la versión fantaseada por los autores literarios se incorpora en los textos historiográficos. Por ejemplo, en la *Historia general de España* de Modesto Lafuente se informa a los lectores que el nuevo esposo de Egilona no le exigió «que abrazase el islamismo, la permitió seguir siendo cristiana, y le dio el nombre árabe de Ommalisam, que quiere decir la de los lindos collares» (1887: 136). Nótese que Lafuente añade a la imagen ficcional de la reina un nombre alternativo que suena parecido al de Umm Asim, pero con una explicación distinta que permite evadir el tema de la maternidad de Egilona y la posibilidad histórica del mestizaje entre guerreros musulmanes y mujeres cristianas. La misma tendencia ideológica se observa en las piezas dramáticas que desarrollan el tema de la hermana de Pelayo. No se trata simplemente de mostrar que los matrimonios fueran infértiles, sino que al acercarse al asunto espinoso de la virtud de las hijas y esposas de los visigodos derrotados, en la mayoría de los textos se da preferencia a la representación de una unión no consumada. Se subraya, además, la virtud femenina y la capacidad de resistencia de las mujeres cristianas: ellas siempre ejercen el poder y no tienen problema alguno en manifestar firmeza y energía en su defensa. En la tercera escena del primer acto de la tragedia *Pelayo* de Gaspar M. de Jovellanos, por ejemplo, el personaje de Dosinda justifica su rechazo a las pretensiones de Munuza con «el recato que siempre me inspiraron / la virtud, el honor y el nacimiento» (Jovellanos 1846: 43). En la tragedia *Hormesinda*, de Fernández de Moratín, la protagonista, injustamente acusada de haber perdido su honra, se defiende ante Munuza: «Viva mi honestidad en la presencia / del cielo y téngame por delincuente / el mundo por tu exceso temerario» (Fernández de Moratín 1770: 68). El personaje de Ferrández, convencido de la moralidad de la hermana de Pelayo, está dispuesto a demostrarlo en un juicio de Dios: «en desafío / defenderé a Hormesinda y su pureza» (1770: 51). Para que no haya dudas sobre la integridad física de Hormesinda después del matrimonio forzado, el autor hace que el propio acusador de la princesa goda, Munuza, lo confiese delante de Hormesinda y los espectadores (Sala Valldaura 2007: 81):

> Conozco tu razón, sé tú inocencia [...]
> ¡No se logró mi intento! Por gozarte,
> pues no hubo otro remedio, desposarte
> logré conmigo, aunque desesperada:
> Pero tú, aunque conmigo desposada,
> mi lecho abominaste: tal desprecio
> pagué con tu descrédito, y has sido
> reputada por frágil: te ha adquirido
> la infamia tu imprudente resistencia
> (Fernández de Moratín 1770: 67-68)

La protagonista de la tragedia *Egilona* de Gertrudis Gómez de Avellaneda también niega abiertamente haber tenido relaciones íntimas con Abdalasis a pesar de estar casada con él. Lo declara durante el reencuentro con don Rodrigo:

> [...] la Providencia
> salva mi honor, mas deja destrozado
> mi pecho. Soy tu esposa
> aun puedo sin vergüenza pronunciarlo. (1845: 62)

La tragedia se mantiene ideológicamente alineada con el discurso hegemónico, ya que la protagonista sigue el mismo patrón de conducta virtuosa que caracteriza a Hormesinda. En algunas obras neoclásicas, en las que se alude o se sobreentiende la existencia de una relación erótica como en *El Sancho García* de José Cadalso y *Raquel* de García de la Huerta, el mestizaje está relacionado con «una conciencia culpable» (Pérez Magallón 2001: 95). Este es el caso de *Egilona* de Trigueros, por ejemplo, pero en el drama romántico de Gertrudis Gómez de Avellaneda y la tragedia de Manuel J. Quintana el acto de resistencia de las protagonistas godas pretende inspirar en el público un paralelo con la resistencia de la patria. Fundada como un estado cristiano y una nación europea, se sugiere que España mantuvo su pureza en medio de la invasión y la guerra.

Para remachar la negación de la legitimidad de los moros en Hispania, en varias obras teatrales que tratan el tema de la viuda de Rodrigo el esposo musulmán de la reina abdica el poder y afirma los derechos inalienables de Egilona y, por extensión, de los españoles a la tierra ibérica. En algunas, incluso, manifiesta interés en convertirse al cristianismo, lo cual simbólicamente lo convierte en apóstata para los musulmanes y lo escinde de la comunidad a la que pertenece, eliminando la posibilidad de reclamos por parte de ésta. En la tragedia de Manuel Cortés el personaje de Abdalasis, ya herido de muerte, anuncia que es cristiano en el alma y antes de expirar llama a Teudis para recibir el bautizo (1840: 72, 75). En el drama trágico de Gertrudis Gómez de Avellaneda, Abdalasis afirma su preferencia por el culto de la virtud y no a la religión musulmana. Explica que adora a un Dios «sin nombre ni figura [...] que no reclama de los hombres culto / ni altar exige, ni demanda templo» (2018: 328). Hay más ejemplos de esta visión, según se verá más adelante.

En el período anterior a la Ilustración, el tema de la viuda del rey Rodrigo ha recibido menos atención que el de la hija del conde Julián, aunque su nombre se menciona por primera vez en la *Crónica de 754*, siglos antes que el de Florinda. A partir del último cuarto de siglo del setecientos la figura de la reina cobra importancia como símbolo de resistencia etnorreligiosa y como un modelo europeo de afirmación identitaria. El cotejo de los textos medievales, renacentistas, ilustrados y románticos revela un proceso de apropiación de la imagen de la reina con el fin de acomodarla a los propósitos ideológicos del discurso político e identitario que alimenta la construcción social de la memoria colectiva. El proceso de ficcionalización se bifurca creando dos versiones conflictivas, que obedecen a dos ideologías y propósitos utilitarios diferentes: unos prefieren atribuir a Egilona una identidad europea, y otros la africana. Al acercarse a la variedad de fuentes historiográficas y literarias salta a la vista esta inconsistencia en cuanto al nombre y la identidad de la reina. La primera vez que se la menciona por escrito es con el nombre de Egilona (Anónimo 2012: 36), pero en la crónica del arzobispo Rodrigo Jiménez de Rada aparece con el nombre de Rucilona (1604: 260). En *La crónica sarracina* de Pedro del Corral se le llama Eliaca y se afirma que es la hija del rey de África (2001: 702), mientras que Miguel de Luna, por su parte, le concede identidad árabe y el nombre de Zahra Abnalyaca (1603: 11). Según Ballesteros, sin embargo, la mujer con el nombre de Sara en los últimos años del reino visigodo era una princesa goda nieta del rey Vitiza (1920: 113). En la *Historia de España y su influencia en la historia universal* se alude a la viuda de Rodrigo con dos nombres, Egilona y Umm Asim (Ballesteros 1920: 7). La información que emerge del discurso cronístico e historiográfico con respecto a la identidad de la reina se complica con la sugerencia de que Egilona pudo haber sido la hermana y no la viuda del rey Rodrigo (Gerli 1968: 3), y en el texto de Miguel de Luna Egilona es la hija de Rodrigo (Ballesteros 1920: 113). Si lo que hay de información sobre Egilona es una mezcla tan abigarrada de nombres e identidades que no tiene fundamento histórico ni refleja necesariamente una realidad del pasado ¿cómo es posible que la memoria cultural haya escogido y conservado la versión que tenemos hoy en día, es decir, la de una reina cristiana con rasgos heroicos? Para entenderlo es necesario considerar los discursos que competían entre sí promoviendo distintas imágenes de la viuda de Rodrigo. Como señala Ramón Menéndez Pidal, la versión de la identidad africana de la reina fue muy difundida gracias a la popularidad de la *Historia* de Miguel de Luna (1926: 52). El teatro neoclásico y romántico dio preferencia a otra versión, que fue la que ganó, y de ahí que para comprender este proceso haya que considerar cómo cambia el personaje de Egilona a través de los siglos.

Para empezar debemos volver a la tragicomedia *El último godo*. En esta pieza a la reina se le atribuye la función de ser una de las causas de la invasión musulmana y la destrucción del reino godo, algo que no encontramos en las primeras crónicas medievales. Como ya se mencionó, Lope de Vega opta por darle prioridad, entre las transgresiones de Rodrigo, a la que el visigodo comete al casarse con Zara, la hija de Benadulfe, el monarca de Argel, sin el consentimiento de éste. La transgresión representa una triple ofensa al honor de rey, de padre y de musulmán (Niehoff McCrary 1987: 40). Al enterarse de que Zara aceptó la propuesta matrimonial del rey visigodo, Benadulfe exclama: «¡Cristiana, y mujer de aquel / que es nuestro enojo y castigo! / ¡Maldiga el cielo a Rodrigo / y a quien se junta con él!» (Vega 1897: 349). El rey musulmán resuelve tomar venganza pero no se limita a emitir una amenaza en contra de la integridad física del ofensor, sino que jura destruir su «corona», es decir, el símbolo del estado y de la monarquía goda: «¡Por Alá, que esta corona / he de ver hecha pedazos» (Vega 1897: 349). La princesa Zara se presenta como un personaje esquemático y una mujer cosificada. Es bella, exótica y tentadora, una especie de fruto prohibido, y, considerada bajo el prisma de la visión de Edward Said, constituye una muestra temprana de la visión orientalista (Ryjik 2011: 54). Como resultado de un encuentro fortuito con el rey visigodo, Zara se convierte en el objeto de la discordia, como Elena de Troya, cuya posesión es discutida entre dos hombres poderosos y es la causa del conflicto entre dos grupos, uno de los cuales tiene que cruzar el mar para tomar venganza. Al apropiarse de la hija del rey musulmán, Rodrigo desencadena la serie de eventos que lo llevarán a la perdición. En este contexto, la desgracia de Florinda y la reacción del conde Julián pasan a tener una función complementaria, la de facilitar el traslado de los moros a la península ibérica. La configuración del personaje de la reina en el siglo XVIII cambia radicalmente: Egilona se desprende de la función de objeto y adquiere una funcionalidad protagónica. Se individualiza y se mueve en un espacio ideológico que se orienta, aunque no siempre lo logra, a la exaltación del patriotismo y de los ideales de la virtud, la verdad y el bien común. A diferencia de la tragicomedia aureosecular de Lope, donde la variedad de eventos y las acciones secundarias no permiten que Zara se defina más allá de su papel como una de las causas de la desgracias de Rodrigo, en las piezas dieciochescas hay un mayor enfoque en la individualidad de las protagonistas femeninas.

El cambio en la construcción de los personajes se nota ya en la tragedia *Egilona* de Cándido María Trigueros. A pesar de una distribución muy limitada, pocas representaciones y ninguna publicación conocida antes del 2005, la pieza tiene relevancia por ser la primera tragedia neoclásica del ciclo dramático que desarrolla el tema de la viudad del rey Rodrigo en el contexto de la «pérdida y recuperación de España». En una carta que originalmente acompañó el manuscrito y luego se publicó como prólogo, el autor explica su propósito artístico y alude a la supuesta historicidad de la versión de los hechos que se plasman en su pieza:

> Se sabe que Abdalasis fue muerto por sus crueldades, por las violencias que hacía a moras y cristianas, porque afectaba tiranía, o se intentaba levantar rey contra Miramamolín. Ayub, o Ajub, su pariente y sucesor en el gobierno de España, fue acusado por algunos de haber contribuido a su muerte, y comúnmente se creyó que los celos de la goda Egilona no fueron el menor agente de tal asesinato. Esto que es pura historia es el fundamento de mi drama. (Trigueros 2005: 51)

El asunto de la tragedia se desarrolla a partir de los escuetos datos que provienen de la *Crónica Mozárabe de 754*. Allí se sugería que Abdalasis era un libertino, cuyas acciones ofendían a los súbditos y fueron la causa principal de su muerte: «al desear ardientemente a la reina de Hispania, unida en matrimonio, o a las hijas de reyes y príncipes, llevadas al concubinato e imprudentemente abandonadas

[…] fue asesinado cuando estaba en la oración por consejo de Ayyub» (citado por Pérez Marinas 2013: 179).

La configuración y la trayectoria dramática de los dos protagonistas principales, es decir, la del emir Abdalasis y la reina Egilona, gira en torno a la representación de sus pasiones violentas, la lujuria en el caso del primero, y los celos, en el de la segunda, mientras que el motivo de las intenciones autonomistas del gobernador moro queda desplazado a un lugar secundario. La caracterización del caudillo árabe resalta por negativa: es traicionero, cruel, innoble y cobarde. Motivado por la obsesión de satisfacer sus bajos instintos, ni siquiera respeta los umbrales del templo religioso. Curiosamente, la imagen de la reina Egilona también está cargada de tonos negativos. En su raíz visualizamos el mito de la mujer terrible, Lilith y Eva a la vez. Como la primera, Egilona mantiene una independencia que raya en rebeldía, y como la segunda, empuja a su esposo a la perdición con sus acciones o consejos. La propia protagonista lo afirma en la primera escena de la obra: «Yo misma alimenté sus crueldades, / yo le hice aspirar a la corona: / yo soy, quien las traiciones, que maquina / le enseñó a concebirlas, como glorias» (Trigueros 2005: 8). Esta imagen de la protagonista está enlazada con la tradición cultural medieval, según la cual el acceso al poder de las mujeres liberadas de la autoridad de su esposo lleva a consecuencias trágicas (Mirrer 1996: 2). Por tanto, la función dramática del personaje de la reina Egilona en el caso de la tragedia de Trigueros no representa una postura ideológica a favor de la mujer ni se sale del patrón jánico de la imagen estereotípica de la mujer, según el cual se le atribuyen una de dos posibilidades, o bien ser una santa/mártir/víctima o bien mujer fatal/bruja/tentadora. Si comparamos a la reina con la protagonista de *Solaya o los circasianos*, por ejemplo, del coronel José de Cadalso, se nota una diferencia esencial en cuanto a su carácter, motivación y comportamiento. Solaya emblematiza a la mujer oprimida por el poder patriarcal y victimizada por el código de honor familiar. La

Egilona de Trigueros, al contrario, tiene poder y sus acciones reflejan la apropiación del modelo de conducta masculina.

El dramaturgo, por alguna razón, no ha conseguido reconciliarse con el argumento y con la configuración de sus propios personajes a nivel de autor. No ha logrado ver en ninguno de ellos a uno que pudiera ser dotado de rasgos heroicos. Incluso explica en el prólogo que usa el nombre de la reina goda como título más bien por omisión, y no porque la vea como una heroína trágica:

> Son tan principales todos los personajes de esta tragedia y cualquiera de ellos interesa tanto que pudiera darla el nombre, pero como Ataida e Ibrahim son nombres inventados, no me pareció que ninguno de ellos debía intitularla. Abdalasis se pinta muy aborrecible, y Ayub no me pareció tan principal como Egilona, de lo cual ha resultado el ponerle el nombre de ésta, que por otra parte es sonoro, y propio de la historia de nuestra nación. (2005: 52)

A pesar de las aseveraciones sobre la supuesta historicidad del argumento, el desarrollo de la acción evidencia que no se trataba de la intención de rescatar del olvido la figura de la viuda de Rodrigo, sino más bien de aprovechar el tema de su unión con el gobernador árabe para ejemplificar la visión neoclásica del efecto pernicioso de las pasiones humanas. Trigueros recurre al tema para escribir una obra de teatro basada en la historia nacional en cumplimiento de la tentativa ilustrada de nacionalizar el género de la tragedia clásica en España. Pero el problema es que la caracterización negativa de todos los personajes resulta en una tragedia sin héroe trágico, ya que ni Egilona ni mucho menos Abdalasis pueden considerarse como tales.

La calidad de la tragedia se resiente de la intriga apresurada y de la superficialidad en la definición de los caracteres; los cambios en el comportamiento de los personajes son bruscos, apurados y poco convincentes; ningún personaje se destaca como una figura que encaje en el modelo de un héroe trágico, mientras que ni el desarrollo de la acción ni el suicidio final del emir producen efecto trágico. La pieza, sin embargo, tiene importancia como documento que refleja el proceso de formación de la conciencia nacional durante la época ilustrada en España. Según Aguilar Piñal:

> la protagonista, Egilona, no se ajusta a la verdad histórica, ya que Trigueros la presenta fiel a la religión cristiana, cuando se sabe que se hizo musulmana, arabizando su nombre... Toda la trama, repleta de odios y venganzas, de la que Egilona tampoco sale muy favorecida, está concebida para suscitar el rechazo de la figura del moro invasor, un año antes de que apareciese en escena el tema de la resistencia asturiana en un marco neoclásico, con el *Pelayo*, de Jovellanos, y la *Hormesinda*, de Moratín. (1987: 194)

En efecto, la configuración de la figura femenina como agente de la acción resulta poco creíble desde la perspectiva histórica a la luz de la realidad cultural y social de aquella época, pero ideológicamente, dentro del contexto ilustrado, la confrontación entre la reina y su esposo, así como su capacidad de ejercer el poder en la corte de Abdalasis, tienen mucha relevancia. Aun cuando el personaje de Egilona se perciba como figura negativa dentro de la trama, no dejamos de notar que su funcionalidad forma parte de un discurso ideológico que beneficia el naciente nacionalismo español. Al mostrar la debilidad del máximo jefe árabe, Trigueros desprestigia la memoria de la conquista musulmana que éste representa. Desde las primeras escenas de la tragedia, Egilona se define como una figura poderosa a través de su lenguaje, pletórico en amenazas, mandatos y expresiones peyorativas dirigidas a los árabes. El hecho de ser capaz de influenciar la conducta de Abdalasis, quien se muestra temeroso de enfrentársele, directamente subraya la autoridad de la reina. Trigueros señala que en un principio Abdalasis la salva en el campo de batalla; casi la arranca de las manos de otros veinte moros seducidos por su belleza. En poco tiempo, la reina hace un progreso admirable, logrando dominar a su esposo y mostrando una agencia asertiva. No es una figura subalterna: tiene una función de sujeto, toma decisiones independientes, trama alianzas con distintos personajes y facciones de árabes descontentos, e incluso alude a una cierta fuerza militar goda que supuestamente la apoya.

Desde los primeros versos se revela que Egilona está furiosa con Abdalasis por sus infidelidades. Quiere castigarlo, y le pide a otro personaje que se llama Ayub que lo mate. La propuesta inicialmente sorprende a Ayub, pero el joven se deja convencer y accede a la idea de matar a Abdalasis. Racionaliza su decisión alegando una supuesta intención del emir de romper el vasallaje hacia el califa árabe, Miramamolín. Como evidencia de que Egilona es un individuo con poder de organizar, planificar y llevar a cabo sus planes, se muestra que, además de conspirar con Ayub, decide aconsejar a su esposo «revestirse de la real corona» con el propósito de destruirlo (Trigueros 2005: 61). En la *Crónica de 754* se afirma que Abdalasis supuestamente pensaba coronarse por influencia de Egilona, y el problema que surge, según ya se ha indicado, tiene que ver con la posibilidad de la legitimación de la conquista musulmana. Al sugerir que se trataba de un ardid o intriga, y que Egilona no pensaba realmente permitir que Abdalasis se coronara, se elimina tal posibilidad. Egilona trata la conducta lujuriosa de Abdalasis como una afrenta, y en sus parlamentos se respira la soberbia medieval masculina: no trata de dar explicaciones ni quejas, sino que afirma su derecho a vengar el ultraje, fundado en lo excelso de su nacimiento:

> Sí, quiero dar la muerte a quien adoro:
> y porque de Abdalasis soy esposa
> porque le adoro, quiero darle muerte:
> tales son los amores de Egilona.
> Yo desmintiera el generoso timbre
> de la antigua y soberbia sangre Goda,
> si pudiera dejarle con la vida.
> (Trigueros 2005: 4)

Esta caracterización muestra a una Egilona que actúa como una figura con suficiente autoridad para poder asumir las responsabilidades reales en el vacío del poder que se crea luego de la muerte de don Rodrigo. Se manifiesta consciente de ser la heredera natural del trono y su poder se acentúa en contraste con la debilidad de Abdalasis. Si Egilona está a cargo del reino, la conquista árabe puede considerarse como incompleta. En la mente de los espectadores, si el emir realmente tuviera el poder no necesitaría recurrir al matrimonio o intrigas palaciegas para lograr lo que ya había conquistado por la fuerza.

A pesar de muchas diferencias de forma y contenido hay un subtexto ideológico común a la pieza de Lope de Vega y la de Trigueros. La pérdida del reino, que en el caso del rey Rodrigo fue paralela a la pérdida de su vida y de su esposa, es identificable en el plano simbólico a la sumisión de la mujer cristiana al invasor musulmán. La España visigoda se personifica textualmente como la mujer viuda arrebatada a los godos, en los escritos de Alfonso X (1906: 312). La respuesta artística fue la posesión imaginaria de las mujeres musulmanas en los textos de autores cristianos, porque ofrecía una resolución fantaseada al conflicto militar cristiano-musulmán, al tiempo que sugería una derrota simbólica de los hombres no cristianos (Mirrer 1996: 4). Lope de Vega ha favorecido la identidad árabe de la esposa del rey Rodrigo, porque de este modo, al apropiarse de Zara, el rey visigodo humilla a su padre musulmán, además de que reduce la tensión relacionada con las segundas nupcias de la viuda con un moro. El discurso hegemónico rechaza la versión –históricamente probable– de la sumisión e islamización de Egilona, una reina cristiana, de la misma manera que se rechaza al Otro, no-cristiano o converso. Si Miguel de Luna presenta el rapto de la hija del rey musulmán para justificar en parte la invasión árabe, Lope de Vega se adscribe a la ideología hegemónica al pintar la sumisión y la cristianización de una princesa musulmana con un propósito inverso, el de compensar la memoria traumática de la derrota de visigodos y de la apropiación de su reina por el conquistador árabe.

En cuanto a la representación de la alteridad de los personajes moros, Trigueros se mantiene en el mismo espacio ideológico que Lope de Vega, aunque prefiere la identidad cristiana de Egilona. Elabora el mito de una reina cristiana que, a pesar de unirse en matrimonio al emir musulmán, no renuncia a su religión, mantiene su poder e incluso una conducta amenazante. Por contraste, Abdalasis se configura de acuerdo con el modelo que podemos asociar con el estereotipo literario femenino, fabricado, según explica Toril Moi, por la tradición patriarcal: es decir, miente, expresa temor y trata de manipular a un hombre para que sea el ejecutor de sus planes (1988: 62).

El personaje de Egilona construido por Trigueros supera su probable destino histórico: el de haber sido parte del botín de guerra de Abdalasis. El dramaturgo trata de evitar su victimización y la presenta como una protagonista que lleva a cabo una lucha activa por aliviar los sufrimientos de su país, al mismo tiempo que realiza una actividad evangelizadora. Es decir, su matrimonio con Abdalasis se justifica casi como un ardid de guerra, como resultado del cual gana ella y, con ella, toda la España cristiana. Este motivo reaparece en otras obras del ciclo de dramas dedicados al tema de la pérdida y recuperación de España.

Hay cierta confusión en la atribución de la autoría en el caso de las obras dramáticas sobre el tema de Egilona por Cándido María Trigueros y Antonio Valladares de Sotomayor, que ha trascendido a través del tiempo y se registra, por ejemplo, en el reciente estudio de Elizabeth Drayson (2014: 266). La popular plataforma de difusión de libros en formato electrónico, Google Libros, reproduce el error bibliográfico y la autoría equivocada. La edición de la tragedia de Trigueros del 2005, preparada por Patrizia Garelli y publicada bajo el título *Egilona*, ayuda a poner las cosas en su lugar y refleja la autoría de Trigueros.

En cuanto a la pieza titulada *La Egilona, viuda del rey Don Rodrigo*, que se representó en 1785 (Menéndez Pidal 1924: 161), se reconoce la autoría de Antonio Valladares de Sotomayor, tal y como aparece registrada en el repositorio institucional de la Universidad de Oviedo. En esta obra, un vasallo godo, fiel al desaparecido rey, esconde a Egilona en un lugar secreto cerca de Sevilla para evitar que ella caiga en manos de los moros. El vasallo se llama Pelayo, pero no tiene la función heroica del Pelayo asturiano, el famoso protagonista de los eventos de Covadonga asociados con el comienzo de la Reconquista. El vasallo teme por la suerte de Egilona, y cree que para protegerla debe casarla con su hijo, quien curiosamente también se llama Rodrigo. Desde el principio de la pieza se establece que el personaje de la reina simboliza a la España cristiana, y que sin su captura y muerte no está completa la victoria árabe:

> Desde aquel infeliz día
> en que se mira deshecha
> toda la gloria española
> por las armas Sarracenas,
> de modo ocultarte supe
> que burlé las diligencias
> de Muza, y Tarif, que ansiosos
> te buscaban porque fuera
> en el ara de sus iras
> la víctima tu inocencia.
> Pensaba, y bien, que no
> podrían con evidencia,
> y seguridad llamarse
> dueños de la España mientras
> no la quitasen la vida
> a la Viuda amable, y bella
> de Rodrigo que eres tu;
> (Valladares de Sotomayor 1819: 3)

El vínculo simbólico entre España y Egilona, así como la idea de que la reina visigoda representa un peligro para el dominio árabe, se confirma en las palabras de Celima, la hermana del Califa, quien le reprocha a Abdalasis su actitud generosa hacia la reina goda: «Esta clemencia / usas con la que de España / tuvo la corona puesta?», y le pregunta si «será justo acaso / exponer a contingencias / el reino que es de mi hermano / porque tú la favorezcas?» (Valladares de Sotomayor 1819: 11-12).

La traición del enamorado y celoso Iñigo, enfurecido por la posibilidad del matrimonio entre la reina goda y el hijo de Pelayo –una reminiscencia simbólica a la mítica traición del conde Julián–, hace posible que los árabes la capturen y al lleven a la presencia de Abdalasis. Pero a pesar de su condición de prisionera, Egilona mantiene su majestad en todo momento. No proyecta la imagen de una reina vencida, sino más bien de una triunfadora. Su victoria se refleja en la rendición inmediata de Abdalasis, quien durante el encuentro queda tan impresionado que declara su aspiración de unirse a ella en matrimonio. Nótese que no se trata de una conquista amorosa de la reina cristiana por el musulmán; para evitar tal interpretación, el autor coloca a Egilona en una posición de poder en su negociación con Abdalasis. Así, articula una serie de exigencias que el caudillo árabe debe cumplir como condición previa al matrimonio, entre las que se cuenta renunciar a su religión. La reacción del gobernador árabe es de total consentimiento a las demandas de la viuda de Rodrigo, incluso en cuanto al asunto de la conversión religiosa. El árabe sella el triunfo de Egilona con las siguientes palabras: «Primero / haré yo lo que convenga / a la España, a los Cristianos, / a ti, y a mí» (Valladares de Sotomayor, 1819: 16). El discurso de Abdalasis confirma el destino común de España y Egilona, intuido por Celima. La libertad de los españoles va a ser el resultado del matrimonio: «Egilona / puede a España dar aquellas / dichas, que dije» es decir, acepta que la viuda de Rodrigo puede lograr a desempeñar el papel de redentora de su país y traer el fin al dominio de los moros (Valladares de Sotomayor 1819: 16). La reina está consciente de su importante función patriótica y justifica con ella la necesidad de la unión con el jefe árabe. Al explicárselo a su fiel vasallo, Pelayo, no enfoca el hecho del matrimonio, sino que pone el énfasis en la importancia de su ascenso al poder:

> Esto es, Pelayo, que ordena
> el cielo, que de las dichas
> de nuestra patria, yo sea
> instrumento, y que aquel trono,
> que me arrebató la adversa
> suerte, le ocupe. [...]
> (Valladares de Sotomayor 1819: 16)

Conviene señalar que el poder de Egilona se vislumbra de igual modo en el nivel de la estructura de la acción. Aun antes de realizarse el himeneo, la viuda de Rodrigo desplaza a Abdalasis, toma en sus manos las riendas del poder y participa activamente en el desarrollo de la acción. Aunque no tiene estatuto oficial por ser una simple huésped del gobernador, emite órdenes y es obedecida por el jefe de la guardia, Mahometo. Del mismo modo que en la pieza de Trigueros, al final de este drama Egilona hace una impresionante demostración de su poder. No sólo da órdenes a los militares, que le obedecen como si ella fuera persona con autoridad para hacerlo, sino que organiza una fuerza combinada de soldados cristianos y moros con el fin de montar guardia al palacio. Abdalasis se pinta totalmente desmasculinizado e incapaz de ejercer su función de gobernador. El conflicto se desencadena casi sin su conocimiento, ya que es Egilona quien toma control de todo y, por tanto, su triunfo final representa el triunfo de España. Igual que la protagonista de la tragedia de Trigueros, la viuda de Rodrigo en la pieza de Valladares de Sotomayor se apropia del discurso masculino y adopta el papel tradicionalmente asignado a los hombres en la sociedad patriarcal. Se adjudica la función de protectora al afirmar que «defiende la amable y preciosa vida / del que es mi esposo», mientras que Abdalasis feminizado manifiesta una sorpresa total: «De asombrado a hablar no acierto» (Valladares de Sotomayor 1819: 36). Cuando el gobernador le pregunta a Mahometo la razón por la cual no fue cumplida una orden suya, Egilona es quien responde: «porque / a tu bien sólo atendiendo / lo contrario mandé» (Valladares de Sotomayor 1819: 32). Abdalasis acepta la protección de la reina, quien le confirma que ha ordenado la detención de dos personas y que están «por mí de guardia puestos / en ambas puertas Cristianos y Moros, siendo Mahometo / quien mi orden executó / que por menor serás luego de todo enterado» (Valladares de Sotomayor 1819: 36). Esta imagen del jefe árabe refleja como al eco la construcción feminizada de los hombres musulmanes en los textos medievales y renacentistas, estudiada por Louise Mirrer (1996: 4). Los hombres musulmanes son despojados de su masculinidad, y se muestran corteses y comprensivos incluso al ser insultados por sus prisioneros, según se puede constatar por los diálogos entre Munuza y Pelayo en la tragedia de Quintana, y entre Abdalasis y Rodrigo en el drama trágico de Gómez de Avellaneda.

En la pieza dramática de Valladares y Sotomayor, Abdalasis claudica todo el poder y acepta la función dominante de Egilona. Es significativo que la llame «mi dueña» y «Reina de España», así como que indique que es ella quien ocupará por derecho el trono y tendrá el cetro en su mano. Durante la ceremonia en que Pelayo y Rodrigo hacen la transferencia del poder real y la corona a Egilona, Abdalasis no se representa como un personaje con autoridad, sino como un simple testigo. Es más, al dirigirse a la audiencia, y especialmente a estos dos personajes cristianos, Abdalasis los exhorta a que nombren reina a la viuda del Rodrigo, es decir, les extiende una recomendación, pero son ellos quienes tomarán la decisión. Como resultado de esta construcción ficcional, la derrota goda se transforma por magia del arte literario en un triunfo para la España cristiana. Egilona sustituye al ausente don Rodrigo, y por contraste con el resultado fatal de la batalla de Guadalete, sus esfuerzos se coronan con la victoria. Al mismo tiempo supera a don Rodrigo en la virtud, y es configurada como una heroína perfecta, sin faltas ni vicios. De este modo se sugiere que Egilona logra aplacar la furia de Dios y lavar con su virtud y valentía los pecados del rey difunto. La virtud de la Reina tiene una función simbólica, porque representa la de la España cristiana. Al declarar la firmeza de sus principios morales, Egilona destaca la virtud como el concepto central al modelo de conducta que ella sigue en la vida:

> Mas con todo en los trabajos
> que he padecido, conserva
> mi alma, la preciosa luz
> de la virtud, sé que en esta
> vida, desgracias, ni dichas
> no pueden ser duraderas.
> La lengua que hoy nos alaba
> poco después nos desprecia,
> que el tiempo hace autoridad
> de lo vario, pero exenta
> de su rigor la virtud
> se mira siempre: con ella
> no saca partido, pues
> cuando la oprima se eleva,
> y mientras yo la conserve
> lo demás no me da pena.
> (Valladares de Sotomayor 1819: 11)

Abdalasis queda totalmente subyugado por este discurso. Su respuesta es «hacer que las cadenas / que tu virtud, y hermosura / maltratan queden desechas» (Valladares de Sotomayor 1819: 11).

Desde el punto de vista ideológico, el ya mencionado paralelo entre Iñigo y el conde Julián permite invertir en el texto el resultado histórico de la supuesta traición. Los moros logran dar con el paradero de Egilona gracias a la información suministrada por el joven godo, pero el resultado final beneficia a los cristianos. Egilona sale vencedora del enfrentamiento, e incluso salva al propio jefe árabe de la muerte. Este desarrollo de los eventos permite compensar y sublimar a través del arte la memoria traumática de las consecuencias de las acciones del conde Julián. El final feliz de la obra persigue el mismo objetivo, y por eso a Valladares de Sotomayor no le preocupaba el hecho de que el triunfo de Egilona y la salvación de Abdalasis hayan sido inconsistentes con la versión histórica más autorizada, según la cual el emir fue asesinado por orden del califa de Damasco. Las últimas palabras del emir confirman la entronización de Egilona y la victoria de España, cuando Abdalasis exclama «Domine a España la que impera en todo mi afecto» y luego todos le replican: «Nuestra gran Reyna Egilona / Viva por siglos eternos» (1819: 36). La tragedia termina afirmando no sólo la virtud, sino también el poder de la España triunfante.

En la tragedia *Abdalaziz y Egilona*, de José de Vargas y Ponce, desde la primera escena al personaje de la reina goda se le atribuye un papel de agente de poder activo, de comportamiento firme y autoritario. El conflicto tiene que ver con el proyecto del matrimonio entre los personajes cuyos nombres sirven de título a la pieza teatral. Tanto los godos como los moros están escandalizados con la posibilidad de la unión entre la reina cristiana y el conquistador árabe. Los primeros creen que Egilona mancha su estirpe uniéndose a Abdalaziz, mientras que los segundos se muestran preocupados con la influencia que la reina goda pueda ejercer en su caudillo musulmán. El líder religioso de los árabes, Ibrahim, se lamenta ante el ayo de Abdalaziz de que «en este sitio / no otra deuda se paga que una corte / servil y desleal, y un feudo indigno / a la esclava que todo lo domina / y todos aduláis» (Vargas y Ponce 1804: 2). A continuación, el general Mahomad confirma en su conversación con el personaje godo Teudis que la viuda de Rodrigo no es esclava, ni trofeo de guerra, sino que goza de su libertad y además tiene un poder total sobre el alcázar de Córdoba. Invita retóricamente a Teudis a pasar adentro para verlo con sus propios ojos:

> Entra: no temas el celar prolijo,
> ni escrúpulo oriental, ni viva alarma
> del honor mujeril el frágil vidrio
> con cerrojos guardando y atalayas:
> libre Egilona triunfa en este sitio
> Entra, y creerás que reinan vuestros godos
> y con ello también reinan sus vicios.
> (Vargas y Ponce 1804: 8)

La referencia a los vicios de los godos está directamente relacionada con el mito, ya mencionado, que presenta la victoria musulmana como castigo divino, aunque en este caso se trata del antecesor de don Rodrigo. En las obras del período ilustrado y romántico alternan las referencias a las transgresiones del rey Rodrigo con las de Vitiza, siguiendo las dos versiones que se remontan al discurso cronístico medieval. Por ejemplo, en la tragedia decimonónica titulada Abdalasis, de Manuel Cortés, el personaje de Teudis, al comentar sobre la resistencia cristiana en los Pirineos, exclama que se extinguió «la raza de Vitiza; no hay pérfidos ahora; aquellos montes / almas nobles y fierro sólo crían» (1840: 28). En la tragedia de Vargas y Ponce se alude a un Vitiza desbocado «tras villanos y torpes apetitos», que «arrastró a su corte, / y a su palacio y a su solio mismo» fuera del camino de la virtud (1804: 7). La racionalización del rápido avance de los árabes por la península ibérica y la destrucción del reino cristiano se confirman en el parlamento de Mahomad, según el cual el abandono de la virtud llevó a Rodrigo y su «reino hundirse en el abismo / de la desolación» (Vargas y Ponce 1804: 5).

En esta tragedia de Vargas y Ponce, al igual que en *Egilona, la viuda del rey Rodrigo*, de Valladares de Sotomayor, el hecho de que

Mahomad dé explicaciones y le pida ayuda al representante de un rey derrotado es indicativo de la debilidad de los musulmanes y pretende reducir la importancia de su victoria. El árabe está preocupado por el inminente matrimonio entre su jefe y la viuda cristiana. Al confesar que teme el funesto destino de don Rodrigo para Abdalaziz, sugiere que el himeneo planeado es tan ilegal y sacrílego como la relación entre don Rodrigo y Florinda y puede acarrear el mismo resultado, es decir, reconoce su falta de legitimidad. De sus palabras se deduce que la unión entre la viuda de Rodrigo y el gobernador árabe puede desencadenar la rebelión de los cristianos y la destrucción del reino musulmán. La inseguridad de Mahomad se confirma con las demostraciones de la debilidad de Abdalasis. Se le representa como un personaje incapaz de asumir el poder, controlar su destino o ejercer autoridad sobre sus súbditos y soldados. El tratamiento del personaje es similar al que observamos en las dos obras ya discutidas.

La configuración de Egilona como agente del poder cristiano, confirmada por Mahomad e Ibrahim, así como su participación en el desarrollo de la acción, hacen patente la fragilidad de la conquista árabe. Al lamentar delante de Egilona los peligros que acechan al pueblo godo, Teudis se adjudica el papel del portavoz de la patria. Le recuerda a la reina que ella es la única esperanza de su pueblo: «la nación hoy por mí su voto explica / ella te manda» (Vargas y Ponce 1804: 11). Este parlamento reproduce el modo en que los godos se dirigen a don Pelayo en las tragedias neoclásicas cuando insisten en su papel histórico. Lo significativo, sin embargo, es que Egilona no asume una función heroica redentora similar a la de don Pelayo. En esta obra no es el esfuerzo de Egilona lo que tiene valor para la supervivencia de la casa real visigoda y de la cristiandad europea; ella es la portadora del honor y de la pureza de su estirpe, que deben ser protegidos de la agresión del Otro. La importancia de esta función etnogenética se confirma en la escena en que Teudis concibe la idea de matar a Egilona para no arriesgar el honor de los godos y, por extensión, el de España, que se encuentra depositado en el cuerpo de la reina. Pero todo se complica cuando Teudis descubre que es el padre de la última, y por tanto tiene que sopesar las obligaciones paternales y una responsabilidad ante la cristiandad europea. La solución del conflicto se produce con la muerte de ambos protagonistas. Como consecuencia de las intrigas palaciegas, Ibrahim mata a Abdalasis y Egilona se suicida. Vargas y Ponce insiste en la ausencia de la relación física entre el líder musulmán y la reina cristiana, con lo cual defiende la pureza de sangre de los españoles en el momento histórico de cristalización de la nación y niega simbólicamente la posibilidad de convivencia entre los dos grupos étnicos. De este modo, la pieza se inscribe en el discurso hegemónico que rechaza la participación de los moros en la etnogénesis de la nación española.

Entre las obras teatrales dedicadas al tema de la viuda de Rodrigo descuella el drama trágico de Gertrudis Gómez de Avellaneda, y no sólo por la calidad de sus versos y la intensidad con que los personajes viven los conflictos, sino también por la reconfiguración del conflicto y de la imagen de Egilona y Abdalasis. Para la elaboración del drama, Gómez de Avellaneda se inspira en la tragedia *Pelayo*, de Manuel José Quintana, por quien siempre sintió una gran admiración y aprecio. En la tragedia de Quintana el conflicto se desarrolla de acuerdo con la visión neoclásica y la muerte de la heroína ocurre como resultado de su incapacidad de sobreponer la razón a la pasión. Hormesinda, que en la pieza juega un papel paralelo al de Egilona, se siente atormentada por una lucha interior entre el sentimiento del deber a la patria y el amor por el gobernador moro. Siguiendo la voz de la conciencia, libera a su hermano de la cárcel, pero luego vuelve al lado de su esposo Munuza y muere en medio de la rebelión visigoda.

A primera vista pareciera que el argumento de *Egilona* de Gómez de Avellaneda sigue las pautas trazadas por los dramaturgos anteriores, pero ya en el primer acto se introduce una innovación importante: el rey Rodrigo entra en escena, lo cual incrementa la intensidad del conflicto interior de la protagonista. Egilona no es ya una simple víctima de las circunstancias ni una reina todopoderosa, sino una mujer desgarrada por su lucha interna. Picón Garfield señala que «A Egilona le agobia la pugna entre su deber de esposa fiel quien jura seguir a Rodrigo» y su amor por el emir Abdalasis (1993: 94). Egilona ama a Abdalasis y ha aceptado a unírsele en matrimonio, pero al descubrir que su esposo visigodo, a quien creía muerto, está vivo, siente que el vínculo matrimonial anterior la obliga a seguirlo. La tragicidad de la obra emana de la ausencia total de una solución plausible a la situación que se produce por la confrontación de dos posiciones justificables, la del amor por Abdalasis y la del deber hacia Rodrigo. La intriga se complica con la presencia del personaje malvado, Caleb, el jefe de la guardia del emir, enamorado de la reina goda y dispuesto a asesinar a su amo para adueñarse de Egilona, o incluso a ella misma, si sus planes se frustran. El fin trágico se precipita por las acusaciones de apostasía que pesan en contra del gobernador árabe, y que hacen posibles las intrigas de Caleb y el motín de los musulmanes.

En el drama, el tiempo entre el casamiento y la muerte de los personajes se reduce a un período de menos de un día para guardar la unidad de tiempo y para justificar, a nivel ideológico, el hecho de que el matrimonio no se ha consumado. La aparición de Rodrigo y la muerte de la protagonista ocurren pocas horas después de la ceremonia nupcial con Abdalasis y antes de la noche de bodas. Es probable que esta solución fuera inspirada en la tragedia *Pelayo* de Manuel José Quintana, donde el reencuentro del Restaurador de España con su hermana se produce inmediatamente después de su boda con el gobernador moro de Gijón. Al igual que Egilona, Hormesinda muere pocas horas después.

Las similitudes entre las dos tragedias no son incidentales (Williams 1924: 57). En ambas las protagonistas sienten remordimientos que se agudizan en medio de un gran conflicto emocional, provocado por la visión de un hermano o un esposo que les recuerda y les recrimina su supuesta traición (Williams 1924: 22). Hormesinda, durante la ceremonia matrimonial, cree ver alzarse a «Pelayo /

en medio de los dos, y ardiendo en ira» (Quintana 2018: 177). En la víspera de su boda, también Egilona ve «súbito alzarse» ante sus ojos «de Rodrigo la imagen indignada» (Gómez de Avellaneda 2018: 237). Tanto Pelayo como Rodrigo son llevados ante los gobernadores árabes —Munuza y Abdalasis, respectivamente— y, al ser reconocidos por su arrojo temerario, son recluidos en una cárcel. Ambos son rescatados por las protagonistas, con quienes guardan una relación familiar —la hermana en el primer caso, y la esposa, en el segundo—; ambos se salvan al final, uno para servir como símbolo de la Restauración de España y el otro, para desaparecer nuevamente.

Me he referido a *Egilona* como un drama trágico, y es el subtítulo que usa Gertrudis Gómez de Avellaneda en la primera edición. Ahora bien, se trata de una obra que se acerca en algunos aspectos a la tragedia neoclásica, como por ejemplo en la observancia de las unidades de tiempo y lugar, según anota Harter (1981: 92). El romanticismo se manifiesta en el lenguaje patético, el enfoque en los estados emocionales de los protagonistas y sus efusiones sentimentales. El amor aparece como motor principal de la acción (Harter 1981: 92): Egilona ama apasionadamente a Abdalasis, y lo declara sin ambages en una conversación con Ermesinda, su dama de compañía y amiga. A la pregunta de si le es «odioso el emir», responde exaltada: «¡Amo a Abdalasis! ¡Sí! ¡Le adoro, amiga! / Y en vano ya mi labio lo callara, / pues harto a mi pesar lo está diciendo / este rubor que mi semblante baña» (Gómez de Avellaneda 2018: 235). Sin embargo, aunque se siente justificada en sus sentimientos debido a la nobleza humana y la dignidad espiritual de Abdalasis, al mismo tiempo se siente atormentada por la conciencia de estar enamorada del enemigo de su patria y de su religión. Ermesinda trata de consolar a Egilona y le aconseja abandonar estas preocupaciones, ya que ve el matrimonio entre la reina goda y el gobernador árabe de Córdoba desde una perspectiva universal, que valora las cualidades humanas fuera del contexto político y religioso. Le pregunta con cierta sorpresa a la reina: «¿En qué a tu Patria ni a tu estirpe agravias para adorar a un héroe?» (Gómez de Avellaneda 2018: 239). Pero si Ermesinda logra abstraerse de la historia y ver en la unión entre Egilona y Abdalasis una relación amorosa privada entre una viuda infeliz y un guerrero valiente, para la reina goda el amor que siente implica una traición a su patria. Su matrimonio rebosa los límites de lo privado y se proyecta en el marco público del enfrentamiento entre los godos y los moros, los cristianos y los musulmanes, los africanos y los europeos.

El dilema de la reina visigoda es similar al que atormenta, por ejemplo, a la protagonista de la tragedia *Solaya o los circasianos*. Enamorada de un príncipe tártaro, la hija del senador Hadrio se ve forzada a decidir entre su amor por un guerrero virtuoso, pero enemigo de su país, y las reglas sociales, las leyes y la voluntad de su familia. Lo nuevo en la tragedia de Gómez de Avellaneda es la superposición de un segundo conflicto sobre el ya planteado por medio de la incorporación del mito universal del rey perdido. El cadáver de Rodrigo nunca fue encontrado, lo cual dio pábulo a especulaciones acerca de su posible huída después de la derrota en Guadalete. Desafiando la versión históricamente aceptada, que incluye la muerte del rey visigodo en pleno combate, su reaparición ficcional en las páginas de las obras literarias sirvió al propósito de explorar los temas de la culpa, el arrepentimiento, la traición y la venganza. En el período romántico, en una obra anterior a *Egilona*, titulada *El puñal del godo*, de José Zorrilla, se muestra a don Rodrigo vivo después del desastre militar de su ejército. Las referencias a la misteriosa desaparición del rey y a la posibilidad de que sobreviviera a la batalla quedó grabada en la mitología nacional. El público español estaba plenamente preparado para una nueva aparición ficcional del malhadado rey. Pero la protagonista del drama trágico de Gómez de Avellaneda, al contrario, no la espera ni la cree posible. Al reconocer a su primer esposo, Egilona comprende que el destino la ha puesto en una situación extremadamente difícil, tanto desde la perspectiva moral como legal. De repente, la reina descubre que está casada con dos hombres al mismo tiempo. El hecho de haber mantenido su «virtud», es decir, no haber consumado el segundo matrimonio, le permite volver a su primer y legítimo esposo, tanto más que la actitud de Rodrigo no es la de un hombre ofendido que busca venganza. El rey la perdona aun cuando supone que ella había sido forzada en matrimonio por el emir y probablemente abusada físicamente. No deja ni siquiera que Egilona termine sus explicaciones y está pronto a justificarla: «¡Lo sé! Víctima fuiste / de un tirano feroz, que atropellando / tu decoro real...» (Gómez de Avellaneda 2018: 311). La dramaturga construye una imagen idealizada del rey visigodo, presentándolo como un hombre compasivo y magnánimo, honesto y virtuoso, que se arrepiente de los errores que ha cometido en el pasado. En sus acciones se guía por el principio de la virtud. Así, se niega a aceptar la oportunidad de asesinar a Abdalasis que le ofrece Caleb, e incluso llega a socorrer a su rival árabe en medio del combate que se desencadena al final de la obra.

Cuando Abdalasis, enfurecido por los celos al verla cerca de su primer esposo, se abalanza sobre éste con la espada, Egilona se pone entre los dos y declara estar dispuesta a morir junto al rey visigodo. En este momento se revela el poder de la reina sobre Abdalasis, pero a diferencia de las obras dramáticas escritas por Trigueros, Valladares de Sotomayor y Vargas, en el drama trágico de Gómez de Avellaneda el personaje del emir árabe cede ante Egilona sin perder su dignidad ni humillarse. Demuestra su virtud interior, y acepta también la decisión de la reina de seguir al rey Rodrigo, a quien incluso entrega su propia espada para que pueda defenderla. Este gesto puede interpretarse como un acto simbólico en el contexto de la ideología hegemónica de la Restauración de la patria: el emir renuncia a la posesión de Egilona y, en su persona, a España. La generosidad de Abdalasis impresiona a Egilona, que cambia su decisión y en vez de seguir a Rodrigo expresa su voluntad de quedarse con el emir. Emilio Cotarelo criticó una supuesta incongruencia en este desarrollo de los eventos, afirmando que lo lógico para la reina visigoda era seguir a Rodrigo por obligación y por orden de Abdalasis (1930: 68). Menéndez Pidal es de opinión contraria, y cómo destaca Mary Cruz, alaba la perspicacia de la autora en enfocar «la duplicación del amor» como epicentro sentimental del conflicto (Cruz 1985: 29). Cotarelo no reconoció el discurso subversivo de la autora, que ofrecía un subtexto de índole feminista y pretendía destacar la autonomía femenina y su posición de sujeto y agente libre frente a dos hombres que mantienen posturas dominantes. Egilona desafía el poder de ambos al tomar una decisión y luego cambiar de parecer. Trasciende la función secundaria que se le atribuye tradicionalmente a la mujer en el discurso romántico patriarcal para elevarse a la categoría de heroína trágica romántica. Evelyn Picón Garfield sugiere que el conflicto interior de Egilona subvierte «el discurso hegemónico, patriótico y patriarcal, de la leyenda sobre don Rodrigo» en la escena en que éste perdona a su esposa en vez de tratar de lavar con sangre la ofensa a su honor (1993: 92). El comportamiento de Rodrigo es más que benévolo: rechaza el modelo de conducta patriarcal y acepta a Egilona en su calidad de sujeto, ya que no le parece importar la función tradicional de la mujer como un simple depósito de honor familiar. Nótese que Abdalasis manifiesta la misma actitud benévola y generosa al aceptar la decisión inicial de Egilona de permanecer junto al rey godo. El cambio de perspectiva sobre el papel social de la mujer incluye la aceptación y el reconocimiento de la agencia libre femenina por parte de los hombres. En el episodio en que Rodrigo y Abdalasis aceptan el derecho de Egilona de escoger a uno de los dos culmina la actitud subversiva ante la tradición del drama de honor que se esboza en las tragedias de Jovellanos y Quintana.

A diferencia de *Hormesinda* de Manuel J. Quintana, en la cual el conflicto gira en torno a una ofensa remediable al honor de hermano y príncipe, en *Egilona* se trata de una ofensa al honor de esposo y de rey, que es irremediable desde el punto de vista del código de honor tradicional y de la ley civil y religiosa. Evelyn Picón Garfield sugiere que el poder de la reina Egilona se manifiesta durante su metamorfosis «del objeto del placer de dos hombres en el sujeto de placer quien opta por suicidarse para gozar del amor eterno con el amante musulmán» (1993: 97). A la hora de interpretar el suicidio de Egilona en este drama hay que considerar la tradición cultural del patriarcado, según la cual, en los casos de honor, el acto de tomar su propia vida por parte de los personajes femeninos no es subversivo sino aceptado y admirado; algo que evidencian, por ejemplo, las historias de Rosamunda, Lucrecia, Tulia y Safo (Sala Valldaura 2005: 204, 214, 417, 443).

El ataque que emprende la protagonista de Gertrudis Gómez de Avellaneda contra los símbolos islámicos y su exclamación sobre la futura victoria de los cristianos pone en peligro su integridad física y su vida. La reina se suicida en el momento en que los moros se lanzan sobre ella para tomar venganza. No se trata por tanto de un suicidio romántico, sino de un acto de valentía en una situación de guerra, que se realiza para evitar la captura o la muerte a manos de sus enemigos. Se trata de una actitud enraizada en la historia de España, de orígenes tan remotos como el mito de la resistencia numantina. Egilona maldice al grupo de moros, a quienes culpa del asesinato de su esposo, exclamando que les lega una maldición «con la mancha de la sangre [...] de un héroe»; es decir, acepta la calidad heroica del personaje del emir (Gómez de Avellaneda 2018: 337). Las palabras que aluden a la unión póstuma con Abdalasis tienen que ver con la ideología de la victoria inmortal de la virtud y de la inocencia. La agencia libre y el poder de Egilona se legitiman en la escena final del drama con el pronunciamiento final de la reina, que, como señala Kurt Spang, está lleno de «patriotismo españolista» (1998: 201).

La actitud generosa y comprensiva de don Rodrigo y del emir Abdalasis constituye un ejemplo de conducta positiva y deseable desde el punto de vista de la autora, que juega con la expectativa de una solución tradicional por parte del espectador decimonónico. Entronca con la crítica dieciochesca de la ideología patriarcal, que se realiza, por ejemplo, en la tragedia *Solaya o los circasianos*, donde también hay un personaje musulmán virtuoso, un príncipe tártaro, enamorado de Solaya, la protagonista. Solaya es hija de una familia patricia de la ciudad, e igual que Egilona y Hormesinda, tiene mala conciencia porque ama al enemigo de su patria. El conflicto es similar, pero la solución es distinta, porque cuando Solaya informa a su familia que ama al tártaro y no va a renunciar a su amor el hermano de la joven, Casiro, la acuchilla. Lo interesante es que los tártaros llegan para cobrar el tributo de guerra, que incluye a un grupo de doncellas escogidas entre las familias de la ciudad por sorteo. En principio, la familia de Solaya está dispuesta a entregarla como tributo, aunque prefiere no hacerlo, y el conflicto surge sólo cuando sale a la luz el hecho de que ella decide unirse al príncipe musulmán por voluntad propia. Es precisamente ése el momento en que se activa el código de honor para Casiro, lo que lo impulsa a la violencia. Mientras la doncella es considerada como un objeto en la transacción de valores tangibles e intangibles, necesaria para asegurar la paz de la comunidad, su posible selección en el sorteo para formar parte del tributo es aceptable. En cambio, cuando Solaya revela su voluntad se transforma de objeto en un sujeto con agencia libre, y su entrega voluntaria al tártaro se considera ya como un crimen y una deshonra para la familia. La crítica del código de honor y de los parámetros que definen la ofensa y el castigo, a los que José de Cadalso considera un impedimento al progreso de la España ilustrada, cobra peso en la tragedia con la reacción del senador circasiano Hadrio, el padre de Casiro y Solaya. El personaje condena las acciones de su hijo y se alinea con el pensamiento liberal ilustrado. En la tragedia *Pelayo* de Manuel J. Quintana, la reacción del protagonista godo ante el amor de su hermana por Munuza es un paso en la misma dirección, ya que representa una actitud crítica ante la tradición del drama de honor áureo, que culmina en *Egilona* con la deconstrucción del modelo de la masculinidad patriarcal a través de la conducta de Rodrigo y Abdalasis.

A primera vista, la competencia entre ellos carga el cuerpo de Egilona de un valor objetivado y la convierte en mercancía, lo cual ocurre cuando hay una posibilidad de intercambio entre dos hombres (Irigaray 2009: 135). Pero la cosificación hegemónica de la reina se subvierte con su agencia libre, que se revela a través del conflicto trágico y en la dinámica de sus acciones como sujeto capaz de influir y cambiar el comportamiento de los dos esposos.

El conflicto de la pieza se construye de acuerdo con la ética moderna, pues como señala Martínez de la Rosa, «la lucha del hombre dentro del hombre mismo» resulta «más interesante que la del débil mortal con el inexorable Destino» (1838: 145). Al igual que María Gálvez —en *Zinda*, drama trágico en tres actos, y *Safo*, drama trágico en un acto— Avellaneda abandona la subdivisión clásica de la tragedia en cinco actos, pero a la vez trata de recuperar el *pathos* de la tragedia griega. En *Egilona* se recrea el sentido trágico del terrible conflicto interior de una mujer cuya mente y corazón están desgarrados por dos lealtades, por las emociones encontradas y por la conciencia de la imposibilidad de una solución plausible.

La reina visigoda revela varias identidades en conflicto entre sí. Por una parte, es la viuda del último rey visigodo y la última sobreviviente de la estirpe gobernante de la nación que se encuentra en ruinas. Por otra, es una soberana cristiana que quiere y debe velar por el bienestar de quienes sobrevivieron al desastre militar y a la conquista musulmana. Es también una mujer enamorada, esposa del caudillo militar y jefe político del Emirato musulmán erigido sobre las cenizas de su patria. Por último, es una esposa que por desconocimiento ha cometido un delito civil y religioso al contraer segundas nupcias estando vivo su primer marido. La heroína va tomando conciencia del conflicto entre estas identidades a lo largo de los tres actos. Por una parte quiere ser leal a sus sentimientos y a Abdalasis, y al mismo tiempo aspira a mantener la lealtad a su primer esposo. Se preocupa por ser una buena reina de un estado nuevo y quiere, a la vez, proteger y beneficiar a los súbditos del viejo reino visigodo. La muerte de Egilona se produce directamente como resultado de su actitud desafiante y heroica ante los musulmanes, pero tiene que ver también con la imposibilidad de reconciliar los roles de esposa leal a Rodrigo y de esposa enamorada de Abdalasis. Es decir, lo que condiciona la catástrofe es la incompatibilidad intrínseca entre las posiciones que se encuentran en conflicto. Gómez de Avellaneda sugiere que las dos lealtades de la reina son justificables, lo cual proyecta el conflicto trágico en una dimensión hegeliana. El criterio valorativo es la virtud humana como la fuente que condiciona y posibilita el amor. El hecho de que tanto Abdalasis como Rodrigo se comporten de modo generoso complica la situación para Egilona: la dicotomía maniquea tradicional entre el héroe visigodo y un árabe malvado ya no es operativa aquí. El gobernador musulmán exhibe atributos de un hombre ilustrado: es capaz de tomar decisiones altruistas, sigue el llamado de la virtud, manifiesta una tolerancia religiosa que raya en el panteísmo y se guía por principios de justicia y compasión. Es significativo en este contexto que cuando Egilona se siente en la necesidad de justificar su amor ante su propia conciencia y ante los demás, insta a Abdalasis a demostrar su amor con acciones generosas:

> Para que pueda sin rubor, ufana,
> esposa tuya confesarme al orbe,
> haz que bendigan tus virtudes altas
> los que lamentan tus sangrientos triunfos
> Justifica mi amor: mi gloria labra
> Con generosos hechos; y tu dicha
> Merece, emir, haciendo la de España.
> (Gómez de Avellaneda 2018: 244)

Conviene subrayar que el drama manifiesta una relación compleja con el discurso hegemónico, ya que lo sigue en algunos aspectos y lo subvierte en otros. El drama lleva la carga de la configuración negativa del Islam, enraizada en el conflicto cristiano-musulmán, que se confirma con los parlamentos de Egilona y Rodrigo, respectivamente: «¡Raza funesta! / ¡Pérfida raza de la Arabia fruto! /

Almas sin compasión, áridas, secas / que el mismo amor fertilizar no puede»; «Nunca / impunemente al árabe inhumano / hollará torpe la virtud» (Gómez de Avellaneda 2018: 303). La imagen negativa del moro como enemigo no es gratuita, sino que funciona como intensificador del conflicto interior de la protagonista. Sin embargo, si bien Gertrudis Gómez de Avellaneda participa de la visión hegemónica del Otro y adopta su modelo de caracterización al referirse a los personajes árabes como grupo, en el caso de Abdalasis se desvía de la presentación estereotipada. Es posible que se trate de los ecos de una visión alternativa de la imagen de los moros, que se origina en el siglo XVI y luego reaparece en algunos textos del siglo XVIII en el contexto de la modernización ilustrada de España (Torrecilla 2017: 351-52). Aun cuando dicha visión no llega a tener un papel dominante en la memoria colectiva y los dramaturgos neoclásicos no se adscriben a ella por regla general, hay algunos atisbos que demuestran su influencia en las tragedias neoclásicas anteriores a *Egilona*. Por ejemplo, en *Hormesinda* de Fernández de Moratín, don Pelayo advierte a Ferrandez:

> No equivoques
> Las cosas malicioso: no los ritos,
> no la contraria Religión al hombre
> con el Otro hombre a ser infiel obliga,
> ni impide que la ley cada cual siga,
> que halló en su educación o su destino
> (arcano que venero y no examino)
> para que el pecho, a quien razón gobierna,
> sensible a la amistad, al fin humano
> corresponda, a pesar del dogma vano.
> (1790: 10)

Claro está que tal actitud no perdura y, más adelante, el Pelayo de Moratín va a descubrir que estaba equivocado al pensar de este modo.

El protagonista de la tragedia de Quintana también afirma que se ha engañado al darle fe a la fama de Munuza como un hombre virtuoso, a pesar de su «secta» y de su «sangre» (Quintana 2018: 182). El Munuza de Quintana es caracterizado como un hombre que no tiene compasión: es «Violento, / Implacable y feroz», y «si es generoso / en la prosperidad, lo es por desprecio, / por arrogancia» (2018: 163-164). Audalla, al ver a Munuza clamar por la sangre de Hormesinda en un momento de rabia, lo alaba trayendo a colación la imagen modélica de un «firme musulmán», para quien no hay «lugar a la piedad» (Quintana 2018: 210). Cuando Hormesinda habla de su esposo delante de Alvida no menciona sus virtudes, sino que simplemente expresa la esperanza de que el hombre no esté desprovisto de sentido de humanidad:

> Escucha, no a mi esposo
> Vida dio un tigre en sus entrañas,
> Ni las sierpes de Libia sustentaron
> con ponzoña y rencor su tierna infancia.
> De hombres nació, y es hombre; y pues que ha sido
> ya sensible al amor, también entrada
> dará en su pecho a la piedad.
> (Quintana 2018: 206)

La actitud de Munuza en las últimas escenas de la tragedia de Quintana sirve para confirmar simbólicamente la construcción negativa de los musulmanes, entre quienes no hay un solo personaje positivo. En *Egilona* la situación cambia, porque el criterio para la configuración de los personajes es la virtud. El personaje de Caleb, por ejemplo, exhibe una conducta indigna y se mueve motivado por las bajas pasiones, y por tanto se le representa como un personaje negativo. Pero Habib, el lugarteniente del emir, actúa con rectitud e integridad, y aunque tiene una función antagónica, es caracterizado desde una perspectiva neutral. Su configuración contrasta positivamente con la de Caleb.

La perspectiva tradicional del discurso hegemónico se reafirma en los últimos versos que pronuncia la protagonista. Su pronóstico futuro respecto al imperio español y a la libertad de sus habitantes recuerdan el último parlamento de don Pelayo de la tragedia de Manuel J. Quintana. Además de anunciar la futura victoria de los cristianos, la reina demuestra valor, determinación y actitud combativa cuando humilla los símbolos del poder árabe en Hispania. Nótese que la protagonista está hablando de la lucha contra los moros a partir de la conciencia de una memoria histórica. Se inscribe en el discurso hegemónico al subrayar que la victoria cristiana pondrá fin a su dominio:

> Mil héroes brotarán doquier la tierra
> que fertiliza el ominoso riego,
> y en las alas del tiempo se aproxima
> la libertad del español imperio.
> ¡El estandarte de delito y muerte
> (*arranca el estandarte del pedestal,*
> *y arrojándolo roto pone sobre él la planta*)
> que yo destrozo y a mis plantas huello,
> con la memoria del dominio infando,
> roto y sin gloria heredará el infierno,
> al tremolar de Cristo los pendones
> de uno al otro confín del suelo ibero!
> (Gómez de Avellaneda 2018: 336-337)

En este acto performativo de Egilona, enunciado con los verbos «destrozo» y «huello», culmina toda la actividad de rechazo al Otro codificada en la actitud de las protagonistas femeninas del discurso de la Reconquista, y tiene, a pesar de su formato trágico, una proyección optimista y patriótica.

La imagen de Abdalasis simboliza al hombre ilustrado que se guía por principios universales. A diferencia de Munuza, Abdalasis prefiere el culto a la virtud y no a la religión, lo cual lo eleva en los ojos de

Egilona. Gertrudis Gómez de Avellaneda toma como punto de partida la posición ideológica del discurso hegemónico, pero manifiesta una actitud subversiva al mostrar que el protagonista árabe se eleva en la jerarquía espiritual por no ser un fanático religioso. Esto se revela cuando el emir decide liberar a Rodrigo, a quien antes había encarcelado. El rey visigodo cree que está a punto de morir y le pregunta a Abdalasis si éste lo prepara para ser una víctima sacrificial ante el altar de su «falso Dios» (Gómez de Avellaneda 2018: 327). A lo que Abdalasis responde que adora a un Dios «sin nombre ni figura, mas fuerte, sabio, poderoso, inmenso, que no reclama de los hombres culto, ni altar exige, ni demanda templo»:

> El Dios, cristiano, que mi pecho adora,
> es aquel Dios cuyo poder supremo
> publican por doquier, de un polo al otro,
> los astros del sublime firmamento.
> [...] Sus aras son los puros corazones;
> para santuario tiene al universo;
> y las ofrendas que al mortal le pide
> virtudes son y generosos hechos.
> Aquí y en todas partes yo le miro
> aquí y en todas partes le venero,
> y hoy más que nunca a su eternal justicia
> el homenaje que le agrada ofrezco.
> (Gómez de Avellaneda 2018: 328)

Rodrigo confiesa sentirse seducido por la grandeza espiritual del caudillo árabe, manifiesta su perplejidad y admiración ante su actitud tan generosa y no sólo acepta la virtud y el valor de Abdalasis, sino que sugiere que éste merece ser rey por sus cualidades personales:

> *Rodrigo*: ¡Musulmán! Yo mismo
> el justo elogio, que demandas franco,
> aquí y en todas partes te concedo.

[...]
es superior al mío tu derecho,
y católico, godo, destronado
y rival tuyo, en fin, no me avergüenzo
de confesar que tu virtud te hace
digno monarca del hispano pueblo
(Gómez de Avellaneda 2018: 330-331)

Gómez de Avellaneda, con este parlamento, se desvía de la perspectiva del discurso hegemónico porque vincula el derecho de reinar con las cualidades espirituales del individuo, sin importar que se trate de la figura del «enemigo» de España. Pero, por otra parte, se trata de un individuo que se proyecta fuera del contexto de la conquista árabe y que se encuentra separado de la comunidad a la que representa. Es un personaje virtuoso emparentado con otras figuras de la ficción de Gómez de Avellaneda, marginadas por no ser compatibles con la sociedad en la que viven. Dentro del contexto ideológico de su época, el comportamiento de Abdalasis, influenciado, sin duda alguna, por los vientos de la Ilustración, no sólo justifica el amor que Egilona siente por él, sino también su decisión de volver al lado del Emir en un momento de sumo peligro para la vida de ambos. No sólo Rodrigo y Egilona, sino también los godos liberados reconocen sus altas cualidades humanas cuando le estrechan la mano alabando su insuperable magnanimidad. El hecho de que lo llamen «musulmán invicto» (Gómez de Avellaneda 2018: 332) subraya la distancia entre el tratamiento de la identidad de grupo de los musulmanes, influenciado por el discurso hegemónico, y de la identidad individual del emir, que se encuentra fuera del contexto retórico e ideológico del discurso sobre la «pérdida y recuperación de España». Si el romanticismo, según suele decirse, es una manifestación de la desilusión por el fracaso de la Ilustración (Shaw 1986: 14), esta obra es una prueba de que Gómez de Avellaneda no claudica ante el desaliento del mundo post-ilustrado, donde el héroe se siente abandonado por el mundo y por la providencia divina, sino que afirma el valor de la virtud a través de su discurso literario. Sugiere un paralelo entre la imagen de la mujer marginalizada por la jerarquía social del patriarcado y la figura del protagonista árabe, marginado por el discurso de la Reconquista, y por la intolerancia de sus superiores y súbditos musulmanes. Desde una perspectiva ilustrada y romántica, Abdalasis, igual que Sab, el personaje de la novela homónima de la escritora cubana, emblematiza la importancia del valor intrínseco del individuo, fundado principalmente en sus cualidades humanas y no en su clasificación en base a su identidad de raza o género.

Conclusión

Tomar conciencia de su pasado histórico constituye parte integral del proceso formativo de las naciones. Pero el hecho de recordar no equivale necesariamente a la recuperación de una realidad objetiva del pasado. Se trata más bien de una interpretación o construcción ideológica de ciertos hechos, con el objetivo de fijarlos en la memoria colectiva. Las delimitaciones entre la historiografía y la literatura se borran. Los textos que no pretenden ser literarios, sino que, al contrario, tratan de establecer su carácter documental, manifiestan literariedad a través de «una poetización historiográfica del mundo» medieval (Montaner 2014: 15). Se ficcionalizan al incorporar personajes y eventos inventados, y mediante el proceso del «entramamiento» de los hechos históricos en la estructura narrativa (White 1975: 7).

En el caso de España, la memoria colectiva se construye con el énfasis en las acciones de un grupo de sujetos supuestamente históricos, pero ficcionalizados y puestos al servicio de una visión mítica, política y providencialista de la historia. La imagen de Rodrigo, Pelayo, Florinda, Egilona, Hormesinda, Julián, Abdalasis y Munuza, tal y como los conocemos hoy en día, no corresponde a la realidad histórica, sino que está construida sobre la base de arquetipos y estereotipos culturales. Los cronistas medievales esbozan su imagen a grandes rasgos, manteniéndose siempre dentro del marco ideológico del contexto de la derrota visigoda o de la rebelión en contra del poder político de los conquistadores moros, y esa imagen se redondea y se completa en la ficción literaria. La trayectoria de estos ocho personajes se ha considerado, en este libro, desde una perspectiva construccionista de la historia y desde la perspectiva ideológica de la función performativa de la escritura, en el sentido amplio que le concede Roland Barthes (2003: 342).

La resistencia militar contra los musulmanes en la península ibérica, conocida primero como «Restauración» y luego conceptualizada con el término de «Reconquista» (Ríos Saloma 2011:161), había sido imaginada como una confrontación religiosa, además de militar, con el propósito de subrayar la diferencia irreconciliable entre la identidad cristiana de España y la identidad musulmana de al-Ándalus. La versión de los hechos que emerge de las primeras crónicas sirve como fuente de información básica a los textos posteriores. Pero no se mantiene estable, sino que va cambiando de acuerdo con el contexto social y político de la época y la región en que se escribe. La idea de España se edifica sobre las ruinas del reino de don Rodrigo tras la contienda militar entre los moros y los cristianos, pero el discurso hegemónico apoya la continuidad espiritual, religiosa y de linaje entre la estirpe goda y la monarquía española. La visión hegemónica con respecto a la restauración de la monarquía cristiana y la recuperación del territorio del antiguo reino visigodo se mantiene vigente después del fin de la Reconquista. Se adapta al contexto político de la segunda mitad del siglo XVIII, y en la época que sigue a la guerra de independencia española. En esa medida, el discurso literario extiende y complementa la narración historiográfica.

Al acercarnos a la trayectoria ficcional de los protagonistas de la Reconquista se han considerado las contradicciones entre distintas versiones de la historia y el hecho de que la imparcialidad del discurso historiográfico y literario está comprometida por los intereses políticos y las lealtades de sus autores. Es sobre esa base que se ha tratado de desconstruir la aparente unidad (trans)textual del discurso hegemónico de la «pérdida y restauración de España», atendiendo a la contribución del teatro español de los siglos XVIII y XIX. Los dramaturgos ilustrados y románticos participaron activamente en la configuración de los protagonistas de la ficción fundacional de 711, y contribuyeron de manera decisiva a consolidar su imagen en la memoria colectiva.

Bibliografía

Abellán, José (2005): *Meditaciones sobre Ortega y Gasset.* Madrid: Tébar.
Abós Santabárbara, Ángel (2003): *La historia que nos enseñaron (1937-1975).* Madrid: AKAL.
Albarrán Iruela, Javier (2013): «Dos crónicas mozárabes, fuentes para el estudio de la conquista de al-Ándalus»: <https://repositorio.uam.es/bitstream/handle/10486/12018/58780_3.pdf?sequence=1>
Alfonso X (1906): *Primera crónica general de España* (vol. 1) [edición de Ramón Menéndez Pidal]. Madrid: Bailly-Ballière e hijos.
Alonso Tejada, Luis (1976): *Historias de amor de la historia de España. II. Del amor visigodo al amor andaluz.* Madrid: Bruguera.
Álvarez Junco, José (2011): *Spanish identity in the Age of Nations.* Manchester: University of Manchester Press.
Anderson, Benedict (2006): *Imagined Communities: Reflections on the Origin and Spread of Nationalism.* New York: Verso.
Andioc, René (1988): *Teatro y sociedad en el Madrid del siglo XVIII.* Madrid: Castalia.
Andreu, X. (2016): *El descubrimiento de España: Mito romántico e identidad nacional.* Madrid: Penguin.
Anónimo (1826): *The Foreign Review.* London: Black, Young, and Young.
Anónimo (1980): *Crónica Mozárabe de 754.* Edición de José Eduardo López Pereira. Zaragoza: Anubar.
Anónimo (1999): «Una crónica mozárabe a la que se ha dado en llamar arábigo-bizantina de 741: un comentario y una traducción» [Blanco Silva, Rafael]. En *Revista de Filología de la Universidad de La Laguna* 17: 158-167.
Anónimo (2012) *A Chronicle of 754.* En Constable, O. R. & Zurro, D. (eds.): *Medieval Iberia. Readings from Christian, Muslim, and Jewish Sources.* Philadelphia: University of Pennsylvania Press.
Aranzadi, Juan (2000): *Milenarismo Vasco: Edad de Oro, Etnia y Nativismo.* Madrid: Fundación Universitaria Española.
Argaya Roca, Miguel (2006): *La España por venir: una interpretación histórica de España.* Madrid: Visión Libros.

ARISTÓTELES (1798): *El arte poética*. Madrid: Imprenta de Don Benito Cano.
ARJONA Y LAINEZ, Emilio (1868): «Apuntes de un estudio histórico sobre los musulmanes de España en el siglo XI». En *Revista Mensual* 3: 264-285.
ATIENZA, Belén (2009): *El loco en el espejo. Locura y melancolía en la España de Lope de Vega*. Amsterdam: Rodopi.
Bahamonde i Sesse, Francesc (1817): *Florinda: escena trágica unipersonal*. Valencia: Imprenta de Ildefonso Mompié.
BALLESTEROS BERETTA, A. (1920): *Historia de España y su influencia en la historia universal*. Barcelona: Salvat.
BÁRCIA, Roque (1894): *Diccionario general etimológico*. Barcelona: Seix-editor.
BARTHES, Roland (2003): «La muerte de autor». En Araújo, Nara & Delgado, Teresa (eds.): *Textos de teorías crítica literarias (Del formalismo a los estudios postcoloniales)*. México: Universidad Autónoma Metropolitana.
BAUMANN, Roland (1992): «Representando la reconquista: el teatro de conflicto en Andalucía y Guatemala». En *Dspace*: <https://cdigital.uv.mx/bitstream/123456789/4033/1/199233P92.pdf>
BALDERAS VEGA, Gonzalo (2008): *Cristianismo, sociedad y cultura en la Edad Media: una visión contextual*. México: Universidad Iberoamericana.
BERNASCONE, Ignacio (1770): «Prólogo». En Fernández de Moratín, Nicolás: *Hormesinda*. Madrid: Oficina de Pantaleón Aznar.
BLACK, Stanley (2001): *Juan Goytisolo and the Politics of Contagion: The Evolution of a Radical Aesthetic in the Later Novels*. Liverpool: Liverpool University Press.
BLANCO SILVA, Rafael (1999): «Una crónica mozárabe a la que se ha dado en llamar arábigo-bizantina de 741: un comentario y una traducción». En *Revista de Filología de la Universidad de La Laguna* 17: 153-167.
BLÁZQUEZ RODRIGO, Marcelo (1995): *La gatomaquia de Lope de Vega*. Madrid: Consejo Superior de Investigaciones Científicas.
BOSH FIOL, Esperanza & FERRER PÉREZ, Victoria & GILI PLANAS, Margalida (1999): *Historia de la misoginia*. Barcelona: Anthropos.
BRETÓN DE LOS HERREROS, Manuel (1965): *Obra dispersa (Vol. 1)*. Logroño: Instituto de Estudios Riojanos.
BURSHATIN, ISRAEL (1985): «The Moor in the Text: Metaphor, Emblem, and Silence». En *Critical Inquiry* 12 (1): 98-118.
CADALSO, José (1982): *Solaya o los circasianos* Barcelona: Castalia.
— (1827): *Cartas marruecas*. Paris: Bobéeé Hingray.
— (1785): *Don Sancho García, Conde de Catilla*. Madrid: Imprenta del Real y Supremo Consejo de Indias.
CALVO VALIOS, Virginia (2015): *La lectura literaria en los procesos de acogida e inclusión de adolescentes inmigrantes*. Zaragoza: Universidad de Zaragoza.

Cañas Murillo, Jesús (1995): *Honor y honra en el primer Lope de Vega: las comedias del destierro.* Cáceres: Universidad de Extremadura.
— (2013): «El poderoso como personaje y como tema en la tragedia neoclásica española». En *Cuadernos de Ilustración y Romanticismo: Revista del Grupo de Estudios del siglo XVIII* 19: 85-109.
Cantalapiedra Erostarbe, Fernando (1995): *Semiótica teatral del Siglo de Oro.* Kassel: Reichenberger.
Carlos, Abelardo (1908): «Tipos femeninos de la pintura Española». En *La Ilustración española y americana* 52 (IX): 177-179.
Caso González, J. M. (1966): «El comienzo de la reconquista en tres obras dramáticas (Ensayo sobre estilos de la segunda mitad del siglo XVIII)». En *Cuadernos de estudios del siglo XVIII* 18 (3): 499-509.
Castro, Américo (1985): *The Spaniards: An Introduction to Their History.* Berkeley: University of California Press.
Cattaneo, Maria Teresa (2014): «A través de Pelayo: una reflexión sobre la evolución de la tragedia neoclásica». En *Tintas. Quaderni di Letterature iberiche e iberoamericane* 28-30: 17-28.
Collins, Roger (1998): *Charlemagne.* Toronto: University of Toronto Press.
Cook, John (1974): *Neo-classic Drama in Spain: Theory and Practice.* Westport: Greenwood Press.
Corral, Pedro de (2001): *Crónica del rey don Rodrigo: crónica sarracina.* Madrid: Castalia.
Cortés, Manuel (1840): *Abdalasis: tragedia en cinco actos y en verso.* Madrid: Miguel de Burgos.
Cotarelo y Mori, E. (1930): *La Avellaneda y sus obras.* Madrid: Tip. de Archivos.
Crespo Santiago, Dámaso (2006): «Hominización y longevidad». En Crespo Santiago, Dámaso (ed.): *Biogerontología.* Santander: Universidad de Cantabria.
Cruz Díaz, Pablo de la (2013): «El mito godo en la construcción de Castilla». En Cruz Díaz, Pablo *et al.* (eds.): *El historiador y la sociedad: Homenaje al profesor José Mª Mínguez.* Salamanca: Ediciones Universidad de Salamanca, 53-65.
Dérozier, Albert (1978): *Manuel José Quintana.* Madrid: Turner.
Deyermond, Alan (1985): «The Death and Rebirth of Visigothic Spain in the Estoria de España». En *Revista canadiense de estudios hispánicos* 9 (3): 345-367.
Díaz, Joaquín (2001): «Don Rodrigo, godo, en los romances». En *Garoza: revista de la Sociedad Española de Estudios Literarios de Cultura Popular* 1: 67-88.
Díaz Martínez, Pablo (2011): *El reino suevo (411-585).* Madrid: AKAL.
Díaz-Plaja, Guillermo (1968): *Historia general de las literaturas hispánicas: Prerenacimiento y renacimiento.* Barcelona: Barna.

DIEGO GARCÍA, Emilio de (2010): *Para entender la derrota de Napoleón en España*. Madrid: Arco Libros.

DRAYSON, Elizabeth (2007): *The King and the Whore: King Roderick and La Cava*. New York: Palgrave Macmillan.

—(2014): «Reinventing the Legend of King Roderick: Gertrudis Gómez de Avellaneda's *Egilona*». En *Romance Studies* 32 (4): 259-268.

ESCALONA, Julio (2004): «Family Memories. Inventing Alfonso I of Asturias. Building Legitimacy». En Alfonso, Isabel & Kennedy, Hugh & Escalona, Julio (eds.): *Political Discourse and Forms of Legitimation in Medieval Societies*. Leiden: Brill, 223-262.

ESCANDÓN, José (1862): *Historia monumental del heroico Rey Pelayo y sucesores en el trono cristiano de Asturias*. Madrid: Imprenta de la Esperanza.

ESPINO NUÑO, Jesús (1996): *Los orígenes de la Reconquista y el reino asturiano*. Madrid: AKAL.

ESPRONCEDA, José (2006): *Obras completas*. Madrid: Cátedra.

ESTÉVEZ ROMERO, Luis (1900): *Ojeada sobre la dominación española en Europa*. Habana: Imprenta del Avisador comercial.

FERNÁNDEZ AMADOR, Juan (1903): *Los origines de la nacionalidad española & su cultura*. Madrid: Felipe Marqués.

FERNÁNDEZ CABEZÓN, Rosalía (2012): «La tragedia neoclásica española. El teatro en la España del siglo XVIII». En Farré, Judith & Bittoun-Debruyne, Nathalie & Fernández, Roberto (eds.): *Homenaje a Josep Maria Sala Valldaura*. Lleida: Universitat de Lleida, 95-110.

FERNÁNDEZ DE MORATÍN, Nicolás (1770): *Hormesinda*. Madrid: Pantaleón Aznar.

FREYSCHLAG, Elizabeth (1965) *A consideration of Pelayo in Spanish literature*. Tesis. Stanford: Stanford University.

FERNÁNDEZ-GUERRA, Aureliano (1877): *Don Rodrigo y la Cava*. Madrid: Viuda e Hijo de D. E. Aguado.

FERNÁNDEZ UBIÑA, José (1998): «Clasicismo y fin del Mundo Antiguo en la historiografía española moderna y contemoránea». En Vega, María de la & Hidalgo, José & Pérez, Dionisio & Rodríguez Gervás, Manuel J. (eds.): *«Romanización» y «Reconquista» en la Península Ibérica*. Salamanca: Ediciones Universidad de Salamanca.

FONTANELLA, Lee (1983): «Pelayo and Padilla». En Molloy, Silvia (ed.): *Essays on Hispanic Literature in Honor of Edmund L. King*. Woodbridge: Tamesis, 61-72.

FLETCHER, Richard (1999): *La España mora* (Vol. 10). Hondarribia: Nerea.

FRANCO SÁNCHEZ, Francisco (2001): «La conquista musulmana del Magreb y al-Andalus según las crónicas mozárabes». En *Mélanges d'archéologie, d'épigraphie*

et d'histoire offerts à Slimane Mustapha Zbiss. Tunis: Institut National du Patrimoine, 285-307.
FUCHS, Barbara (2004): *Mimesis and Empire: The New World, Islam, and European Identities*. Cambridge: Cambridge University Press.
GÁLVEZ, María (1804): *Obras poéticas de María Rosa Gálvez de Cabrera*. Madrid: Imprenta Real.
GARCÍA DE LA HUERTA, Vicente (1818): *Raquel*. Madrid: Imprenta que fue de García.
GARCÍA FITZ, Francisco (2003): *Edad media: guerra e ideología: justificaciones jurídicas y religiosas*. Madrid: Sílex.
GARCÍA-ARENAL, Mercedes (2010): «Miguel de Luna y los moriscos de Toledo: No hay en España mejor moro». En *Chronica Nova. Revista de Historia Moderna de la Universidad de Granada* 36: 253-262.
GEBHARDT, Victor (1862): *Historia general de España y de sus Indias*. Barcelona: Imprenta de Luis Tasso.
GERGEN, Kenneth (1999): *An invitation to social construction*. London: Sage.
GERLI, E. Michael (2013): «Abd al-Aziz ibn Musa». En Gerli Michael (ed.): *Medieval Iberia: an encyclopedia*. New York: Routledge, 2-3.
GIES, David (1979): *Nicolás Fernández de Moratín*. Boston: Twayne.
— (1999): «Dos preguntas regeneracionistas:¿ Qué se debe a España? y¿ Qué es España? Identidad nacional en Forner, Moratín, Jovellanos y la generación de 1898». En *Dieciocho: Hispanic Enlightenment* 22 (2): 307-330.
— (2006): «La Nación a Escena: El teatro Entre 1737 y 1766 (Consideraciones teóricas)». En *Fénix de España: modernidad y cultura propia en la España del Siglo XVIII (1737-1766): Homenaje a Antonio Mestre*. Madrid: Marcial Pons, 237-248.
— (2009): «The Canary in the Mind: Quintana, Pelayo (1805) and the Play of War». En *Decimonónica* 6 (1): 19-33.
GIL Y ZÁRATE, Antonio (1838): *Rodrigo: tragedia en cinco actos*. Madrid: los Hijos de C. Piñuela.
GLICK, Thomas (2005): *Islamic and Christian Spain in the early middle ages*. Leiden: Brill.
GÓMEZ DE AVELLANEDA, Gertrudis (1845): *Egilona*. Madrid: Imprenta de D. José Repullés.
— (1985): *Tragedias*. La Habana: Letras Cubanas.
GONZÁLEZ ALCANTUD, José & BARRIOS AGUILERA, Manuel (2000): *Las Tomas: Antropología Histórica de la ocupación territorial del Reino de Granada*. Granada: Diputación de Granada.

GOZALBES CRAVIOTO, E. (2011): «El Comes Iulianus (Conde Julián de Ceuta), entre la historia y la literatura». En *Al Qantir* 11: 3-35.
GRIEVE, Patricia (2009): *The Eve of Spain: Myths of Origins in the History of Christian, Muslim, and Jewish Conflict*. Baltimore: Johns Hopkins University Press.
GONZÁLEZ-MUÑOZ, Fernando (1998): «Hacia una nueva edición de la Crónica Pseudo-Isidoriana». En *Edición y anotación de textos: Actas del I Congreso de Jóvenes Filólogos (A Coruña, 25-28 de septiembre de 1996)*. A Coruña: Universidade da Coruña.
GUZMÁN, Roberto (2006): *Sociedad, política y protesta popular en la España musulmana*. San José: Editorial Universidad de Costa Rica.
HALBWACHS, Maurice (1992): *On collective memory*. Chicago: University of Chicago Press.
HARDY MCNEILL, Wiliam (2000): La civilización de occidente: manual de historia. San Juan: Editorial de la Universidad de Puerto Rico.
HERNÁNDEZ JUBERÍAS, Julia (1996): *La península imaginaria: mitos y leyendas sobre Al-Andalus*. Madrid: Consejo Superior de Investigaciones Científicas.
IMAMUDDIN, S. (1981): *Muslim Spain 711-1492*. Leiden: Brill.
JIMÉNEZ DE RADA, Rodrigo (1989): *Historia de los hechos de España*. Madrid: Alianza Editorial.
JOVELLANOS, Gaspar Melchor de (1846): *Obras de Don Gaspar Melchor de Jovellanos*. Logroño: Imprenta de D. Domingo Ruiz.
LADERO QUESADA, Miguel A. (1998): *La reconquista y el proceso de diferenciación política (1035-1217)*. Madrid: Espasa-Calpe.
LEWIS, B. E. & CHURCHILL, B. E. (2008): *Islam: The religion and the people*. Upper Saddle River: Pearson Prentice Hall.
LAFUENTE, Modesto (1887): *Historia general de España desde los tiempos primitivos hasta la muerte de Fernando VII*. Barcelona: Montaner y Simón.
LISÓN TOLOSANA, Carmelo (2004): *La España mental. El problema del mal* (Vol. 2). Madrid: AKAL.
LOPE, H. J. (1996): «Jovellanos und der Mythos von Covadonga. Bemerkungen zu La muerte de Munuza (1769-1772)». En *Spanische Literatur. Literatur Europas*. Tübingen: Max Niemeyer, 337-350.
LOMAX, Derek (2016) «Rodrigo Jiménez de Rada como historiador». En *Biblioteca Virtual Miguel de Cervantes*: <http://www.cervantesvirtual.com/obra/actas-del-quinto-congreso-internacional-de-hispanistas-celebrado-en-bordeaux-del-2-al-8-de-septiembre-de-1974/>.
LUNA, Miguel de (1606): *Historia verdadera del rey D. Rodrigo, compuesta por el*

Sabio Alayde Abucácim Tarif Abendarique. Valencia: en casa de Pedro Patricio Mey junto a S. Martín.

Luzán, Ignacio (1789): *La poética, o Reglas de poesía en general, y de sus principales especies*. Madrid: la imprenta de D. Antonio de Sancha.

Machado, Antonio (1964): *Prosas y poesías olvidadas*. Paris: Centre de Recherches de l'Institut d'Études Hispaniques.

McKendrick, Malveena (2000): *Playing the King: Lope de Vega and the Limits of Conformity*. Tamesis: London.

Mannheim, Karl (2013): *Ideology and utopia*. New York: Routledge.

Martin, Georges (1984): «La chute du royaume visigothique d'Espagne dans l'historiographie chrétienne des VIIIe et IXe siècles.[Sémiologie socio-historique]». En *Cahiers de linguistique hispanique médiévale* 9 (1): 207-233.

Martín Morán, José (1992): *Semiótica de una traición recuperada: génesis poética de Reivindicación del conde don Julián*. Barcelona: Anthropos.

Martínez de la Rosa, Francisco (1845): *Obras dramáticas de D. Francisco Martínez de la Rosa, en un tomo*. Paris: Baudry.

Martínez Díez, Gonzalo (2005): *El condado de Castilla, 711-1038: la historia frente a la leyenda*. Valladolid: Marcial Pons.

McClelland, I. L. (1970): *Spanish Drama of Pathos, 1750-1808: High tragedy*. Toronto: University of Toronto Press.

Meky, Mariam Mahmood Aly (2006): *El Conde Don Julián, evolución de un mito*. Tesis. Madrid: Universidad Complutense.

Menéndez Pidal, Juan (1906): *Leyendas del último rey godo: (notas e investigaciones)*. Madrid: Tipografía de la Revista de archivos, bibliotecas y museos.

Menéndez Pidal, Ramón (1924): *El rey Rodrigo en la literatura*. Madrid: Tipografía de la Revista de archivos, bibliotecas y museos.

— (1926): *Floresta de Leyendas Heroicas Españolas: Rodrigo, el último godo* (vol. 2). Madrid: Ediciones de La Lectura.

— (1928): *Floresta de Leyendas Heroicas Españolas: Rodrigo, el último godo* (vol. 3) Madrid: Ediciones de La Lectura.

— (1957): *Romanceros del Rey Rodrigo y de Bernardo del Carpio*. Madrid: Gredos.

— (1973): *Floresta de leyendas heroicas españolas: Rodrigo, el último godo*. Madrid: Espasa-Calpe.

Menéndez y Pelayo, Marcelino (1897): «Observaciones Preliminares». En Vega, Lope de. *Obras de Lope de Vega: Crónicas y leyendas dramáticas de España*. Madrid: Sucesores de Rivadeneyra.

— (1905): *Orígenes de la novela: Introducción; tratado histórico sobre la primitiva novela española*. Madrid: Bailly-Ballière e hijos.

—(2014): *Historia de los heterodoxos españoles*. Barcelona: Red ediciones.
MEYER, Erik (2010): «Memory and Politics». En Erll, Astrid & Nünning, Ansgar (eds.): *Cultural memory studies: an international and interdisciplinary handbook*. Berlin: Walter de Gruyter, 173-180.
MIRRER, Louise (1996): *Women, Jews, and Muslims in the Texts of Reconquest Castile*. Ann Arbor: University of Michigan Press.
MOI, Toril (1988): *Teoría literaria feminista*. Madrid: Cátedra.
MONTANER FRUTOS, A (2014): «Historicidad medieval y protomoderna: lo auténtico sobre lo verídico». En *e-Spania. Revue interdisciplinaire d'etudes hispniques médiévales et modernes*: <https://journals.openedition.org/e-spania/24054>.
MONTENEGRO, Julio & CASTILLO, Arcadio del (1992): «Don Pelayo y los orígenes de la Reconquista». En *Hispania* 52 (180): 5-32.
MORALES MOYA, A. (1993): «Los conflictos ideológicos en el siglo XVIII español». En *Revista de Estudios Políticos* 80: 7-38.
NIEHOFF MCCRARY, Susan (1987*): El Ultimo Godo and the Dynamics of the Urdrama*. Potomac: Scripta Humanistica.
ONAINDÍA, M. (2002): *La construcción de la nación española: republicanismo y nacionalismo en la Ilustración*. Barcelona: Ediciones B.
ORLANDIS, JOSÉ (1957): «La reina en la monarquía visigoda». En *Anuario de historia del derecho español* 27: 109-136.
PÉREZ, Joseph (2003): *Historia de España*. Barcelona: Crítica.
PÉREZ GARZÓN, J. (2000): *La gestión de la memoria: la historia de España al servicio del poder*. Barcelona: Crítica.
PÉREZ MAGALLÓN, J. (2001): *El teatro neoclásico*. Madrid: Laberinto.
PÉREZ MARINAS, I. (2015): «Las obras de las crónicas de Alfonso III: Crónica de Alfonso II sobre el final de los reyes godos, Leyenda de Covadonga, Crónica de Sebastián de Salamanca y Crónica de Ordoño I». En *Journal of Medieval Iberian Studies* 7 (2): 249-265.
PICÓN GARFIELD, E. (1993): *Poder y sexualidad: el discurso de Gertrudis Gómez de Avellaneda*. Amsterdam: Rodopi.
PITT-RIVERS, Julian (2001): «Las culturas del mediterráneo». En Roque, María (ed.): *Nueva antropología de las sociedades mediterráneas: viejas culturas, nuevas visiones*. Barcelona: Icaria, 23-36
POMBO, Rafael (1880): *Florinda o la Eva del reino godo español*. Bogotá: Imprenta de M. Rivas.
PONS BOIGUES, Francisco (1898): *Ensayo bio-bibliográfico sobre los historiadores y geógrafos arábigo-españoles*. Madrid: Establecimiento tipográfico de San Francisco de Sales.

Príncipe, Miguel A. (1839): *El conde don Julián: drama original e histórico, en siete cuadros y en verso*. Zaragoza: M. Peiro.
Pujante, Ángel-Luis & Gregor, Keith (2010): *Hamlet en España: las cuatro versiones neoclásicas*. Murcia: Editum / Ediciones de la Universidad de Murcia.
Quintana, Manuel J. (1805): *Pelayo: tragedia en cinco actos*. Madrid: Oficina de García y Compañía.
— (1821): *Poesías. Tomo II*. Madrid: Imprenta Nación.
Ramírez de Helguera, Martín (1896): *Libro de Carrión de los condes: con su historia*. Palencia: Establecimiento tipográfico de Abundio Z. Menéndez.
Ratcliffe, Marjorie (2011): *Mujeres épicas españolas: silencios, olvidos e ideologías*. Woodbridge: Tamesis.
Ríos Saloma, Martín (2011): *La Reconquista: una construcción historiográfica (siglos XVI-XIX)*. Valladolid: Marcial Pons.
Romero Tobar, Leonardo (2014): *Temas literarios hispánicos (II)*. Prensas de la Zaragoza: Universidad de Zaragoza.
Rueda, Ana (2001): *Cartas sin lacrar: la novela epistolar y la España ilustrada, 1789-1840*. Madrid: Iberoamericana.
Rodríguez Freyle, Juan (1979): *El carnero*. Caracas: Biblioteca Ayacucho.
Romanos, Melchora (2000): «La construcción del drama histórico a partir de Lope de Vega». En *Actas del XIII Congreso de la Asociación Internacional de Hispanistas, Madrid 6-11 de julio de 1998*. Madrid: Castalia, 697-705.
Rosario García, Maria del (2007): *Identidad y minorías musulmanas en Colombia*. Bogotá: Editorial Universidad del Rosario.
Rubio García, Luis (1974): *Estudios sobre la Edad Media española* (Vol. 5). Murcia: Editum / Ediciones de la Universidad de Murcia.
— (1992) *Los judíos de Murcia en la baja Edad Media (1350-1500)*. Murcia: Editum / Ediciones de la Universidad de Murcia.
Ryjik, Veronika (2011): *Lope de Vega en la invención de España: el drama histórico y la formación de la conciencia nacional*. Woodbridge: Tamesis.
Sala-Valldaura, Josep (2005): *De amor y política: la tragedia neoclásica española*. Madrid: Consejo Superior de Investigaciones Científicas.
— (2007) *Nicolás Fernández de Moratín. Tragedias*. Barcelona: Crítica.
Samuels, Daniel (1939): *Enrique Gil y Carrasco: a study in Spanish romanticism*. New York: Instituto de las Españas en los Estados Unidos.
Sainz de Medrano, Luis (1993): «Las vanguardias tardías en la poesía hispanoamericana». En *Letterature e Culture dell'America Latina*. Roma: Bulzoni.
Sánchez Agesta, Luis (1990): «Sobre la constitución de Cádiz». En *Revista Española de Derecho Constitucional* 30: 9-26.

Sánchez Jiménez, Antonio (2003): «Segunda Cava en España: moro, morisco y venganza en tres comedias de Lope de Vega». En *Bulletin of the Comediantes* 55 (2): 117-132.
Sebold, Russell (1978a): *Ensayos de meditación y crítica literaria*. Salamanca: Universidad de Salamanca.
— (1978b): «"Una lágrima, pero una lágrima sola". Sobre el llanto romántico». En *Ínsula* 380-381: 8-9.
— (1989): *El rapto de la mente: poética y poesía dieciochescas*. Barcelona: Anthropos.
Selimov, Alexander (2000): «El honor, el amor y la imortal hazaña del Ínclito Pelayo en tres tragedias neoclásicas». En *Dieciocho: Hispanic enlightenment* 23 (2): 233-248.
Solís, Alonso de (1754): *El Pelayo: poema*. Madrid: Oficina de Antonio Marín.
Soria Mesa, E. (2014): *Los últimos moriscos: Pervivencias de la población de origen islámico en el Reino de Granada (siglos XVII-XVIII)*. Valencia: Universitat de València.
Spang, Kurt (1998) *El drama histórico. Teoría y comentarios*. Pamplona: Eunsa.
Suárez Fernández, Luis (1976): *Historia de España antigua y media*. Madrid: Rialp.
Stallaert, Christiane (2003): «La cuestión conversa y la limpieza de sangre». En Tous, P. J., & Nottebaum, H. (eds.): *El olivo y la espada: Estudios sobre el antisemitismo en España (siglos XVI-XX)*. Berlin: Walter de Gruyter, 1-28.
Taub, Emmanuel (2008): *Otredad, orientalismo e identidad: nociones sobre la construcción de un otro oriental en la revista Caras y caretas, 1898-1918*. Buenos Aires: Teseo.
Torrecilla, Jesús (2008): *Guerras literarias del XVIII español. La modernidad como invasión*. Salamanca: Ediciones Universidad de Salamanca.
— (2017): «Ilustrados y musulmanes: usos de al-Andalus en el XVIII español». En *eHumanista: Journal of Iberian Studies*, 37: 342-356
Trigueros, Cándido M. (2005): *Egilona*. Romini: Panozzo.
Valero, José (2003): «Manuel José Quintana Y El Sublime Moral». En *Hispanic Review* 71 (4): 585-611.
— (2011): «La polémica sobre el Pelayo de Quintana en el Diario de Madrid (1805)». En *Dieciocho. Hispanic Enlightenment* 34: 29-44.
Valladares de Sotomayor, Antonio (1819): *La Egilona, viuda del Rey Don Rodrigo: en tres actos*. Barcelona: Francisco Piferrer.
Vargas y Ponce, José (1804): *Abdalaziz y Egilona*. Madrid: Imprenta de la viuda de Ibarra.
Vega, Lope de (1897): *Obras de Lope de Vega*. Madrid: Establecimiento tipográfico Sucesores de Rivadeneyra.

VILLALONGA, José Luis (2006): «Haçer un muy buen pueblo»: del campo de Matrera a Villamartín: análisis de un proceso repoblador en la banda morisca del reino de Sevilla, 1256-1503. Sevilla: Secretariado de Publicaciones de la Universidad de Sevilla.

VYGOTSKY, Lev (2013): *Pensamiento y lenguaje*. Barcelona: Paidós.

WEINER, Jack (2001): *El Poema de mío Cid: el patriarca Rodrigo Díaz de Vivar trasmite sus genes*. Kassel: Reichenberger.

WHITE, Hayden (1975): *Metahistory: The Historical Imagination in Nineteenth-Century Europe*. Baltimore: The John Hopkins University Press.

WILLIAMS, Edwin (1924): *The Life and Dramatic Works of Gertudis Gómez de Avellaneda*. Philadelphia: University of Pennsylvania.

WOLFRAM, Herwig (1990): *History of the Goths*. Berkeley: University of California Press.

Apéndice

El texto de la tragedia *Pelayo* de Manuel José Quintana reproducido en esta edición se basa en la versión revisada y publicada en 1821 en Madrid. Para la preparación del texto de *Egilona* de Gertrudis Gómez de Avellaneda partimos de la versión impresa en 1845 por José Repullés. Se ha modernizado la ortografía y algunos arcaísmos, siempre que no afecten la versificación.

Pelayo
Tragedia en cinco actos

Manuel José Quintana

Edición y notas de
Alexander Selimov

Personas:

    Pelayo
    Hormesinda
    Munuza
    Veremundo
    Alfonso
    Leandro
    Audalla
    Alvida
    Ismael
    Un soldado gijonés
    Varios nobles asturianos
    Guerreros moros

    La escena es en Gijón

Acto Primero

La escena es en Gijón. El teatro representa un salón de la casa de Veremundo, adornado con varios trofeos de armas.

Escena I

Alfonso, Veremundo.

ALFONSO: Si, respetable Veremundo, hoy mismo
de las murallas de Gijón me ausento,
donde tanta flaqueza y tanto oprobio
están mis ojos indignados viendo.
El moro triunfa, los cristianos doblan
a la dura cadena el dócil cuello,
sin que uno solo a murmurar se atreva
de opresión tan odiosa. No, aunque en medio
de esta vil muchedumbre apareciese
del gran Pelayo el animoso aliento,
en vano a libertad los llamaría;
ya nadie le entendiera.[1]

VEREMUNDO: Él, en el seno
de la etérea mansión goza sin duda
la palma que a los mártires da el cielo
en premio a su virtud. Fiero, incansable,

---

[1] Es una referencia anacrónica que antecede la rebelión de Pelayo. Al principio del primer acto Alfonso no podía tener conocimiento de que Pelayo estaba vivo y que tendría un papel protagónico en el comienzo de la reconquista.

　　　　　Los llanos de la Bética le vieron
　　　　　casi arrancar él solo la victoria
　　　　　que vendió la perfidia[2] al agareno.
　　　　　Él atajó el raudal a la fortuna
　　　　　del soberbio Tarif cuando en Toledo
　　　　　del victorioso ejército sostuvo
　　　　　la terrible pujanza un año entero.
　　　　　de igual valor fue Mérida testigo
　　　　　hasta que, puesta su cabeza a precio
　　　　　por el infame Muza, y escondido
　　　　　desde entonces su nombre en el silencio,
　　　　　ni de él, ni de Leandro, el hijo mío,
　　　　　la fama volvió a hablar.

Alfonso: ¡Dichosos ellos,
　　　　　que así por fin descansarán! Sus ojos,
　　　　　cerrados ya con sempiterno sueño,
　　　　　no verán el escándalo, la afrenta.
　　　　　de su sangre, el sacrílego himeneo,
　　　　　que hoy se va a celebrar… ¡ Oh Veremundo!
　　　　　Perdona esta vehemencia a mi despecho;
　　　　　ser Hormesinda esposa de Munuza
　　　　　es duro oírlo y afrentoso el verlo.

Veremundo: Mal pudieran las débiles mujeres
　　　　　resistir al halago lisonjero
　　　　　del moro vencedor, cuando sus armas
　　　　　domaron ya los varoniles pechos.
　　　　　Mira a la hermosa viuda de Rodrigo
　　　　　ganar desde su triste cautiverio

---

[2] Se refiere a la traición de los hijos del rey Witiza y del obispo Oppas, que supuestamente abandonaron a Rodrigo en la decisiva batalla en Guadalete que selló la derrota visigoda.

el corazón del joven Abdalasis,
y ser su esposa, y ocupar su lecho.
Mira a Eudón de Aquitana dar su hija
a un árabe también, y hacerla precio
de una paz...

ALFONSO: ¿Y la hermana de Pelayo:
debió seguir tan execrable ejemplo?
Excederle debió.

VEREMUNDO: Yo, deudo suyo,
que la eduqué, la amé cual padre tierno,
disculpo su flaqueza, aunque la lloro.

ALFONSO: ¿Cabe disculpa en semejante yerro?

VEREMUNDO: Sí, Alfonso, cabe. ¿Por ventura ignoras
el bárbaro y terrible juramento
que hizo Munuza? ¿Ignoras que asolada
Gijón hubiera sido en escarmiento
de su noble defensa, si Hormesinda
no la hubiera salvado con sus ruegos?
si nuestra servidumbre es más suave,
si aun ves en pie nuestros sagrados templos.
Los cristianos, Alfonso, a su hermosura,
a ese amor que te indigna lo debemos.

ALFONSO: ¡Abominable amor! Unión impía
que Dios va a castigar! Y ya estoy viendo
a esa desventurada, a quien seducen
los engaños del moro, ser muy presto
objeto miserable de sus iras.
¿Ignoras tú su condición? Violento,
Implacable y feroz, si es generoso
en la prosperidad, lo es por desprecio,

por arrogancia. Las inquietas ondas
que baten las murallas de este pueblo
no son más de temer en su inconstancia
que su alma impetuosa.

Veremundo: Hasta este tiempo
Gijón sólo conoce su clemencia.

Alfonso: Ella se acabará; que no está lejos,
y plegue al cielo que me engañe, el día
en que, soltando a su violencia el freno,
del tirano engañoso que ahora alabas
la rabia al fin confesarás gimiendo.
Yo tiemblo su frenética arrogancia,
y esta llegada repentina tiemblo
del fiero Audalla; Audalla, conocido
por su celo fanático y sangriento.
Adiós. A darme asilo las montañas
bastarán de Cantabria, cuyos senos
ofrecen a la sed del africano,
en vez de oro y placer, virtud y fiero.
ellas me esconderán... Mas Hormesinda...

Escena 2

Hormesinda, dichos.

Hormesinda: (*En el fondo del teatro.*)
¿Qué le diré, infeliz? A andar no acierto,
y mis rodillas trémulas se niegan
a sostenerme.

Veremundo: Acércate.

Hormesinda: No puedo,

señor; que el corazón a vuestros ojos
siente aumentar su tímido recelo.

VEREMUNDO: ¿dudas ya de mi amor, cara Hormesinda?

HORMESINDA: (*Adelantándose.*)
¿Dudar yo? No, señor, en ningún tiempo.
A vos mi infancia encomendó mi hermano,
cuando, acudiendo de la patria al riesgo,
voló precipitado al mediodía
a probar en los árabes su acero.
Huérfana y sola, planta abandonada
en temporal tan largo y tan deshecho,
sólo la protección de vuestro asilo
pudo abrigarme del rigor del viento.
En vos hallé mi padre, en vos mi hermano:
¡que no pueda mi amor satisfaceros
tanta solicitud, tantos afanes!
Pero impotente el corazón a hacerlo,
su inmensa deuda agradecido aclama,
y para el pago la remite al cielo.
Él, señor, él os recompense; en tanto...
perdonad el rubor, el triste miedo
que me acobarda, en tanto vuestros brazos
dad a esta desdichada que al momento
va a dejar este asilo de inocencia,
donde sus años débiles crecieron;
y sobre ella implorad una ventura
que su dudoso y angustiado pecho
no se atreve a esperar.

VEREMUNDO: ¡Ah! Si bastasen
mis ruegos a alcanzarla, ni otro premio
ni otra fortuna al cielo pediría

　　　　　este infeliz y lastimado viejo.
　　　　(*Asiéndola de la mano afectuosamente.*)
　　　　　Pero, hija mía...

HORMESINDA: ¡Ay! no, que las palabras
　　　　　salgan de vuestra boca en son tremendo.
　　　　　Llamadme ingrata, pérfida; llamadme
　　　　　infiel a la virtud, sorda al consejo.
　　　　　¿Qué me podréis decir que yo a mí misma
　　　　　con dureza mayor no esté diciendo?
　　　　　sabed que aqueste cáliz de dulzura,
　　　　　tras el que anhela el corazón sediento,
　　　　　a fuerza de amarguras y martirios
　　　　　está ya en mi interior vuelto en veneno.
　　　　　Sabed...

ALFONSO: Si eso es así ¿por qué un instante
　　　　　no levantáis, señora, el pensamiento
　　　　　a ser quien sois? La religión sagrada
　　　　　de la virtud[1] os mostrará el sendero,
　　　　　y la sangre que anima vuestras venas
　　　　　para marchar por él os dará aliento.
　　　　　Mostraos hermana de Pelayo, y antes
　　　　　de ver que sois escándalo a los vuestros,
　　　　　ludibrio de los bárbaros infieles,
　　　　　esposa de un tirano...

HORMESINDA: Deteneos.
　　　　　Que, si temí las quejas del cariño,
　　　　　a la voz del insulto me rebelo.
　　　　　¿Por qué, si soy escándalo a los míos,

---

[1] Esta referencia a la religión de la virtud tiene ascendencia ilustrada, asociada con la responsabilidad cívica del ser humano como miembro de una comunidad.

si tan injustos me condenan ellos,
por qué a la seducción, a los halagos
del moro vencedor no me escondieron?
Cuando el furor y la venganza ardían,
cuando ya el hambre y el violento fuego
prestos a devorar nos amagaban,
era justo, era honroso en aquel tiempo
que yo a los pies del árabe irritado
fuese a ablandar su corazón de acero.
Fui. Mis plegarias el camino hallaron
de la piedad en su terrible pecho,
y libre del azote que temblaba,
este pueblo su frente alzó contento.
Todos entonces, sí, me bendecían,
todos; y en tanto que al enorme peso
de sus cadenas agobiada España
mira asolados sin piedad sus templos,
hollados con furor sus moradores,
violadas sus mujeres, en el seno
de la paz más feliz Gijón descansa.
¡Tirano le llamáis, y él en sosiego
nos deja respirar, cuando podría
con sola una mirada estremecernos!
¡Es un tirano y amoroso aspira
a llamarse mi esposo! ¡Ah! no lo niego,
inexorables godos, a su halago,
a su tierna afición, a su respeto
mi corazón rendí, vuestra es la culpa,
y el fruto, hombres ingratos, también vuestro.

Escena 3

Alvida, dichos.

Alvida: Llegó el momento, el séquito está pronto
    que debe acompañarte al himeneo.
(*A Hormesinda*)
    Munuza espera a su adorada amante,
    anunciando su gozo y sus deseos
    con su esplendor hermoso las antorchas,
    la música festiva en sus acentos.

Hormesinda: ¡Esto es hecho, gran Dios!

Alfonso: Seguid, señora,
    por donde os lleva tan culpable fuego.
    ¿Qué tenéis que temer? Las luminarias
    que han de solemnizar vuestro contento
    solemnicen también y hagan patente
    de vuestro hermano y patria el fin funesto.
    Mi lengua, Veremundo, poco usada
    de la lisonja a los infames ecos,
    deja este parabién a los amantes. (*Se va.*)

Hormesinda: ¡Qué horrible parabién! Mas ya no hay medio
    de volver el pie atrás; que mi destino,
    más fiero y más cruel cada momento,
    tras sí me arrastra y sin poder valerme,
    a su imperiosa voluntad me entrego.
    Adiós, señor, adiós.
(*Le besa la mano, y se va precipitadamente con Alvida.*)

Escena 4

Veremundo: ¡Mísero anciano!
   Ya ¿qué te resta? El lúgubre silencio,
   la amarga soledad que te rodean
   fieles te anuncian tu postrer momento;
   ¡y cuán acerbo!... ¡Oh suerte! ¿A qué guardarme
   para tal desamparo?

Escena 5

Veremundo, Leandro, y después, Pelayo.

Leandro: Amigo, entremos;
   nadie nos sigue, la fortuna misma
   nos ha guiado hasta el solar paterno.

Veremundo: ¡Qué voz es la que escucho! Mis sentidos
   me engañan... Mas no hay duda, ellos son, ellos.
   ¡Oh providencia eterna, yo te adoro!
   ¡Hijo! (*Corre a abrazarlos.*)

Leandro: ¡Padre!

Pelayo: ¡Señor!

Veremundo: ¡Pelayo! ¿Es cierto,
   es cierto que vivís? ¡Ah! que aún se niega
   a tal ventura incrédulo mi afecto,
   y abrazándoos estoy. ¿Cómo os salvasteis?
   decid, ¿cómo vencisteis tantos riesgos
   que la desgracia y el rencor del moro
   amontonaron ya para perderos?
   El silencio, el olvido en que os hundisteis
   eran señal de vuestro fin sangriento

para toda la España que afligida
cifró en vosotros su postrer consuelo.

PELAYO: ¡Ah! si bastantes a salvarla fuesen
La constancia, el ardor, el noble celo,
firme aun se viera, Veremundo, y dando
envidia con su gloria al universo.
Nuestras fatigas, el valor ilustre
de los que el nombre godo sostuvieron,
hacer pedazos el infausto yugo
pudieran ya que la sujeta el cuello.
Mas vano ha sido nuestro afán, y en vano
por el nombre de Dios lidiado habemos,
él retiró su omnipotente escudo,
y coronar no quiso nuestro aliento[2].
Vednos pues en los términos de España,
prófugos, solos, deplorable resto[3]
de los pocos valientes que mostraron
a toda prueba el generoso pecho.
La guerra en su furor devoró a todos;
yo los vi perecer. ¡Oh compañeros,
que en el seno de Dios ya descansando
de vuestro alto valor gozáis el premio,
mis votos recibid y mi esperanza;
vengue yo vuestra muerte, y muera luego.

VEREMUNDO: ¡Admirable constancia! Mas, Pelayo,
¿de qué nos sirve contrastar al cielo?

---

[2] Ésta y otras referencias a la falta de apoyo divino se inscriben en el discurso providencial que presenta la invasión musulmana y la derrota cristiana como castigo de Dios por los pecados de los reyes visigodos.

[3] La enumeración lastimosa de visigodos derrotados tiene el mismo linaje que la mencionada referencia de Hormesinda a su abandono y soledad.

cuando a nuestros intentos la fortuna
les niega su laurel en el suceso,
ceder es fuerza, inútil es el brío,
pernicioso el tesón. Si estando entero
contra el fiero rigor de esta avenida
no pudo sostenerse nuestro imperio,
¿te sostendrás tú solo? ¿A quién consagras
tan heroico valor, tanto denuedo?
¡No hay ya España, no hay patria!

PELAYO: ¡No hay ya patria!
¿Y vos me lo decís?... Sin duda el hielo
de vuestra anciana edad, que ya os abate,
inspira esos humildes sentimientos
y os hace hablar cual los cobardes hablan.
¡No hay patria!... Para aquellos que el sosiego
compran con servidumbre y con oprobios,
para los que en su infame abatimiento
Mas vilmente a los árabes la venden
que los que en Guadalete[4] se rindieron.
¡No hay patria, Veremundo! ¿No la lleva
todo buen español dentro en su pecho?
Ella en el mío sin cesar respira:
la augusta religión de mis abuelos,
sus costumbres, su hablar, sus santas leyes
tienen aquí un altar que en ningún tiempo
profanado será.

VEREMUNDO: Tu celo ardiente
te hace ilusión, Pelayo: ¿en quién tu esfuerzo
puede ya confiar? Quien pierde a España

---

[4] El ejército visigodo fue derrotado en la orilla del río Guadalete.

no es el valor del moro; es el exceso
de la degradación: los fuertes yacen,
un profundo temor hiela a los buenos,
los traidores, los débiles se venden,
y alzan sólo su frente los perversos.

PELAYO: Y porque estén envilecidos todos,
¿todos viles serán? yo no lo creo.
Mil hay, sí, Veremundo, mil que esperan
a que dé alguno el generoso ejemplo,
y el estandarte patrio levantando,
despierte a todos de tan torpe sueño.
Yo vengo a levantarle, estos montes
serán mis baluartes, a su centro
volarán los valientes, y el Estado
quizá recobre su vigor primero.
Entremos pues, que mi Hormesinda abra
a su hermano, señor, y que tendiendo
la noche el manto lóbrego, a seguirme
se prepare.

VEREMUNDO: ¡Buen Dios! llegó el momento
desgraciado y terrible.

PELAYO: ¿Desgraciado?
El instante feliz que ansió mi anhelo
de abrazar a mi hermana?

VEREMUNDO: ¡Ay triste! calla:
ese nombre en tu boca es un veneno.

PELAYO: ¿Por qué, decid, por qué? ¿Vive?

VEREMUNDO: Sí, vive,
pero su muerte te afligiera menos.

PELAYO: ¡Qué misterio! Acabad, ¿infiel?

VEREMUNDO: Tu hermana
   atajó los estragos de este pueblo...

PELAYO: Seguid.

VEREMUNDO: Tu hermana a los feroces ojos
   del bárbaro halló gracia... Ella es consuelo
   de todos los cristianos que la imploran...
   ella hace nuestros grillos más ligeros...
   Nada resiste al vencedor... Munuza,
   rendido, enamorado, al himeneo
   de Hormesinda aspiró... y ella, vencida...

PELAYO: Por piedad no acabéis... ¿Estos los premios
   son que a tanto afanar, tantos servicios
   el cielo reservaba? ¡El vilipendio,
   la mengua, las afrentas! ¡Oh Leandro!
   ¿Por qué al rigor del musulmán acero
   a par de tantos héroes no caímos
   allá en los campos de Jerez sangrientos?

LEANDRO: Repórtate, Pelayo, a este infortunio
   opón tu alta constancia, opón tu esfuerzo.
   en ti la patria su esperanza fía.
   No desmayes. Aleja el pensamiento
   de esa flaca mujer, para ti es muerta.

PELAYO: ¡Muerta! ¡Pluguiera a Dios!
   (*A Veremundo.*)
      ¿Por qué sabiendo
   tal abominación, al mismo instante
   un agudo puñal no abrió su pecho?
   ella con su inocencia moriría,
   yo no viviera con borrón tan feo.

VEREMUNDO: A apoyar su virtud ya vacilante

>   Siempre acudió mi paternal consejo;
>   La violencia jamás.
>
> PELAYO: ¡Costumbre impía!
>   ¡Tiránica opinión! ¡Injusto fuero!
>   ¡Las mujeres sucumben, y en nosotros
>   carga el torpe baldón de sus excesos!
>   ¿Ella esposa de un moro?... Más decidme,
>   ¿desde cuándo un enlace tan funesto
>   se ha estrechado?
>
> VEREMUNDO: Ahora mismo, en este instante
>   se celebra quizá.
>
> PELAYO: Pues aun es tiempo,
>   volemos a la pérfida, mi vista
>   la llenará de horror, este himeneo
>   no se hará, no. Si por desgracia es tarde,
>   la ahogará en mi presencia el sentimiento.
>   (*Se va precipitadamente.*)
>
> VEREMUNDO: Él, en su ardiente frenesí, se ciega.
>   Sigámosle, Leandro, y a lo menos,
>   si regir su furor no conseguimos,
>   con él cuando perezca moriremos.

Acto segundo

La escena en este acto representa un salón del alcázar de Munuza.

Escena I

Munuza, Hormesinda en un sofá sostenida por Alvida, en actitud de ir volviendo de un deliquio; Audalla algo separado y mirándolos desdeñosamente desde un lado del teatro.

Munuza: ¡Oh ingratitud! ¡Oh femenil flaqueza!
¿Con que, cuando debiera la alegría
su corazón henchir, y este momento
ser el más delicioso de su vida,
dudar?... ¿temblar?... ¿desfallecer?... Y apenas
dan sus labios el sí, cuando oprimida
de congoja mortal yerta la miro
a mis plantas caer?

Alvida: Señor, mitiga
tu enojo, ya en sí vuelve.

Hormesinda: ¿En dónde, ¡oh cielos!
en dónde estoy?

Alvida: Recóbrate, Hormesinda,
mis brazos te sostienen, a tu lado
a tu esposo contempla.

Munuza: Ella le irrita
con esa turbación.

HORMESINDA: Ten, oh Munuza,
piedad de esta infeliz ¿por qué a afligirla
también los ecos de tu labio airado
y esas miradas de furor conspiran?

MUNUZA: ¿Cuál es pues, dime, la funesta causa
de esta agitación tan repentina,
de ese pavor horrible que en tu frente
y en tus ojos atónitos se pinta?

HORMESINDA: El cielo ve la pena, los temores
que mi interior ahora martiriza,
y ve también a mi amorosa llama
explayarse por él siempre más viva.
Sed contento, señor; vos ya vencisteis,
el triunfo es vuestro, la vergüenza es mía.
¡Ah! ¿Qué dirán ahora los cristianos
de esta mujer desventurada? (*A Alvida*).

MUNUZA: Olvida
sus inútiles quejas. Ellos deben
inclinar a tus plantas la rodilla,
y servirte en silencio.

HORMESINDA: ¿En dónde queda
el venerable anciano que solía
con su amor y consejos ampararme?
todo me abandonó, tú sola, Alvida,
tú sola no desdeñas mi fortuna[5].

---

[5] Nótese la caracterización de resonancias ilustradas, cuando el individuo afligido en su sufrimiento sólo cuenta con un alma amiga que le escucha y entiende. El denominativo «dulce» aplicado a la amistad es frecuente en las cartas de los poetas ilustrados y (pre)romanticos sel siglo XVIII, por ejemplo: «de nuevo, dulce amigo» (Meléndez Valdés 1797: 319).

ALVIDA: Eterno mi cariño, dulce amiga,
    siempre te seguirá.

HORMESINDA: De estas ideas
    tiranizada ya mi fantasía,
    trémula y vacilante, a vuestro alcázar
    a juraros mi fe fui conducida.
    Jurada está, señor, no me arrepiento;
    soy vuestra, lo seré... Cuando salían
    las fatales palabras de mi boca
    y el acto solemnísimo cumplía,
    me pareció que, alzándose Pelayo:
    en medio de los dos, y ardiendo en ira,
    «¿qué te hicieron ¡oh pérfida! los tuyos
    para así abandonarlos», me decía.
    Tiembla entonces el suelo, ante mis ojos
    la luz de las antorchas se amortigua,
    baña el sudor mi frente, el pie me falta,
    Y opresa del afán, caigo sin vida.
    ¡Oh, deliquio cruel!

MUNUZA: ¡Oh, ilusión vana
    que todo mi placer vuelve en acíbar!
    ¿Ha de romper Pelayo a perseguirte
    la noche eterna de la tumba fría
    que ya le esconde?

HORMESINDA: ¿Y si viviese acaso?
    ¡Ah, cuál entonces su dolor sería!
    ¡Desdichada de mí!

MUNUZA: Lanza esas sombras
    que tu tímido espíritu atosigan.
    Serénate ya, en fin. ¿Es tan difícil

>   coronar el amor, labrar la dicha
>   a un amante, a un esposo?

HORMESINDA: ¡Ah! No… Pelayo,
>   ya en el cielo ante Dios dichoso asistas,
>   gozando el premio a tu valor debido,
>   ya proscrito en la tierra y triste aun gimas,
>   oye la voz de tu angustiada hermana:
>   perdónala. Tu esfuerzo y osadía
>   a defender la patria no bastaron,
>   sufre que yo la alivie en sus desdichas.
>   que yo la madre y protectora sea
>   de los vencidos que en su amor confían
>   Él lo quiere, ¿no es cierto? ¡Ah! Yo me entrego
> (*Mirando tiernamente a Munuza*)
>   al afecto imperioso que me guía,
>   noble Munuza; mas consiste ahora
>   que sola un breve tiempo, recogida,
>   tu esposa pueda contemplar su suerte,
>   acallar los temores que la agitan,
>   y llenar sólo su tranquilo pecho
>   del tierno y dulce amor que tú le inspiras.
> (*Se va con Alvida.*)

ESCENA 2

Audalla, Munuza.

MUNUZA: ¿Es temor? ¿Es desdén? ¿Qué es esto, Audalla?
>   ¿Pude esperar en semejante día
>   tal confusión?

AUDALLA: El sucesor augusto
>   del sublime Profeta acá me envía,

no a arreglar tus querellas con tu esclava
sino a que España nuestro rito siga
de grado o fuerza. Nunca los caprichos
del amor entendí, ni las caricias
del sexo engañador rendir pudieron
un momento jamás el alma mía.
Cercado siempre de armas y soldados,
entregado a las bélicas fatigas,
sé pelear y no amar; sé hacer esclavos
nunca servir; que nuestra ley divina
por siempre triunfe, y que ante el gran profeta
el universo incline la rodilla,
fue la eterna ambición del pecho mío.
Pues ¿qué son con la gloria las delicias?
Por esto siempre vencedor mi brazo
en la guerra triunfó. Tú, de esa indigna
pasión ya poseído, teme al cielo,
que la flaqueza en el valor castiga;
teme que te abandone la victoria.

MUNUZA: ¡Ah! ¡Si tus ojos vieran a Hormesinda
cuando, anegada en llanto y desolada,
Por la primera vez ante mi vista
se presentó. Su tímida hermosura,
su ademán, sus palabras compasivas,
llenas de encanto y dolor, no sólo
las entrañas de un hombre ablandarían,
más rindieron también a las serpientes
que abortan las arenas de la Libia.
Yo la escuché y venció; Gijón por ella
del bélico furor libre se mira.

AUDALLA: ¿Y no temes que al fin tanta flaqueza

llegue a causar tu irremediable ruina?
¡Ay del que es opresor, si abre el oído
a la piedad, y si imprudente olvida
que ante él debe marchar la servidumbre.
¡La amenaza, el terror! Si así no humillas
esta fiera nación que a nuestras plantas
yace más espantada que vencida,
teme tu perdición. Goza en buena hora
del amoroso halago y las caricias
de esa cristiana; los demás perezcan,
o en vergonzosa esclavitud nos sirvan,
mientras el Dios del Alcorán no adoren,
así lo manda nuestro gran califa.
¿Osarás resistir? ¿Olvidar puedes
que al partir de Damasco, esa cuchilla
para extender su ley puso en tus manos?

MUNUZA: ¿Y contra quién, Audalla, he de esgrimirla,
contra unos miserables que, rendidos,
ante mis ojos con pavor se inclinan?

AUDALLA: Esos que tu arrogancia así desprecia
serán los que castiguen algún día
bondad tan temeraria.
(*Corta pausa.*)

MUNUZA: Aun soy Munuza;
pendiente de mis hombros todavía
el formidable alfanje centellea
que huérfanas dejó tantas familias.
Tiemblan de mí velando, aun se estremecen
si su atemorizada fantasía
mi aterradora faz les pinta en sueños.

Escena 3

Ismael, dichos.

Ismael: dos cristianos, señor, a vuestra vista
   pretenden parecer. Es uno de ellos
   aquel anciano, el deudo de Hormesinda,
   el otro, un joven que dolor y enojo
   en su semblante intrépido respira.

Munuza: Entren al punto.
   (*Se va Ismael.*)

Audalla: Aguárdate, Munuza,
   que el discreto supremo del Califa
   se tiene al fin que promulgar mañana,
   y aun hoy debiera ser...

Munuza: Basta.
   (*Se va Audalla.*)

Escena 4

Pelayo, Veremundo y Munuza.

Munuza: ¿Qué os guía,
   decid, a mi presencia?

Veremundo: Una ventura
   para la gente mora, una desdicha
   para el pueblo español: murió Pelayo.
   Testigo de su muerte la confirma
   este guerrero, y a Hormesinda trae
   la fúnebre y amarga despedida
   de su hermano infeliz.

Munuza: Quizá esta nueva *(aparte)*
　　los temores disipe que la hostigan.
　　Con que ¿murió Pelayo? ¿Veis, cristianos,
　　en la fortuna nuestra ley escrita?
　　El cielo la consagra con victorias,
　　y os abandona. ¿En qué os paráis? Seguidla.

Pelayo: Grande pues fue mí engaño cuando, oyendo
　　lo que la fama en tu loor publica,
　　a pesar de tu secta y de tu sangre,
　　virtudes de un valiente en ti creía.
　　La muerte de un contrario generoso
　　solamente el que es vil la solemniza.

Munuza: ¿Y quién eres tú, di, que tan osado?...

Pelayo: Sabe, moro, que alienta todavía
　　Pelayo en mí...

Veremundo: *(Interrumpiéndole.)*
　　Señor, disculpa sea
　　de tal temeridad su aflicción misma.
　　En Pelayo: su gloria y su esperanza
　　los españoles míseros ponían[6].
　　ya pereció: las lágrimas que damos
　　al esquivo rigor de su desdicha
　　no te ofendan, Munuza.

Munuza: Yo a Pelayo
　　ni amé ni aborrecí; mas su porfía;
　　su temeraria obstinación pudiera

---

[6] Tanto Munuza como Veremundo hacen comentarios anacrónicos a la hazaña de Pelayo, que surge en el discurso de la Reconquista sólo a partir del siglo IX.

sernos fatal. Así, cuándo nos libra
Alá de su furor, gracias le rindo
de que siempre propicio nos asista.
Cristianos, sois perdidos.

PELAYO: No te fíes
en tu prosperidad. Dios pudo un día
separar su favor de aqueste pueblo
y abandonarle a su terrible ira.
De los godos contempla el poderío,
la suerte en un momento le derriba;
la suerte puede hacer que en un momento
caiga también vuestra soberbia altiva.
¿Quién sabe si aplacado con nosotros
ya el cielo, un brazo vengador anima
que ataje vuestra próspera bonanza?

MUNUZA: ¿Será el tuyo tal vez?... Más Hormesinda
va a parecer delante de vosotros.
Tú, imprudente, refrena esa osadía,
usa un lenguaje y ademán conformes
a tu fortuna humilde y abatida,
y no al león irrites que te escucha
y por desprecio tu arrogancia olvida. (*Se va.*)

ESCENA 5

Veremundo, Pelayo.

VEREMUNDO: ¡Gracias al cielo! Al cabo con su ausencia
mi temeroso corazón respira.
¡Cuál me has hecho temblar! Ni tus promesas,
ni el velo que a sus ojos te encubrían
a asegurar mi agitación bastaban.

　　　　　Del tirano al aspecto enardecido
　　　　　tu mente se arrojaba toda entera,
　　　　　y en tus miradas fieras se veía
　　　　　la mal cubierta indignación. En vano
　　　　　la desolada España en ti confía
　　　　　si no atiendes la voz de la prudencia.
　　　　　¿No sabrás moderarte?

Pelayo: ¿Y quién me obliga
　　　　　a tan torpe disfraz? Nunca Pelayo
　　　　　descendió a la flaqueza, a la ignominia
　　　　　de engañar. El que engaña es un cobarde
　　　　　que confiesa su mengua en su perfidia.
　　　　　¡Y yo miento mi nombre! ¡Yo le escondo
　　　　　delante de ese moro! ¡Oh fementida
　　　　　mujer!

Veremundo: Ella se acerca.

Escena 6

　　Hormesinda, dichos.

Hormesinda: ¡Padre mío!...
　　　　　Con que ¿aun no me olvidáis?...Pero ¿qué miran
　　　　(*Viendo a Pelayo*)
　　　　　Mis ojos?... ¡Ay! Él es: ¡valedme, cielos!

Veremundo: ¿La ves a tu presencia confundida?
　　　　　Calle la indignación; hable, hijo mío,
　　　　　la sangre solamente.

Hormesinda: Ya a tu vista
　　　　　tienes a esta infeliz, esta culpable,
　　　　　a quien Dios en su cólera dio vida;

a quien antes de verse en tal momento
la negra muerte aniquilar debía.
No imploro tu piedad, no la merezco,
ni cabe en el honor que en ti respira,
pero permite que tu hermana ahora
con lágrimas rescate de alegría
las lágrimas que un tiempo dio a tu muerte
en luto acerbo y en dolor vertidas.
Sufre que al gozo me abandone.

PELAYO: Aparta.
¿Mi hermana, tú? Jamás. Quien aquí habita,
quien se complace en la estación odiosa
de la superstición y tiranía
no puede ser mi sangre. En otro tiempo
tuve una hermana yo que era delicia
de Pelayo y de España, virtuosa,
inocente y leal, siempre fue digna
de todo mi cariño y mis cuidados,
que con mi patria la infeliz partía.
El cielo, encarnizado en perseguirme,
me la robó; la que mis ojos miran
es una infame apóstata que ahora
mi vista indignamente escandaliza.
Ella insulta a los males de la patria,
ella desprecia las desgracias mías,
ella, en fin, me aborrece.

HORMESINDA: ¿Y qué? ¿No basta
ya mi pasión para encender tus iras,
sin que también destierres de mi seno
a la naturaleza, que en él grita,
con mas fuerza que nunca?

Pelayo: ¿Y no gritaba
　　cuando la vil pasión que te perdía
　　te atreviste a escuchar, y te entregaste
　　al árabe feroz que te esclaviza?
　　¿No pensabas en mí? ¿No contemplabas
　　que era clavar en las entrañas mías
　　un acero mortal, y atar la patria
　　al yugo atroz del musulmán tú misma?

Hormesinda: ¿Qué peso puede hacer en la balanza,
　　que los reinos del mundo alza o inclina,
　　de una flaca mujer la resistencia?
　　Pelayo: !Ay! Cuánta compasión tendrías
　　de esta desventurada, en quien ahora
　　tu enojo todo sin piedad fulminas,
　　Si vieras mi amargura y mis combates!
　　Yo pudiera decirte…

Pelayo: ¿Y qué dirías?

Hormesinda: Que este amor a la patria que te enciende
　　es la sola ocasión de mi desdicha.
　　Yo inocente viví, nunca en mi pecho
　　la llama del amor se vio encendida
　　en todas tus fatigas y peligros
　　mi llanto y mi memoria te seguían.
　　Cayó España, Pelayo, y ya aguardaba
　　a verme sepultada en sus cenizas,
　　a que me arrebatase en su violencia
　　el torrente feroz de la conquista,
　　cuando Gijón amenazada… el cielo…
　　perdona… el cielo mismo mi caída
　　consiente… España opresa, los cristianos
　　mi favor implorando, y cada día

de ese moro tan bárbaro a tus ojos
la generosidad siempre más viva.
Los ejemplos, tu muerte... ¡Oh cuántas veces
dije: «Pelayo, a defender camina
tu amada hermana de tan fiera lucha!»,
y Pelayo implorado no venía,
y la triste Hormesinda, abandonada
del cielo y de la tierra...[7]

PELAYO: ¿Y qué? ¿Por dicha,
aunque tu hermano perecido hubiese,
la gloria de su nombre no vivía?
¿No reflejaba en ti? ¿Tú no debiste
defenderla, guardarla sin mancilla,
y antes morir que recibir, los dones
con que el moro doró nuestra ignominia?
Yo vi, yo vi la patria desplomarse
del Guadalete en la funesta orilla,
y sin perder aliento, a sostenerla
el hombro puse y la constancia mía.
Tres años siempre combatiendo, España
de mi sangre y sudor toda teñida,
el rencor de los árabes, al mundo
mi celo y mi fervor publicarían.
Todo es ya por demás. ¿Qué soy ahora?
Un vil aliado de la gente impía
que oprime mi país. ¡Desventurada!
Los ojos vuelve en derredor y mira;

---

[7] El estar abandonados por el cielo y la tierra demuestra la influencia de la sensibilidad romántica en esta tragedia neoclásica. Meléndez Valdés ha acuñado el término «el fastidio universal» para referirse a este sentimiento de angustia y abandono (Sebold 1989: 166).

no hallarás sino mártires, los unos
pereciendo al rigor de las cuchillas
del atroz sarraceno en las batallas,
los otros en las cárceles agitan
su pesada cadena, otros, desnudos,
opresos, de hambre y de miseria expiran.
Todos te enseñan a sufrir, ¿qué importa
que otras mujeres débiles o indignas
se hayan rendido al musulmán halago?
En medio del contagio debería
mantenerse Hormesinda ilesa y pura,
como a su hermano el universo mira,
cuando el estado se desquicia cae,
impertérrito y firme entre sus ruinas.

HORMESINDA: Pues bien: tú ves mi error y le detestas;
yo también le detesto y a mí misma.
He aquí mi seno: hiere, y en un punto
acaba con tu afrenta y con mi vida.

PELAYO: ¿Tienes valor? ¿Eres mi sangre? Aun tiempo
es de enmendar tu ofensa. Esas vecinas
montañas van a ser el fuerte asilo
de los cristianos que a vivir aspiran
libres de la opresión. Deja ese moro
que con su infame seducción fascina
tu corazón y atrévete a seguirme
adonde lejos del oprobio vivas.
¿No respondes?

HORMESINDA: Pelayo, es doloroso
sin duda este lazo que abominas,
mas ya la suerte le estrechó, y...

Pelayo: Acaba.

Hormesinda: El deber no consiente que te siga.

Pelayo: ¿El deber? ¡El amor!

Hormesinda: Yo llamo al cielo
 en testimonio...

Pelayo: Calla, y no su ira
 despiertes contra ti.

Hormesinda: Sí, yo le llamo;
 Él ve mi corazón y tu injusticia.

Pelayo: Él ve triunfar tu abominable llama
 de tu sangre y su ley. Pues qué, ¿no miras
 que no es tuyo su Dios?

Hormesinda: Yo ofrecí al mío
 vivir siempre con él.

Pelayo: ¡Promesa impía!

Hormesinda: Yo la dije, él la oyó, mi pecho nunca
 la negará.

Pelayo: ¡Qué horror!

Veremundo: Tu ardor mitiga,
 y acuérdate que la infeliz España
 de ti su bien y su esperanza fía.
 Huyamos de la vista del tirano.

Pelayo: Adiós, mujer sacrílega. Acaricia
 al insolente moro a quien adoras,
 conságrale tu abominable vida.
 Será por poco. Escucha, los valientes
 se van a levantar. La tiranía

contrastada va a ser y si vencemos,
   fuerza será que al ver a la justicia
   alzar su brazo inexorable, tiemble
   la prevaricación. Tú de ti misma
   quéjate entonces si el horrendo crimen
   en el estrago universal expías.
   (*Se va con Veremundo.*)

Hormesinda: ¡Bárbaro! Mi suplicio está aquí dentro;
   no es posible mayor para Hormesinda.

Acto tercero

ESCENA I

Leandro, Veremundo

LEANDRO: Resuelto estás señor. Aquí debemos
perecer o triunfar. Pelayo intenta
que el mismo sitio que miró el agravio
también presente a la venganza sea.

VEREMUNDO: ¡Oh qué temeridad! El hijo mío,
incauto al precipicio se despeña;
que rara vez corona la fortuna
lo que el furor frenético aconseja.
El suyo te arrebata. Aun me estremezco
de las amargas y terribles quejas
con que culpó a Hormesinda. Al fin salimos
del peligroso alcázar y su pena,
sumida en un silencio formidable,
cuanto menos patente, era más fiera.
Te vio y al punto te arrastró consigo.
Dónde, no sé, pero quizá ya os cercan
tantos riesgos…

LEANDRO: Mayor que todos ellos
el alma de Pelayo, los desprecia.
En esta misma noche en este sitio
a los patricios de Gijón espera,

       y enardecer sus ánimos confía
       a que le sigan en su heroica empresa.

VEREMUNDO: ¿Y vendrán?

LEANDRO: No dudéis. Los más valientes
       lo prometieron, Teudis y Fruela,
       Eladio, Sancho, Atanagildo, Alfonso.
       Alfonso que dejaba estas riberas,
       y ya no parte. Todos deseaban
       de Pelayo saber. Todos esperan
       que ha de ser a su vista en esta noche
       la suerte de Pelayo manifiesta.
       La hora se acerca en fin y por ventura
       el momento feliz también se acerca
       de empezar otra lid más peligrosa,
       pero de más honor que la primera.
       Tras de tantas fatigas y combates
       rendir el cuello a la servil cadena
       fuera insufrible mengua y no es posible
       que nuestro corazón consienta en ella,
       mas ya llegan aquí.

ESCENA 2

Alfonso, Varios nobles de Gijon, y dichos.

ALFONSO: De ti dolidos
       los cielos, Veremundo te conservan,
       a tu amado Leandro, y no consienten
       que en tan amarga soledad padezcas.
       Todos, gozando en la ventura tuya,
       el parabién te dan.

VEREMUNDO: ¡Cuál lisonjea
    ese tierno interés mi anciano pecho!
    Él os lo paga en gratitud eterna,
    nobles astures[8] y pluguiese al cielo
    que este bien que su mano me dispensa
    a todos los cristianos se extendiese!
    El generoso celo que os alienta
    me alcanza a mí y al contemplarlo hierve
    la sangre que la edad heló en mis venas.
    ¡Oh! si esta vez consejos dignos
    de ventura y honor de aquí salieran!
    Mas no es posible, el mal que nos agobia
    vence a un tiempo al valor y a la prudencia.

ALFONSO: ¿Y por qué desmayar? ¿No es un anuncio
    Ya de ventura la imprevista vuelta
    de ese joven? Mis ojos se complacen
    en ver un hombre al fin donde antes vieran
    sólo viles esclavos…, ¡Leandro!
    Tú, que a su lado en las batallas fieras
    con generoso esfuerzo combatiste,
    responde, da este alivio a mi impaciencia:
    ¿Vive Pelayo?

ESCENA 3

Pelayo y dichos.

PELAYO: Vive, si es que vida
    se consiente llamar una existencia

---

[8] La relación entre el reino visigodo y Asturias es esencial dentro del discurso de la reconquista, porque establece el derecho de la nueva monarquía asturiana al territorio perdido por la monarquía visigoda.

de infortunios sin terminó acosada,
condenada al ultraje y a la afrenta.
Pelayo soy, el hijo de Favila,
el que por tanto tiempo en la defensa
del estado sudó, cuyos trabajos
por toda España su renombre lleva.
Soy el que, siempre independiente, libre,
de entre la ruina universal ostenta
exento el cuello de los hierros torpes
que sobre el resto de los godos pesan.
¿Qué me sirven, empero, estos blasones,
cuyo bello esplendor me envaneciera,
si ajados ya, por tierra derribados,
¡Oh indignación! un árabe los huella,
y Hormesinda los vende?... Ciudadanos[9],
si de vos por ventura alguno tiembla
que en semejante infamia sumergida
su hija, su hermana o su consorte sean;
si en él se escucha del honor el grito,
como en mi pecho destrozado truena;
ese me siga a castigar mi injuria,
y así la suya con valor prevenga.

ALFONSO: Sí, yo te seguiré; deja, Pelayo,
 (*Acercándose a* Pelayo: *y estrechando su mano.*)
a tu diestra valiente unir mi diestra,
alborozarme viéndote y contigo
jurar al moro inacabable guerra.
Alfonso de Cantabria te saluda,
y los buenos con él, que en tu presencia

---

[9] El concepto que resurge en el siglo XVIII bajo la influencia de la Ilustración tiene una funcionalidad política e ideológica en esta tragedia: opone al ciudadano y al tirano.

ven renacer las dulces esperanzas
que ya en tu aciago fin lloraban muertas.
No solamente a castigar tu injuria
te seguiré, sino a vengar con ella
a España que reclama nuestros brazos
y de tanto abandono se querella.
Será su primera víctima Munuza.

PELAYO: ¡Oh ardimiento feliz! Yo bendijera
mis propios males si ocasión dichosa
de que la patria respirase fueran.
Bien lo sabéis: mis débiles esfuerzos
osaron contrastar en su carrera
al feroz musulmán; nunca mi pecho
a la esperanza falleció, mas piensa
que el árbol encorvado en la borrasca,
sus ramas levantando ya dispersas,
se enderece más bello y mas frondoso,
y con su sombra a defendernos vuelva.

VEREMUNDO: Si el peligro arrostrando denodados,
y pereciendo en él, se consiguiera
el magnánimo fin, mi vida entonces
al altar de la patria por ofrenda
la primera a inmolarse correría;
mas la fuerza se abate con la fuerza.
Volved la vista atrás, mirad, la plaga
que levanta en la Arabia un vil profeta,
el Asia y la Libia devastar, y al cabo
en la Europa caer, a su violencia
arrolladas las huestes españolas,
el gótico poder cayó con ellas,
y sobre él, orgulloso el agareno,
de mar a mar tremola sus banderas.

El español, atónito en su estrago,
y ya domesticado en su cadena,
ni de su daño y su baldón se irrita
ni a los clamores del valor despierta.

Pelayo: ¡Qué es pues el hombre, oh cielos! ¡A su audacia
se ven ceder las indomables fieras,
los montes rinden su orgullosa cima,
la explosión del volcán aun no le aterra,
¡Y un hombre le subyuga!... Nuestros nietos
vendrán y exclamarán: ¿por qué se sienta
sobre nuestra cerviz desventurada
del ajeno temor la injusta pena?
¿Somos quizá los que en Jerez huyeron,
los que, abandonando la defensa
de la patria, labraron con sus manos
este yugo cruel que nos sujeta?
Así España hablará contra nosotros,
recordando ¡oh dolor! que, a tanta afrenta,
a una opresión tan mísera pudimos
añadir el baldón de merecerla.

Alfonso: ¡Perezca aquel que sobre sí lo llame!
El pueblo, me decís, duerme y se entrega
a los serviles hierros que le oprimen.
¿Quién sabe si esa mar, ahora serena,
el soplo de los vientos sólo aguarda
para bramar y amenazar soberbia?

Veremundo: No así tan presto en la esperanza fíe
vuestro arrojado ardor. Y si se niega
a seguir vuestros pasos la fortuna,
si sois vencidos en ardua empresa,
¿quién guarecer a la infeliz España

podrá de la venganza que violenta
en luto y sangre cubrirá al momento
las míseras reliquias qué aún le quedan?

PELAYO: Es justa nuestra causa; el alto cielo
le dará su favor.

VEREMUNDO: También lo era
cuando en Jerez lidiábamos.

PELAYO: No, amigos,
no lo fue. Yo os lo juro por la inmensa
pérdida que los godos allí hicieron.
Aun indignado el corazón se acuerda
que la molicie, el crimen nos mandaban.
En ruedas de marfil, envuelto en sedas,
de oro la frente orlada y, más dispuesto
al triunfo y al festín que, a la pelea,
el sucesor indigno de Alarico
llevó tras sí la maldición eterna.
¡Ah! yo lo vi. La lid por siete días
Duró, mas no fue lid, fue una sangrienta
Carnicería. Huyeron los cobardes,
los traidores vendieron sus banderas,
los fuertes, los leales perecieron.
No lo dudéis: los vicios, la insolencia
de Witiza y Rodrigo a Dios cansaron
y ya la copa de su enojo llena,
abrió la mano y la vertió en los godos,
que tan torpes escándalos sufrieran[10].

---

[10] Pelayo basa la esperanza de la victoria en la providencia divina. La visión providencial vincula la derrota visigoda con los supuestos vicios de sus últimos reyes; en esta tragedia se mencionan los nombres de Witiza y Rodrigo.

VEREMUNDO: Cedamos pues al celestial decreto
    que a afán y cautiverio nos condena:
    cuando menos debiéramos, sufrimos.
    ¿Y habremos de escuchar nuestra impaciencia
    al tiempo que, oprimidos y dispersos,
    sin fuerzas, sin apoyo, se nos cierran
    las puertas hacia el bien? Dios nos castiga,
    pleguemos ya la frente a su sentencia.

PELAYO: Quizá en tantas desgracias ya cumplida
    ¡Oh españoles! está. Ved la halagüeña
    ocasión que nos muestra la fortuna
    ella, moviendo su voluble rueda,
    nos manda la osadía: ved al moro,
    ansiando en su ambición toda la tierra,
    salvar los montes, inundar las Galias,
    que hollar también y esclavizar desea.
    Allá se precipitan sus guerreros,
    y a España tanto abandonada dejan
    a los que, ya de combatir cansados,
    al ocio muelle y al placer se entregan.
    Llena Gijón de nobles fugitivos,
    llenas también las convecinas sierras,
    brazos y asilo a un tiempo nos ofrecen,
    y acaso culpan la tardanza nuestra.
    Demos pues la señal. ¡Oh, cuantos pueblos
    nos seguirán después! Mas si se niegan
    a tan bella ocasión... sirva en buena hora,
    y la frente cobarde al yugo tienda
    el débil y estragado mediodía.
    Hijos vosotros de estas asperezas,
    a arrostrar y vencer acostumbrados
    de la tierra y los cielos la inclemencia

¿temblaréis? ¿cederéis? No. Vuestros brazos
alcen de los escombros que nos cercan
otro estado, otra patria y otra España
más grande y más feliz que la primera.

ALFONSO: ¡Joven sublime! tú el camino hermoso
de la virtud y gloria nos presentas.
Tu ardimiento a imitarte nos anima.
Sigámosle, españoles, mas es fuerza,
si se ha de conseguir tan arduo intento,
que uno mande, los otros obedezcan.
Rodrigo pereció, y el cetro godo,
vilmente roto en su indolente diestra,
clama imperiosamente que otras manos
en su primer honor le restablezcan.
Nosotros, que aspiramos a esta gloria,
aquí debernos a la usanza nuestra
al caudillo elegir que nos conduzca,
al rey alzar que nuestro apoyo sea.
Mi voz nombra a Pelayo.

PELAYO: Nobles godos,
no abriguéis tal error. ¿Con qué vergüenza
se afligiera la sombra de Ataulfo[11]
descansar viendo su real diadema
sobre una frente que el rubor humilla?
buscad otra más digna en que ponerla,
ilustres campeones.

ALFONSO: No así injuries
a tu espléndido nombre, a tus proezas,

---

[11] El rey visigodo de principios del siglo V. Se le adjudica el honor de haber transformado la sociedad tribal en un reino con poder político europeo.

> al celo de los buenos que te admiran:
> ¿degradarte? Jamás, ¡ah! no lo creas:
> no es dado a una mujer frívola y débil
> manchar la gloria y trasladar su afrenta
> a aquel que sin cesar sus pasos guía
> del honor y virtud por la ardua senda[12].
> Ese escándalo torpe que te ofende,
> en lugar de apocarte, te engrandezca
> al terrible castigo y la venganza.
> El pueblo adora en ti, la patria espera
> ¿Podrás dudar? Valientes españoles,
> respondedme: ¿quién es, dónde se encuentra
> el que con más ardor se ha ennoblecido
> en esta grande y desigual contienda?
> ¿Quién, de tantas desgracias a despecho,
> jamás desesperó? ¿Quién nos alienta,
> y en nombre de la patria nos inflama?

Los nobles: Pelayo.

Alfonso: ¿Quién pues ser nuestra cabeza
> más bien merece, y fundador ilustre
> del nuevo estado que a rayar comienza?

Leandro: Pelayo.

Alfonso: Él nuestro rey, caudillo nuestro
> debe ser, ciudadanos.

Los nobles: Él lo sea.

Alfonso: ¿Oyes el voto universal? Ahora
> vil deserción tu resistencia fuera.

---

[12] Esta referencia marca la distancia que toma el autor con respecto al concepto de honor popularizado en el teatro del Siglo de Oro.

(*Coge un escudo, y se presenta con él a Pelayo en actitud reverente.*)
No es el trono opulento de Rodrigo
cercado de delicias y riquezas,
sumergido en el ocio y la molicie,
el que a ti los cristianos te presentan.
Los peligros, la muerte, las batallas
tu débil solio sin cesar asedia,
mas la gloria y la patria al mismo tiempo
a par de ti se acercarán con ellas.
Tus vasallos son pocos, más leales,
todos por mí te ofrecen su obediencia;
he aquí el escudo, emblema del esfuerzo
con que debes velar en su defensa.
Hasta aquí mi igual fuiste, desde ahora
yo te llamo mi rey y a tus excelsas
virtudes y a tu gloria el homenaje
rindo que un tiempo les dará la tierra.
Plegue a Dios que la nueva monarquía
que hoy por un punto tan estrecho empieza,
abarque toda España, y que tu espada
cetro del mundo con el tiempo sea.

PELAYO: (*Poniendo la mano sobre el escudo.*)
pues yo ofrezco a mi vez, ínclitos godos,
ser en la dura lid que nos espera
siempre el primero, y siempre conduciros
donde las palmas del honor se elevan.
Respeto eterno a la justicia juro.
Si en algún tiempo lo olvidare, puedan
verter en mí su indignación los cielos
con más rigor que el que en Rodrigo emplean.
Deshecho entonces mi poder…

Escena 4

Un gijonés, dichos.

Gijonés: Volved la vista a la desgracia nueva
   que asalta a nuestra patria. Ya Munuza
   su indigna atrocidad descubre entera.
   La indulgencia y piedad que antes mostraba
   a nuestra desventura, a nuestras penas,
   fingidas fueron, cebo pernicioso
   de su vil seducción. La ley perversa
   de ser esclavo o musulmán el godo
   se publica mañana.

Alfonso: ¡Oh si pudiera
   mañana ser el venturoso día
   de oprimirle!

Gijonés: Sabed que ahora se observa
   un repentino y grande movimiento
   en su alcázar; las armas centellean,
   y la guardia se dobla. Un mensajero,
   de Mérida enviado, es quien altera
   el tranquilo silencio de la noche.

Leandro: Prevengámosle, godos; que perezca
   el tirano mañana a nuestras manos.

Veremundo: ¿Y no teméis la muchedumbre fiera
   de sus soldados? dilatadlo os ruego,
   bastantes aun no sois. Haced que vengan
   a unirse con vosotros los cristianos
   que esconden fugitivos esas sierras.

Pelayo: ¡O mañana o jamás! ¿Queréis, por dicha,
   vuestra fortuna abandonar expuesta

        a la cobarde sugestión del miedo,
        de la perfidia a la doblez funesta?
        Mañana cuando el bárbaro en la plaza,
        haciendo ostentación de su insolencia,
        diere esa ley fanática, y el pueblo
        hervir de oculta cólera se sienta,
        entonces todos levantad a un tiempo
        el fiero grito de improvista guerra,
        y proclamando en él la fe y la patria,
        los fieles concitad a defenderlas.

ALFONSO: Al ardor que en mí siento, a la esperanza
        que en este instante el corazón me alienta,
        no hay que dudar, vencemos. ¡Oh cristianos!
        traidor se llame y maldecido muera
        el que sin la victoria o sin la muerte
        su brazo aparte de tan santa empresa.
        Sobre este acero al Dios que nos escucha
        o vencer o morir juro.

LEANDRO: (*Asiendo la mano de Alfonso.*)
        En tu diestra
        lo juro yo también.

VEREMUNDO: (*Acercándose a ellos en, ademán de asir sus manos.*)
        Y yo.

LOS NOBLES: (*Todos hacen el ademán de Alfonso, jurando por su espada*)
        No hay nadie
        que ansioso no lo jure.

PELAYO: ¡Oh Providencia!
        Sí, que mañana al acabar el día,
        o vencer o morir el sol nos vea.

Acto cuarto

Escena I

Hormesinda, Alvida.

Alvida: Vuelve en tu acuerdo al fin, mísera amiga.
¿De qué te sirve la agitada planta
aquí y allí mover, y en hondos ayes
los ámbitos llenar de aqueste alcázar?
A tu anhelante afán nadie responde;
el ceño con que escuchan tus palabras,
doblándote la duda y la zozobra,
doblan también de tu dolor las ansias.
Ven a tu estancia, y el querer del cielo
aguardemos allí.

Hormesinda: Sólo desgracias
ordenará: tú ves cómo en mi daño
cuanto piense ¡infeliz! todo se cambia.
El amor de mi patria y de los míos
prendió en mi pecho la funesta llama
que me va a consumir. Este himeneo
juzgaba yo que a la afligida España
anuncio fuese de quietud y al moro,
de templanza y quietud prenda sagrada.
¡Que engaño tan cruel! Formado apenas,
mi hermano se presenta, me amenaza,

me aterra... ¡Ah! ¿Por qué el suelo en aquel punto
no se abrió y me tragó?

ALVIDA: Tú misma agravas
el peso de tu afán, aunque a Pelayo
ardiendo ves en repentina saña.
Por este enlace, al fin de la prudencia
escuchará la voz, cuando cerradas
las sendas todas a vengarse encuentre.

HORMESINDA: ¡Prudencia, Alvida, en él! ¿cuándo escucharla
se le vio, si a su vista se presenta
gloria, virtud y pundonor y patria?
Vino a perderme y a perderse. Él fía
en gentes abatidas y humilladas,
donde hallar encendida espera en vano
de su mismo valor la noble llama.
¿Quién sabe si a estas horas?... ¿Tú lo viste
cuando llegó la misteriosa carta
que a Munuza de Mérida se envía,
todo agitarse aquí, doblar las guardias,
y salir Ismael... tiemblo al pensarlo.
¿Si fue un aviso? Incierta y agitada,
no sé qué hacer. Escucha, no a mi esposo
vida le dio un tigre en sus entrañas,
ni las sierpes de Libia sustentaron
con ponzoña y rencor su tierna infancia.
De hombres nació y es hombre, y pues que ha sido
ya sensible al amor, también entrada
dará en su pecho a la piedad. Alvida,
Puede ser que arrojándome a sus plantas,
diciéndole yo misma...

ALVIDA: ¡Oh! no te fíes,

no al eco atiendas de esperanzas vanas.
¿Munuza usar clemencia con Pelayo?
Error ¡funesto error! Quizá ignorada
su suerte aun es del moro ¿y tú serías
la que le señalase a su venganza?

HORMESINDA: Con que ¿el perdón a tantos concedido
sólo a mi sangre ese cruel negara?
¿y nada, al fin, conseguirá mi llanto,
mis tiernos ruegos, mi cariño?...

ALVIDA: Nada.
¡Que vale todo al tiempo que le gritan
la voz terrible del sangriento Audalla,
la ambición de mandar que le devora,
su ley feroz que a la crueldad le arrastra!

HORMESINDA: ¡Así huirán pues mis esperanzas todas,
todas las ilusiones de bonanza
que mi amor se fingió!... Sí. De los cielos
la sana incontrastable desplomada
siento que viene sobre mí, la tumba
me espera y allá voy, pero manchada
con sangre fratricida, odiosa a un tiempo
a mi hermano, a mi amante...

HORMESINDA: ¡Ay triste! Calla.
Él se acerca, en ti vuelve, hunde en tu pecho,
por no irritarle, tus amargas ansias.

ESCENA 2

Munuza y dichas. Después Audalla.

HORMESINDA: Señor, ya que el rigor fiero y terrible

de que está vuestra frente acompañada
otro nombre más dulce usar me veda...
Decid, señor, ¿qué súbita mudanza
es la que encuentro en vos? ¿Cuáles cuidados
ahora os perturban? Movimiento y armas,
agitación, sospechas, ¡qué aparato
tan diverso de aquel que yo esperaba
en estas horas ver, en estas horas
destinadas a amor y a confianza!

MUNUZA: ¿Qué mucho, al fin, que las sospechas velen
donde su acero la traición prepara?...
Vos misma...quizá cómplice...

AUDALLA: Munuza,
Ya está tu orden cumplida.

MUNUZA: A vuestra estancia,
Señora, os retirad.

HORMESINDA: Ya os obedezco,
pero entre los consejos de la saña,
memoria haced de mí, de las promesas
que un tiempo vuestro labio pronunciaba,
en favor de este pueblo, nuestro enlace
iris debe de ser...

(*Munuza mueve la cabeza irritado en señal de que se vayan; Hormesinda se estremece y se van las dos.*)

ESCENA 3

Munuza, Audalla.

MUNUZA: ¡Oh cómo tardan!

AUDALLA: Más yo la causa a concebir no alcanzo
de la inquietud, de la impaciencia extraña
que desde el punto mismo te atormenta
en que a tus manos se entregó la carta.
Guardarte de Pelayo ella te avisa,
la fama de su muerte ha sido falsa,
y hacia Asturias camina, donde acaso
alguna nueva rebelión se trama.
¿Qué más alto favor de la fortuna
pudieras esperar? Ella le arrastra
a tu poder, y el golpe que le acabe
hace expirar la agonizante España.

MUNUZA: Llegó el instante, sí, que yo me acuerde
de donde tuve el ser, que yo renazca
al noble ardor, a las costumbres fieras
que el amor de mi pecho desterraba.
Nunca hasta en este punto la sospecha
su atroz ponzoña derramó en mi alma.
Supe lidiar, vencer y despreciarlos
y dejarlos vivir. ¿Qué me importaba
que impacientes mordiesen sus cadenas,
si ya a romperlas su valor no basta?
¿Quieres saber mi agitación? Pues vuelve,
vuelve la vista a la mujer ingrata,
por cuyo amor y artificioso halago
el ímpetu detuve mis venganzas,
y mírala también, cual yo la miro,
cómplice ser de tan inicuas tramas[13].

---

[13] Esta referencia a Hormesinda como mujer que puede resultar fatal para su gobierno es reminiscente de la tradición misógina que vincula las grandes

AUDALLA: Tú sabes bien si mi rencor perdona,
cristianos todos son, y esto me basta
Pare odiarlos sin fin; más por ventura
también, como nosotros engañada,
la muerte de Pelayo ella creía,
y es inocente en su traición.

MUNUZA: No, Audalla,
no es inocente. El joven que aquí mismo
hablarla consiguió, vino a avisarla
de esta traición acaso. ¿Por qué ahora
de la tristeza en vez que antes mostraba,
de incertidumbre congojosa y viva
la miro palpitar! Pues tiembla y calla
la perjura me vende y...sangre, sangre
pide a voces mi amor, vuelto ya en rabia.

AUDALLA: Ahora sí que en ti encuentro aquel Munuza
educado en los campos de la Arabia;
ahora sí que en ti mira el gran Profeta
el firme musulmán que antes no hallaba.
No haya lugar a la piedad.

ESCENA 4

Pelayo, Leandro, Ismael, Gardias y dichos.

LEANDRO: ¿Qué intentas?
¿Por qué así a tu presencia nos arrastran?
por qué se ha hollado el respetable asilo
de la hospitalidad, sin que las canas

---

pérdidas y derrotas con una supuesta culpabilidad femenina, empezando con Eva
y la expulsión del paraíso, Elena de Troya y Florinda la Cava.

de un desarmado anciano librar puedan
su inocente mansión de vuestras armas?

MUNUZA: En todos tiempos, en cualquiera sitio,
al que os venció en el tempo y ahora os manda,
debéis razón de vuestros pasos todos.
¿Quiénes sois? ¿dónde vais?

LEANDRO: Es nuestra patria
Gijón. Mi padre, el lastimado viejo
que hoy sin respeto tu violencia ultraja,
este guerrero, en mis desgracias todas
amigo fiel, me alivia y me acompaña.
Sin fuerza a quebrantar nuestra coyunda,
sin paciencia bastante a tolerarla,
venir y saludar nuestros hogares,
y huir por siempre de la triste España
ha sido nuestro intento.

MUNUZA: Alma cobarde,
no encubras la verdad en tus palabras.
di presto a qué vinisteis.

PELAYO: Si lo sabes,
¿Para qué lo preguntas? Si en tu alma
ya las sospechas sin cesar te gritan
la suerte que mereces, ¿a qué aguardas?
junta a la usurpación la tiranía,
y ahuyente tu temor nuestra desgracia.

MUNUZA: Mal el orgullo que tu lengua anima,
y esa arrogante ostentación de audacia
con la bajeza infame y alevosa
de tus acciones pérfidas se hermana.
Rebelde vil y miserable espía

viniste a sorprender mi confianza,
a mi esposa acongojar, y de este pueblo
a alterar la obediencia a mí jurada.
Pelayo que os envía, no os defiende
del peligro mortal que os amenaza;
y si aún negáis lo que saber deseo,
la muerte y los tormentos os lo arrancan.
¿Dónde está ese insensato? Respondedme:
¿Cuáles son sus intentos y esperanzas?

PELAYO: Quizá si lo supieses temblarías;
mas tú, arrogante musulmán, te engañas
cuando, en la fuerza y el poder fiando,
piensas que todo a tu querer se allana.
No cuanto sabe ansiar logra un tirano
talar los campos, demoler las casas,
inundarlas en sangre, esto le es fácil,
más degradar por miedo nuestras almas,
más mover nuestro labio a tu albedrío,
bárbaro, a tanto tu poder no alcanza.

AUDALLA: No así oscurezcas tu esplendor supremo
dando ocasión a su arrogancia vana.
Jamás así se explica la inocencia,
y ya culpables son, pues que te ultrajan.
Mueran, y sirvan de escarmiento a todos.

MUNUZA: Caerán, pero no solos; también caigan
los nobles de Gijón, Teudis, Fruela,
Alfonso, Atanagildo...

PELAYO: De mi audacia,
de mí silencio cómplices no han sido.
Respétalos, tirano.

MUNUZA: Sin tardanza
 vuela, Ismael, y encadenados todos
 vengan a mi presencia en este alcázar.
 (Sale Ismael.)
 Pelayo allá donde se esconde tiemble,
 Viendo así fenecer sus esperanzas,
 y aguarde con terror la suerte que ellos.

ESCENA 5

Hormesinda, dichos.

HORMESINDA: No tan gran sacrificio a la venganza
 (Corriendo a su hermano en ademán de defenderle.)
 permitido ha de ser. Pelayo, el cielo
 no ha concedido a tu infeliz hermana
 ser grande como tú, pero a lo menos
 te defiende en tu riesgo, te acompaña
 en tu muerte. Munuza, este el camino
 (Puesta entre los dos y señalando su pecho.)
 es el que se ha de abrir tu injusta espada
 si va a buscar su corazón.

AUDALLA: ¡Pelayo!

MUNUZA: ¡Su hermano!

LEANDRO: ¿Que pronuncias, desdichada?
 ¿Sabes lo que revelas?

PELAYO: ¿Ya que importa?
 Pelayo soy. La suerte se declara *(A Munuza.)*
 entera a tu favor, no la desprecies.
 Suelta la rienda a tu impaciente saña,
 envuelve a esa infeliz en mi destino

y en el morir iguálanos, ¿qué tardas?
Yo te aborrezco y te persigo, y ella
(*No hay delito mayor*), ella te ama.

HORMESINDA: Cesa, cesa, cruel. ¡Divinos cielos!
¿A quién irán primero mis plegarias?
A quien persuadirán que de su pecho
despida esa altivez, esa arrogancia,
que a uno lleva a perdición segura,
y a abusar de su fuerza al otro arrastra?
Si mis suspiros débiles no os vencen,
si este llanto que vierto no os ablanda,
saciad en mí los dos a un mismo tiempo
esa sed de venganza que os abrasa.
Nadie es culpable aquí sino yo sola.
Yo he faltado a mi sangre y a mi patria,
y a mi esposo también: ¿y cuál es el brazo
que de una vez mi desventura acaba?
¡Oh Munuza! Ese alfanje tan tenido,
ya enseñado a verter sangre cristiana,
será más diestro a derramar la mía.
Siega al punto con él esta garganta,
siégala, y presta a tu infeliz esposa
en tan fiero rigor su última gracia.

MUNUZA: No abuses más de la indulgencia mía,
(*A Hormesinda*)
Que, aun a pesar de tus ofensas, habla
en favor tuyo, y con silencio y miedo
mis soberanas órdenes aguarda.
Tú, el duro estrecho en que te ves contempla.
(*A Pelayo.*)
Ni arbitrio ya te queda ni esperanza
sino en mi compasión.

PELAYO: Yo no la imploro.

MUNUZA: Conozco tu valor, sé tu constancia,
y entiendo bien que a contrastar tu pecho
vano es el riesgo, inútil la amenaza,
pero esos infelices que arrastrados
son en este instante hacia el alcázar,
pero toda Gijón, que al pronto incendio
de mi furor se mirará abrasada;
todo te manda doblegar tu orgullo.
¿Quieres salvarlos? Di, ¿quieres salvarla?

PELAYO: ¿Qué pretendes de mí?

MUNUZA: Que a su presencia
humilles esa frente temeraria
y de obediencia dándoles ejemplo,
la autoridad augusta y soberana
del Califa respetes. De perfidia
sé que no eres capaz, tu fe me basta.
Júralo por tu honor y el Dios que adoras,
y Gijón y tus cómplices se salvan.

PELAYO: Dices bien, musulmán, en este pecho
jamás halló la falsedad entrada,
y primero faltara el sol al día
que a sus pactos Pelayo, y sus palabras,
mas oye: si en mi vida algún momento
hubo en que esta lealtad idolatrada
pudo animarme a profanar es este
en que me incitas a jurar mi infamia.
Fe te jurara, sí, mas solamente
por librar de la muerte que ahora amaga
ese afligido pueblo y mis amigos,
más sólo por el tiempo que tardara

en hallar un puñal que en sangre tuya
lavase el fin de mi baldón la mancha.
Pero nunca el oprobio salva a un pueblo,
nunca aquel que cobarde se degrada
a la opresión doblando la rodilla,
después su frente hacia el honor levanta.
Esto bien lo sabéis, viles tiranos.

MUNUZA: Tú dictas, insensato, en tus palabras
tú sentencia.

PELAYO: Ejecútala.

MUNUZA: Al instante.

ESCENA 6

Ismael, dichos.

ISMAEL: Pronto acudid, señor, Gijón alzada
se niega a obedecer. Los nobles fieros
de la atroz sedición soplan la llama,
y al nombre de Pelayo que repiten
el pueblo ciego con furor se exalta.
La sangre corre, vuestros guardias caen,
todo es ya confusión.

MUNUZA: ¡Qué escucho! Audalla,
Vamos a alzar el formidable azote
Sobre esa muchedumbre vil y esclava.

AUDALLA: Más ¿qué ordenas en fin de estos cristianos?

MUNUZA: Ellos a las mazmorras del alcázar,
ella a la torre.

PELAYO: Su tremendo brazo

ya el Dios de los ejércitos levanta
contra tu usurpación. Tiembla, caíste,
tu hora llegó.

MUNUZA: Di que la tuya. Marcha.
Sé mi esclavo hasta el fin. Cualquier que sea
la suerte que me aguarda en la batalla,
vencedor te condeno al escarmiento,
vencido te consagro a la venganza.

Acto quinto

El teatro representa una mazmorra.

Escena I

Pelayo, Leandro.

Leandro: En esta cárcel lóbrega, espantosa[14],
    donde toda esperanza se nos niega,
    donde tiene la muerte en nuestro daño
    su mano inevitable ya suspensa,
    no al fin el hado adverso que nos pierde
    enteramente su rigor desplega,
    y el alivio, aunque amargo, nos permite
    de unir nuestro dolor y nuestras quejas.
    Más tú entre tanto silencioso escuchas,
    y sumergido en tu profunda pena,
    ni aun levantas los ojos a tu amigo.
    ¿Acaso el heroísmo, la firmeza
    Que tantos males superaba un tiempo,
    en el último trance ya flaquea?

Pelayo: ¡Tu amigo desmayar! ¡Ah! tú lo sabes
    si de tan santa causa en la defensa
    esquivé alguna vez riesgo o fatiga.
    ¡Mas mientras dura la mortal pelea,

---

[14] Esta referencia a la cárcel es una manifestación de la sensibilidad (pre)romántica que emerge en el siglo XVIII y culmina en la cuarta década del XIX.

en ocio vil y vergonzoso verme
esperando la muerte como espera
la maniatada victima el cuchillo!

LEANDRO: Cuando el forzoso término se acerca,
¿Qué vale murmurar contra el camino
que sin recurso a fenecer nos lleva?
No, empero, sin venganza al fin morimos,
y ya nuestros amigos...

PELAYO: ¡Ah! pudiera
llamarlos con mi voz, darles aliento,
al eco ronco de las armas fieras
exaltarme y lidiar! Y si el destino
triunfaba de mi vida en la pelea,
muriera, pero al menos combatiendo
contra esos fieros árabes muriera.
Así el fin a mi vida igualaría,
así el poder y dignidad suprema
a que ayer me vi alzar se autorizaban.
Mas yo preso aquí estoy y ellos pelean.
Ellos mueren con honra, yo en oprobio.

LEANDRO: Basta a tu gloria tu inmortal carrera[15];
y el mundo todo al contemplar tu suerte,
llanto y admiración hará sobre ella.
Tú cual Pelayo morirás. Mi alma,
de ardor sublime y de constancia llena,
se elevará a tu ejemplo y del destino
sabrá a tu lado resistir la fuerza.
Digna de ti será mi última hora

---

[15] Un comentario anacrónico dirigido al público decimonónico. Pelayo no ha realizado aún su gran hazaña mítica.

y cuando en las edades venideras
los hijos de la patria honren tu nombre,
también de mí se acordarán sus lenguas
«en vida, en muerte acompañó a Pelayo»,
dirán, y mi alabanza será eterna.

PELAYO: ¿Sabes si tienes patria todavía,
infeliz? ¿Si a este tiempo, ya deshecha
la flaca resistencia de los nuestros,
coronan sus cabezas las almenas
en los muros del pueblo?... ¿Oh, Dios del mundo,
señor de la victoria y de la guerra,
¿has resuelto otra vez abandonarnos?
¿Viven pintadas en tu mente excelsa
las culpas de Witiza y de Rodrigo,
sin que ya nuestra fe borrarlas pueda?
¡Piedad, piedad! Tiempo es aun, perdona.
Cuando entregada esta región se vea
a la superstición abominable
con que tu nombre el árabe blasfema,
¿será mayor tu gloria?... ¡Ay! que algún día
ha de llegar en que sereno vuelvas
hacia España tus ojos y mirando
las plagas que tu enojo echó sobre ella,
de tan fiero rigor tú mismo llores,
y entonces tarde a la clemencia sea...

LEANDRO: ¿Oyes, Pelayo? La mazmorra se abre.
(*Ruido de puertas.*) Llegó el momento de morir.

PELAYO: Que venga.
Yo a Dios bendigo en él. Venga y acabe
la horrible incertidumbre, la impaciencia
que ya no puedo tolerar.

Escena 2

Hormesinda, Alvida y dichos.

Pelayo: ¿Que buscas,
    desventurada? Acaso la fiereza
    de ese bárbaro atroz aquí te envía
    para que a nuestro fin presente seas?

Hormesinda: No, Pelayo. Tu riesgo y mi cariño
    me hacen volar ansiosa a tu presencia.
    vengo a salvarte.

Pelayo: ¡Oh Dios! Con que ¿vencido
    es también nuestro esfuerzo en esta prueba?

Hormesinda: Tal vez ya lo será. Desde la torre
    vi con terrible estrépito las puertas
    abrirse del alcázar, y furiosos
    arrojarse los árabes por ellas.
    Ya allí el tumulto bélico llegaba,
    cuando al ver a Munuza, al ver su diestra
    armada del alfanje irresistible
    que tantas veces vencedor le hiciera,
    en aquel primer ímpetu arrollados
    los nuestros, de repente titubean
    y aunque siempre luchando, al fin el campo
    les es fuerza ceder. La lid se aleja,
    y entre los espantosos alaridos
    que al batallar horrísono se mezclan,
    de cuando en cuando el eco se distingue,
    en que Pelayo y Libertad resuenan.
    Un momento después esos guerreros
    a quienes nuestra guardia y la defensa
    de aqueste alcázar encargada ha sido,

casi todos ardiendo a la pelea
   se precipitan. Los demás al ruego
   cediendo y a mis dádivas, nos dejan
   la senda libre que hasta el mar conduce.
   Armas allí tenéis. El tiempo vuela.
   Venid, huyamos; que Hormesinda al menos...
   ¡Ah, perdona estas lágrimas postreras
   que un desdichado amor saca a mis ojos!
   Que Hormesinda en salvarte feliz sea.

PELAYO: ¿Qué pronuncias? ¿Huir? Leandro...
   (*En ademán de marchar.*)

HORMESINDA: ¿Adónde,
   (*deteniéndole.*)
      adónde vas, cruel? ¿No ves mi pena,
      no contemplas tu riesgo?

PELAYO: A la batalla,
      a la victoria voy, ya nos entrega
      el Dios omnipotente ese tirano,
      pues al fin libre combatir nos deja.
   (*dirigiéndose hacia el sitio del combate.*)
      Amigos, alentaos, nuestro es el día,
      como fue suyo el de Jerez. Mi diestra
      victoriosa os conduzca hacia este alcázar,
      ella os enseñe a derribar sus puertas,
      a arder sus techos, derrocar sus muros,
      a no dejar en él piedra con piedra.
   (*Se van.*)

Escena 3

Hormesinda, Alvida.

Hormesinda: ¿Cómo de un frenesí tan desatado
el ímpetu atajar?... Mas ¿quién me veda
correr también de la batalla al campo,
y entre esos fieros adversarios puesta,
sus golpes recibir? Quizá uno y otro
con sólo mi morir contentos sean.

Alvida: ¿Así que lograrás? Buscar tu daño
y aumentar su furor con tu presencia.
Ya ni a la sangre ni al amor te fíes
cuando retumba el eco de la guerra
ellos exhalan sus endebles gritos,
y escuchados no son.

Hormesinda: Naturaleza,
si este no me conoce por hermana,
y de esposa el cariño aquel me niega,
aun de esposa y de hermana el dulce afecto
para mayor tormento en mi conserva.
Ya en tan amarga situación yo debo
al que más infeliz de ellos se vea
acudir, defender... Sé que el destino
no me deja elección, sé que la senda,
de espinas erizada y de amargura,
por donde al precipicio me despeña,
me es fuerza andarla toda. Tú entre tanto
abandona a esta victima dispuesta
para el golpe fatal...

Escena 4

Munuza, sin alfanje, Ismael, moros, dichas.

Munuza: Moros cobardes,
no así me aconsejéis. Tras de la mengua
de ser vencido, la venganza sola
es el placer quo el cielo me reserva.
¡Oh confusión! ¿Quién de las manos mías
ha arrancado el alfanje? En dónde quedan
Audalla y sus valientes? ¡Por ventura
todos han muerto en la fatal pelea,
o todos ya, mirándome caído,
de seguir a Munuza se avergüenzan?

Hormesinda: Tu esposa no. Por medio a los contrarios,
sin aterrarse de sus armas fieras.
Ella te salvará, su tierno pecho
será el escudo en que los golpes hieran,
ellos se acordarán de tus piedades…

Munuza: ¿Quién te trae ante mí? ¿Por qué renuevas
en mi mente hostigada la memoria
de mi descuido y criminal flaqueza?
Ella es ahora mi mayor verdugo.
Por ti perdonó un tiempo mi clemencia
a esta ciudad rebelde que al instante
debió ser igualada con la tierra.
Por ti dejé vivir sus moradores,
por ti, en fin, sin arbitrio, sin defensa
en la horrenda traición que me asesina
me miro fenecer.

Hormesinda: ¡Cómo te ciega
tu imprudente furor! No desconozcas

　　　　　　　la postrera esperanza que te queda.
　　　　　　　Yo soy tu asilo.

Munuza: ¿Tú? Cuando mi imperio,
　　　　　cuando mis muertos árabes me vuelvas.
　　　　　Cuando mi gloria... di, por tantos bienes
　　　　　como tu desastroso amor me lleva,
　　　　　ya ¿qué resta por hacer?

Hormesinda: Salvarte.
　　　　　　Queda en esta mansión de tu grandeza,
　　　　　　Yo saldré. Yo a las plantas de Pelayo
　　　　　　me arrojaré, le rogaré. Es fuerza
　　　　　　que respete tu vida o que contigo
　　　　　　perecer a Hormesinda se conceda.

Munuza: ¡De Pelayo! ¿Qué dices? Al instante
　　　　　arrástrale, Ismael, a mi presencia.
　　　　　quiero partirle el corazón yo mismo,
　　　(*Saca un puñal.*)
　　　　　Quiero lanzar al pueblo su cabeza,
　　　　　decirle: «ahí le tenéis», y complacerme
　　　　　cuando se cubran de terror al verla.

Hormesinda: No le busquéis.

Munuza: Corred.

Hormesinda: Él está libre;
　　　　　　No le busquéis. ¡Oh Dios! quizá se acerca
　　　　　　Ya vencedor aquí, cede a su suerte.

Munuza: Más ¿quién fue el temerario que las puertas
　　　　　abrió de su prisión?

Hormesinda: No lo preguntes.

Munuza: ¡Ah infeliz! ¿Fuiste tú? Muere, perversa,
   (*La hiere.*)
      y que mi mano en el abismo te hunda,
      donde tu aleve ingratitud me lleva.

Hormesinda: (*Cayendo en los brazos de Alvida*)
      ¡Ay de mí!

Munuza: Me vengué; corred conmigo
      a encontrarle, a acabar…
   (*Oyese ruido de los cristianos que llegan.*)

Ismael: Pelayo llega,
      los cristianos le siguen vencedores.
      ¿Que resolvéis, señor? La resistencia
      es aquí por demás.

Escena 5

   Pelayo, Leandro, Alfonso y demás nobles.

Pelayo: Volad, amigos.
      Hormesinda salvad, Munuza muera.

Munuza: Munuza muere, sí, mas por su mano.
   (*Se hiere y señala donde está Hormesinda.*)
      Mas después de vengarse: mira.
   (*Cae. Pelayo y los cristianos acuden a Hormesinda dejando a Munuza y a los moros detrás de sí.*)

Pelayo: Es ella,
      y expirando… ¡Ah cruel! (*Mirando a Munuza*)
      Hermana mía, Hormesinda, ¿no me oyes?

Hormesinda: ¡Cuál penetra
      esa voz amorosa en mis oídos!

¡Cómo el rigor de mi agonía templa!...
Mi amor no halló perdón... Vino el castigo,
¡Y por cual mano!... Adiós, venciste... reina...
pero tal vez en tus gloriosos días
algún recuerdo esta infeliz te deba...
esta infeliz... que por ti muere. (*Expira*)

Pelayo: ¡Oh cielo!
¿Está ya tu justicia satisfecha?
Españoles, la sangre de Pelayo
bañando está la cuna que sustenta
vuestro imperio naciente y otro duelo
que vano luto y lágrimas espera.
Muerto el tirano veis, ya no hay reposo.
Siglos y siglos duren las contiendas,
y si un pueblo insolente allá algún día
al carro de su triunfo atar intenta
la nación que hoy libramos, nuestros nietos
su independencia así fuertes defiendan,
y la alta gloria y libertad de España
con vuestro heroico ejemplo eternas sean.

Egilona
Gertrudis Gómez de Avellaneda

Edición y notas de
Alexander Selimov

Personajes

    Egilona
    Abdalasis
    Rodrigo
    Caleb
    Habib
    Ermesinda
    Zeyad
    Gogo 1
    Godo 2
    Un paje árabe
    Guardia de Abdalasis
    Pueblo
    Guerreros musulmanes

Acto primero

El teatro representa un dilatado y pintoresco jardín del palacio del emir Abdalasis, situado a la inmediación de Sevilla. Al fondo, o donde convenga, se verá un costado del palacio, que estará iluminado como para una fiesta. Caleb aparece reclinado en un banco de césped, fijos sus ojos en el alcázar. Es una hora avanzada de la noche, y a fines del acto comienza a amanecer.

Escena I

Caleb, solo.

Caleb: ¡Todo es placer allí! ¡Todo alegría,
para quien ve su dicha coronada!
Del aparente júbilo el bullicio,
el resplandor de las brillantes hachas,
que privan a la noche silenciosa
de sus tinieblas y profunda calma...
¡Todo al amante venturoso adula,
y todo irrita mis furiosas ansias!
Siempre, sin merecerlo, fue conmigo
de sus favores la fortuna avara,
y pródiga la vi con Abdalasis.
¡Oh funesto mortal! ¡En hora aciaga
a tu padre y a ti llevó la suerte
a pisar las arenas mauritanas,
para que fuese tu primer trofeo

la esclavitud de mi infelice Patria[1]!
Vila sumisa bendecir tu yugo,
y la mano besar que la ahogaba;
y yo mismo, ¡oh baldón!, por tus halagos
seducido también, mi altiva raza
desmintiendo cobarde, tus caprichos
como ley acaté, seguí tus armas[2],
y derramé mi sangre para verte
dominador de la soberbia España.
Pero tu gloria y la vergüenza mía
no de los hados la injusticia aplaca:
era preciso que en mi pecho ardieran
de frenético amor voraces llamas,
y que viesen mis ojos en tus brazos
a la beldad que el corazón me abrasa.
¡Esposo de Egilona: …! ¡Cuántas dichas
(con amarga ironía)
le debo a tu amistad…! ¡Cuánto me halagan
tus grandes beneficios…! ¡Sí! Me has hecho
único jefe de tu digna guardia,
y así consigo la delicia suma
de velar a las puertas de tu alcázar,
mientras que tú celebras con orgullo
tu dulce unión con la feliz cristiana.
¡Agradecido soy…! ¡Tranquilo puedes

---

[1] La patria para Caleb es la región magrebí del norte de África. La conquista árabe del territorio bereber se realizó en la segunda mitad del siglo siete. Musa ibn Nusayr, conocido en España simplemente como Musa o Muza, fue nombrado gobernador del Norte de África en 689 (Guzmán 2008: 79).

[2] A pesar de que los bereberes formaron una parte considerable del ejército árabe y participaron activamente en la conquista de la península ibérica, la tensión entre ambos grupos persistió y causó varios enfrentamientos armados.

en mi cariño descansar...! ¡Oh rabia!
¿Impunemente abrasarás la sangre
de un Bereber feroz...? *(Se levanta agitado)*
Oigo pisadas:
alguien se acerca... ¡Cielos! ¡Egilona!
¡La sangre siento cual hirviente lava
por mis venas correr...! Debo alejarme;
que si aquí solo sus divinas gracias
contemplarán mis ojos, ¡en delirio
pudiera..., ¡sí!, pudiera asesinarla *(Se va.)*

Escena 2

Egilona y, en pos suya, Ermesenda.

Ermesenda: ¿Por qué, Egilona, del palacio huyendo,
que tu amable presencia hermoseaba,
a este recinto solitario corres,
triste arrastrando las nupciales galas
¿Qué causa te acongoja...?

Egilona: ¡Oh Ermesenda!

Ermesenda: Vuelve, te lo suplico, amiga cara,
vuelve a adornar con tu beldad divina
del venturoso emir la regia estancia.
Ya sus amigos, que tu ausencia notan,
tal vez murmuren con malicia cauta,
y con tierna inquietud tu amante esposo...

Egilona: *(Interrumpiéndola.)*
¡Mi esposo has dicho...! ¡Oh Ermesenda! ¡Calla!
No ese nombre pronuncies..., ¡mas es cierto!
¡Es mi esposo el emir...! Ante las aras

> el juramento articulé solemne
> que para siempre a la coyunda me ata[3].

ERMESENDA: ¿Y lloras al decirlo? ¿Y se sofoca
> la temblorosa voz en tu garganta?
> ¡Qué arcano encierra tu dolor extraño?
> Cuando te enlaza con cadena blanda
> a tu Abdalasis próspero himeneo;
> en medio de las fiestas consagradas
> a la solemnidad del fausto yugo,
> ¿qué inconcebible pena así te asalta?
> ¿Qué origen tiene tu incesante lloro?
> Explícate, por Dios.

EGILONA: ¡Soy desgraciada!
> ¿Qué más puedo decirte, tierna amiga?
> Respeta por piedad mi suerte amarga.

ERMESENDA: Atónita me dejas: ¡oh Egilona!
> di a tu Ermesenda la verdad: si grata
> la constancia te fue de aquel cariño
> que nos ligó desde la tierna infancia,
> hoy en su nombre te suplico vuelvas
> a aquella dulce, antigua confianza,
> que así el pesar como el placer de una
> hizo común en corazón de entrambas.
> No tu silencio a presumir me obligue
> que al más rendido amor eres ingrata;

---

[3] La visión eurocéntrica se revela en la atribución a los musulmanes del modelo de conducta propio de los españoles católicos. Según la tradición musulmana, la mujer no está presente en el momento en que se realiza el matrimonio. Por lo general, da su consentimiento con antelación a su padre, su guardián o su representante en presencia de testigos. Cabe añadir que no existen altares o aras en las mezquitas (Lewis 2008: 40).

>   que insensible contemplas las virtudes
>   del que es tu esposo ya; que no le amas.

Egilona: Hoy en el sacro altar nuestros destinos
>   para siempre se unieron: ¿y no basta
>   que le empeñe mi fe...? ¿También me acusan
>   de insensible, gran Dios...? ¿Qué más demanda
>   Abdalasis de mí?

Ermesenda: La amistad sola
>   es quien demanda por mi voz le abras
>   con franqueza tu pecho. ¿Por desdicha
>   te es odioso el emir?

Egilona: ¡Odioso...! Tanta
>   nobleza y dignidad, tanto cariño
>   nunca inspiraron odio, ni en el alma
>   de la triste Egilona hallar pudiera
>   tan indigna pasión fácil entrada.
>   ¡Amo a Abdalasis! ¡Sí! ¡Le adoro, amiga!
>   Y en vano ya mi labio lo callara,
>   pues harto a mi pesar lo está diciendo
>   este rubor que mi semblante baña.

Ermesenda: ¡Rubor dices...! ¿Por qué, si es Abdalasis
>   digno de tu afición...? Doquier la fama
>   lleva su nombre y su valor publica;
>   doquier su gloria y su virtud se ensalzan.

Egilona: ¡Gloria y virtud que causan mi vergüenza!
>   ¡Gloria y virtud funestas a mi Patria!

Ermesenda: Es Abdalasis...

Egilona: Del Califa apoyo;
>   orgullo de la gente musulmana;

firme sostén del Alcorán impío...,
es quien a Iberia sujetó a sus plantas,
y con arroyos de cristiana sangre
regó los lauros que en su sien se enlazan.

Ermesenda: En él son ésos...

Egilona: títulos de gloria,
timbres de honor..., mas para mí de infamia.
Lo que enaltece de su nombre el brillo
es borrón negro que mi lustre empaña.
¡Oh, no me obligues a expresar conceptos
que al salir de mis labios los abrasan:
no me obligues, ¡cruel!, a recordarte
quién poseyó la mano desdichada
que hoy a un infiel abandoné, por premio
de glorias a mi Patria aciaga[4].
¿Y extrañas mi rubor? ¿Y me preguntas
de mis tormentos la secreta causa...?
¡Tal vez hoy mismo el turbio Guadalete[5].
la sangre goda en su corriente arrastra;
acaso aún los huesos de Rodrigo
en sus orillas insepultos yazgan[6];
cuando su viuda ante el infame yugo
de un criminal amor la frente baja,

---

[4] Egilona se refiere a su primer esposo, Rodrigo, el último rey de los Godos en Iberia.

[5] Según el historiador Thomas Glick, la batalla que decidió el destino del reino Godo no tuvo lugar cerca de Guadalete, sino más al sur cerca de Gibraltar, en la ribera del Guadarranque, aludiendo a la posible etimología árabe de este topónimo, «Wad al-Riq» –el río de Rodrigo (2005: 20).

[6] El rey Rodrigo desapareció luego de la batalla que puso fin a su reino, lo cual dio origen a varias leyendas y especulaciones respecto a su destino.

y al enemigo de su ley y pueblo
se estrecha ansiosa con unión nefanda!

ERMESENDA: Tan tristes pensamientos...

EGILONA: Me persiguen
 por todas partes con tenaz constancia;
 que inexorable la conciencia inquieta
 jamás su grito vengador acalla.
 Anoche mismo..., ¡oh
 Ermesenda! anoche,
 víspera triste de mi boda infausta,
 cuando un momento reposé, rendida
 tras de vigilia fatigosa y larga,
 una horrible visión turbó mi sueño,
 que ahora despierta a mi pesar me espanta.
 Súbito alzarse ante mis ojos miro
 de Rodrigo la imagen indignada:
 sin corona real la augusta frente,
 pero ceñida con aureola santa
 de grande desventura, nuevo brillo
 ella le presta; majestad más alta;
 cual si el bautismo de su sangre ilustre
 borrado hubiese las antiguas manchas.
 Fijos en mí los penetrantes ojos...,
 ¡aquellos ojos do la ardiente llama
 de legítimo amor, mil y mil veces
 cual esposa feliz contemplé ufana!
 Con hondo acento y ademán terrible,
 al compás de los hierros que arrastraban
 en torno suyo míseros cautivos,
 pronunció, bien me acuerdo, estas palabras
 «De cien ciudades los escombros tristes

altar digno te ofrecen: ¡Ve, cristiana!
¡Ve, digna reina, de Rodrigo esposa!
Del infiel opresor que ya te aguarda
ve a recibir la fe: grata armonía
será en la fiesta religiosa y fausta
el áspero crujir de las cadenas
que el caro amante a tus vasallos labra.
No importa, no, que de tu esposo regio
se ignore aún la tumba solitaria:
no la hallarás; pero verás su sombra
seguir tus pasos a doquier que vayas,
y hasta en los brazos de tu nuevo esposo
turbar tu sueño, y recordar tu infamia».

ERMESENDA: Ese delirio tormentoso prueba
el pánico terror que te acobarda.
No es tu conciencia, no, la que te acusa;
es tu mente, Egilona, la que insana
en su febril agitación, produce
ridículos terrores y fantasmas.
¿Cuál es tu crimen, di? Del rey difunto
esposa fuiste cariñosa y casta,
y su voluble amor pagó tu pecho
con fe constante y con ternura rara.
Desde el momento en que la Patria nuestra
del agareno[7] fue mísera esclava,
y en las orillas del infausto río
que le dio sepultura en sus entrañas
de su grandeza el postrimer despojo
dejó en su manto el infeliz monarca,

---

[7] Los árabes se consideran descendientes de Ismael, hijo de Abraham y Agar, de ahí el calificativo «agarenos».

con lloro amargo y oraciones pías
fue por tu afecto su memoria honrada.
¿Qué más le debes, desdichada viuda?
¿En qué a tu Patria ni a tu estirpe agravias
para adorar a un héroe? Si la suerte
a nuestra causa se mostró contraria,
y en la sangrienta lid, por nuestras culpas[8]
completo triunfo concedió a sus armas,
acuérdate también que sus victorias
jamás manchó con bárbaras venganzas
y que en el punto que partiendo Muza
 al ilustre Abdalasis fue fiada
la potestad de emir, su blando yugo
respirar deja a la afligida España,
siendo doquier su nombre bendecido.

EGILONA: De un pueblo esclavo condición tirana
es aquesta, ¡oh amiga! Si justicia
obtiene alguna vez, la juzga gracia;
y bendice la mano que le oprime
 si un breve instante respirar alcanza.

ERMESENDA: Injusta te contemplo con el héroe
en quien tus ojos cual tirano mandan.
Su mano por la tuya dirigida
mil beneficios próvida derrama
sobre el pueblo español, que fiel amigo
y no opresor le juzga: su alabanza
resuena por doquier. ¡Y tú le acusas,
y por amarle criminal te llamas!

---

[8] En varias fuentes literarias españolas la destrucción del reino godo se explica como castigo divino por las transgresiones del rey Rodrigo.

Egilona: Flaca y culpable soy, pues no he sabido
    como reina morir.

Ermesenda: Como cristiana
    la desventura soportar debiste.
    Tu vida, ¡oh Egilona!, demandaba
    esta Patria que adoras, y el enlace
    que juzgas tu baldón, es su esperanza.
    Cuando a su trono te elevó
    Rodrigo con inferior autoridad reinabas
    que la que aquí gozaste prisionera,
    y que con tu himeneo hoy afianzas.
    Sí; más que reina por tu pueblo hiciste
    hora puedes hacer, y si no basta
    el amor del emir a tu ventura,
    en practicar el bien debes hallarla.
    ¿Y quién sabe, responde, si a la dulce
    y elevada misión no estás llamada,
    de someter el alma de tu esposo
    del verdadero Dios a la ley santa?

Egilona: Para engañar falaz a mi conciencia
    mi propio corazón así me hablaba,
    cuando el enlace consentí ominoso
    que tarde ya mi voluntad rechaza.

Ermesenda: Suspende tus acentos, que a este sitio
    se dirige el emir.

Egilona: Sepulte el alma
    su agitación cruel, y no trasluzca
    lo que sufre mi pecho en mis miradas.

Escena 3

Dichas, Abdalasis, Caleb.

Abdalasis: *(A Caleb al entrar.)* ¿Que ya vinieron los cautivos dices?

Caleb: Cerca de aquí tus órdenes aguardan.

Abdalasis: Avisaré; retírate. (*Se va Caleb.*)
¡La veo!
Es ella, ¡sí! (*Acercándose.*)
¡Oh hermosa idolatrada!
¡Cuánto bendigo de tu corta ausencia
el pasado rigor! ¡Cuánto me halaga
en este sitio solitario hallarse,
y un breve instante, con pasión avara,
mirar tus ojos, escuchar tu acento,
y el aroma sentir que en turno exhala!

Egilona: De aquel sarao el ruido jubiloso...

Abdalasis: ¡Di! ¡No es verdad que como a mí te cansa?
¿Que necesitas como yo, bien mío,
de importunos testigos apartada
contar tu dicha al estrellado cielo,
o en silencio escuchar las leves auras
que suspiros de amor blanda murmuran
acariciando a las floridas ramas?
¡Cuán venturosos si en la amena orilla,
que el Betis puro con sus ondas baña,
viéramos juntos deslizar las horas
cual sus corrientes límpidas y raudas...
¡Mas tú suspiras...! ¡Mis miradas huyen
tus bellos ojos que en la tierra clavas...!
¡De mi cariño la expresión te ofende?
¡Responde, por piedad!

Egilona: Nunca tan grata
    fue tu voz a mi oído, ni en mi pecho
    igual placer vertieron tus palabras.
    Pero ya en breve su luctuoso manto
    recogerá la noche, y fatigada
    de tanta agitación el alma mía
    necesita reposo, y lo demanda
    a tu ternura, a tu bondad. Permite
    que algunas horas logre retirada…

Abdalasis: ¿Quieres dejarme?

Egilona: Te suplico…

Abdalasis: Nunca
    suplicará Egilona. Ordena, manda
    cual soberana en mí; mas si merece
    mi tierna sumisión alguna gracia,
    dígnate presentar en este sitio
    un acto de piedad, que te consagra
    mi ardiente gratitud. Llegó la hora
    de terminar la fiesta: ya el alcázar
    va quedando desierto; mas en breve
    otra fiesta verá la luz del alba;
    más solemne, mi bien, de ti más digna.

Egilona: ¡Otra fiesta, señor! Solemnizada
    ha sido nuestra unión con regia pompa,
    insultando tal vez penas amargas
    que en torno nos circundan. No me es dado
    olvidar que ceñidas de guirnaldas
    por tus manos se ven las sienes mías,
    mientras los Godos sus cadenas cargan.

Abdalasis: Libres fueron por mí cuantos cautivos

    hizo la guerra cruda: tres se hallan
    solamente en prisiones.

EGILONA: ¡Oh infelices!

ABDALASIS: Mas esos son, ¡hermosa!, los que aguardan
    un sólo acento de tu boca pura
    para ver sus cadenas quebrantadas.
    He aquí la fiesta augusta, deliciosa,
    que hora mi voz con gozo te anunciaba
    ese el acto solemne que aquí mismo
    la aurora debe iluminar cercana.
    Si a los tres presos que te anuncio llega
    más que a los otros mi clemencia tarda,
    consejo fue de la razón, bien mío,
    y culpa de su error y de su audacia.
    Los dos ingratos a mi padre fueron
    por ellos su existencia vi amargada:
    al otro, mal herido, moribundo,
    destrozado el arnés, rota la espada,
    de en medio de cadáveres sangrientos,
    que alfombraban el campo de batalla,
    arrancóle con brazo compasivo
    un anciano guerrero; sus desgracias
    procuró mitigar; templar sus penas;
    mas nada consiguió, pues la arrogancia
    del inflexible Godo descubría
    su altiva condición y su honda saña.
    La prudencia de Muza mandó luego
    que con prisión perpetua castigada
    fuese tanta soberbia.

EGILONA: ¡Atroz castigo!

ABDALASIS: Justa fue la sentencia, y revocarla
no debiera Abdalasis: mas, ¿pudiera
el mismo Muza condenar mi falta,
si aquesta falta mi adorada esposa
como prueba de amor acepta grata?

EGILONA: ¿Conque libres serán?
    Abdalasis: Sí, dueña cara;
y porque nadie a tus piedades trabas
pueda oponer jamás, orne tu diestra
(*le pone su anillo*)
el áureo anillo que doquier se acata,
prenda de autoridad, de mando insignia:
de todo mi poder depositaria
te hago al cederte tan, preciosa joya.

EGILONA: Lágrimas dulces de placer derraman
mis ojos, Abdalasis, y en mi pecho
la gratitud tus beneficios graba. Y
yo los acepto, sí, con noble orgullo,
y serán para mí deuda sagrada:
mas no exijas te ruego que a esos godos
hoy me presente con nupciales galas.
Fui su reina, señor, y de Rodrigo
la desastrosa muerte, aún no probada,
reciente yace en la memoria suya.
Para que pueda sin rubor, ufana,
esposa tuya confesarme al orbe,
haz que bendigan tus virtudes altas
los que lamentan tus sangrientos triunfos.
Justifica mi amor: mi gloria labra
con generosos hechos; y tu dicha
merece, emir, haciendo la de España.

ABDALASIS: ¡Yo te juro, sí!

EGILONA: ¡Mi Dios te escucha!

ABDALASIS: ¡Y es el tuyo mi Dios! ¡Mía tu Patria!
(*Se dirigen al palacio.*)

ESCENA 4

Habib, Caleb.

HABIB: ¡Mientes, mientes, Caleb! Torpe tu labio
calumnia a tu señor.

CALEB: Ojalá digno
fuese de tal baldón que antes quisiera
de la calumnia el ejemplar castigo,
que escucharte, señor, cuando confieses
que acusando al emir, verdad he dicho.

HABIB: ¿Posible fuera que el guerrero ilustre,
del califa sostén, del islamismo
glorioso defensor, por una esclava
hoy empañase de su gloria el brillo?
¿Posible fuera que cediendo insano
de una cristiana al infernal hechizo,
al rango de su esposa la elevara
el amigo de Habib, de Muza el hijo?

CALEB: Si en este alcázar penetrado hubieses,
tú mismo, noble Habib, le hubieras visto
solemnizar con fausto y pompa regia
el enlace fatal.

HABIB: (*Volviendo los ojos al alcázar donde aún brillan algunas luces.*)
¡Cielos, qué miro!

CALEB: Esas luces que aún brillan,
 de la alegre fiesta que terminó fueron testigos;
 y en todas partes hallarán tus ojos
 del suntuoso festín nobles vestigios.

HABIB: En hora triste a tus umbrales llego,
 desventurado emir. ¡Oh maldecido
 el momento fatal en que dejando
 de la Cantabria los nevados riscos,
 corrí a Sevilla de abrazarte ansioso
 maldiciendo lo largo del camino!
 ¡Fuesen mis ojos de la luz privados
 antes que ver tu mengua, insano amigo!
 ¡Primero que escuchar tus desaciertos
 ensordecer debieran mis oídos!

CALEB: ¡Oh! ¡Plegue al cielo que el funesto enlace
 que motiva tu pena, sea el delito
 único de Abdalasis: ¡que en su fama
 ese solo borrón haya caído!

HABIB: ¿Qué quieres indicar?

CALEB: ¡Nada! Si osado
 acusase al emir el labio mío,
 otros tal vez sus hechos ensalzaran.

HABIB: Explícate, Caleb. Habla ¡Te exijo!

CALEB: De Abdalasis, señor, los musulmanes
 se quejan a una voz, mas su prestigio
 es grande con los godos, y lo aumenta
 con grandes y ostentosos beneficios.
 Esposa llama a la española esclava;
 las cadenas arranca a los cautivos;

y más que el Alcorán se reverencian
en su palacio los cristianos ritos.

Habib: ¡Caleb! ¿Qué dices?

Caleb: Sus bondades pagan
los infieles, señor, con fiel cariño,
y en el esposo de su reina miran
un digno sucesor de don Rodrigo,
en cuya frente la corona goda...

Habib: No digas más, Caleb; veneno activo
derraman en mi pecho tus palabras.
¿Mas puede en el emir hallar abrigo
tan infame traición? ¡Dios de Mahoma!
¿Tus santas leyes condenó al olvido
el hijo de aquel Muza, cuyo ejemplo
la senda le enseñó del heroísmo?

Caleb: Es, noble Habib, del ambicioso el alma
profunda sima, piélago intranquilo;
se abre al impulso de contrarios vientos,
mas nada llena su insondable abismo.

Habib: Oye, Caleb: mi corazón rechaza
tu horrible acusación: yo necesito
pruebas para creer: ¿las tienes? ¡Dime!

Caleb: ¡Calla! Viene el emir.

Habib: ¿Con qué motivo
a deshora la esposa abandonando
aquí el albor le encuentra matutino?

Caleb: Ocúltate a su vista: muy en breve
sabrás a lo que viene.

Habib: Su designio
   de su labio sabré.

Caleb: ¡Sabrás engaños!
   De ti se burlará: tras aquel tilo
   acéchale encubierto.

Habib: ¡Miserable!
   Yo arranco la verdad, pero no espío.

Caleb: Mas si te encuentra aquí, su crudo enojo
   sobre mí recaerá: yo te suplico...

Habib: ¿Pues qué misterio su venida encierra?

Caleb: Viene, señor, a quebrantar los grillos
   de tres nobles cristianos, condenados
   a perpetua prisión por Muza mismo.

Habib: ¡Basta, basta, Caleb! Dile a tu dueño
   que está en Sevilla Habib, que, sin testigos,
   antes que el sol a su zenit se encumbre,
   hablarle quiero en solitario sitio.
   (*Se va.*)

Caleb: ¡Esposo idolatrado de Egilona!
   No siempre el hado te será propicio:
   si rival de tu amor no pude nada,
   ¡algo habré de poder como enemigo!
   (*Se va.*)

Escena 5

Abdalasis, solo.

Abdalasis: ¡Cuán plácido y sereno nace el día!
   ¡Qué azul el cielo! ¡El aire qué benigno!

Con cualquier nombre que el mortal te adore,
¡infinita bondad! ¡poder divino,
que das al cielo luz, al campo flores
y al corazón amor, yo te bendigo!

Escena 6

Abdalasis, Caleb, Rodrigo, Godo 1, Godo 2, Guardias.
Los tres cristianos, con cadenas y rodeados de la guardia, permanecen al fondo del teatro y Caleb se adelanta.

Caleb: Ilustre emir, tu superior mandato
esperan los cristianos.

Abdalasis: Conducidlos
a este lugar.

Caleb: ¡Señor! En tu presencia
los tienes ya: llegad, Godos cautivos
(se acercan los Godos):
es Abdalasis, el emir de España,
el que mirando estáis: bajad sumisos
ante sus plantas la cerviz soberbia,
y como a dueño...

Abdalasis: No: ¡yo te prohíbo!
Sólo ante Dios se humillan los valientes.

Rodrigo: *(Encarándose a Caleb.)* ¡Y sólo un siervo necesita oírlo!

Godo 1: *(A Rodrigo, bajo.)*
Reprímete, señor, si de tu nombre
no quieres dar al agareno indicio.

Abdalasis: ¡Guerreros españoles! Si contraria
la suerte de la guerra, inútil hizo

vuestros nobles esfuerzos, la victoria
no dio su palma a vencedor indigno,
ni al férreo yugo de feroz tirano
postró fortuna vuestro noble brío.
Walid Abulabás, califa excelso,
del orbe luz, sostén del islamismo,
es el señor de España, y en su nombre
gobierno como emir estos dominios.
En uso del poder que me ha fiado
hoy quiero ser de su piedad ministro,
y os restituyo con sincero gozo
la libertad perdida. Que aquí mismo
caigan, Caleb, sus ásperas cadenas
(*la guardia quita las prisiones a los cautivos*)
y por mis propias guardias protegidos
vuelvan a sus hogares.

CALEB: Tus mandatos exactamente cumpliré.

ABDALASIS: Tranquilos
y dichosos vivid, godos ilustres;
que no es tan infeliz vuestro destino
como acaso pensáis. De rey cambiasteis,
mas no de condición, y yo os afirmo
que si leales, cual espero, os hallo,
nunca en premiaros me veréis remiso.

GODO 1: ¡Hijo de Muza! El eco de tu nombre,
la fama de virtud que has merecido
hasta la cárcel lóbrega llegaron
do tanto tiempo sepultados fuimos.
No tan feroces son los pechos godos
que nieguen la justicia a un enemigo,
y a palabras de afecto correspondan

con necio enojo o con desdén esquivo.
Si como dices nuestra dicha anhelas,
haz la de España, emir, y el cristianismo
halle en tu corazón, y halle en tu espada,
altar solemne y formidable auxilio.

CALEB: Esos votos, cristiano, son insultos
al honor del emir.

ABDALASIS: (*A Caleb.*)
No necesito
que tú mires por él. ¡Nobles cristianos!
Como vosotros por la senda sigo
que el deber me señala; y aquel justo,
omnipotente Dios, ser infinito,
que acoge grato los sinceros votos
con cualquier culto que le son rendidos,
inspirará mi humilde entendimiento
como cumpla mejor a sus designios.
Ya sois libres, marchad. Vuestros hogares
a saludar volved, los tiernos hijos,
la anciana madre, la adorada esposa,
id a abrazar con dulce regocijo
Condúcelos, Caleb.

GODO 1: Con Dios te quedas
y él te ilumine, emir.

GODO 2: Que el beneficio
que de ti recibimos premie el cielo.

ABDALASIS: ¡A su querer someto mi albedrío!

Escena 7

Abdalasis, Rodrigo.

Abdalasis: De una acción generosa premio ofrece
el propio corazón, mas cuando aspiro
de ser amado al galardón supremo,
con placer aceptara sacrificios
los más costosos al esfuerzo humano.
¡Dichoso si pudiera...! ¡Mas qué miro!
¡Aquí un cristiano permanece! Llega,
bizarro Godo, llega, ¿no has oído
que libertad te doy?

Rodrigo: ¡Hijo de Muza!
Lo comprendí muy bien.

Abdalasis: ¿Que te permito
volver a tus hogares?

Rodrigo: No los tengo.

Abdalasis: ¿A tu cara familia...?

Rodrigo: La he perdido.

Abdalasis: Pero tu Patria...

Rodrigo: ¡Esclavizada yace!

Abdalasis: ¿Y qué quieres de mí?

Rodrigo: Nada te pido.
De cuanto poseí me has despojado,
y perderlo pudieras si yo existo.
Toma mi vida, pues, y así asegura
tu intrusa autoridad.

Abdalasis: Tu desvarió

perdona mí clemencia. Nunca, godo,
despojó mi codicia a los vencidos.
Nada te debo, mísero, y ahora
la libertad te doy.

RODRIGO: No la recibo
sin que sepas, infiel, que usaré de ella
sólo para tu daño, y exterminio
de tu pérfida raza.

ABDALASIS: ¡Qué locura!
Mi compasión excitas te repito
que eres libre, cristiano, sal al punto
y jamás a mi vista...

RODRIGO: No al olvido
tu imprudencia condena mis palabras;
pues yo te advierto que si el don admito
que a fuer de generoso aquí me ofreces,
a nada, emir, por gratitud me obligo;
que tu contrario soy; que te aborrezco...
¡Y seguro no estás si yo respiro!

ABDALASIS: (*Retrocediendo ante el ademán amenazante con que pronuncia Rodrigo las últimas palabras.*)
¡Ah! ¿Qué intentas, traidor...? ¿Así te atreves
porque inerme me ves...?

RODRIGO: Yo estoy lo mismo;
y aunque mil armas en mi mano vieras,
no las debes temer en este sitio.

ABDALASIS: Me pruebas con tus locas amenazas...

RODRIGO: (*Con dignidad.*)
¡Que tu enemigo soy, no tu asesino!

ABDALASIS: Pues bien, ¡cristiano!, si volverte puedo
　　　　　esos perdidos bienes; si a mi arbitrio
　　　　　tu ventura se encuentra, yo te juro
　　　　　que quedarás contento, pues tu brío
　　　　　y atrevido lenguaje me descubren
　　　　　un grande corazón.

RODRIGO: Lo que he perdido
　　　　　sólo de mi conciencia y de mi arrojo
　　　　　depende recobrar.

ABDALASIS: ¿Cómo, si has visto
　　　　　que contraria la suerte a tu monarca,
　　　　　su ruina decretó, y estos dominios
　　　　　sometió a nuestras armas?

RODRIGO: ¡Vi vendida
　　　　　mi desdichada Patria; vi que tinto
　　　　　en española sangre has empuñado
　　　　　de usurpado poder el cetro inicuo!

ABDALASIS: ¡Diome aquese poder mi heroico acero!

RODRIGO: ¡La traición te lo dio, no tu heroísmo!

ABDALASIS: ¡Basta, insolente godo! No así abuses
　　　　　de mi prudencia suma: ¡sal! Si evito
　　　　　darte el castigo que mereces, sabe
　　　　　que se lo debes al feliz destino
　　　　　que a mi presencia te conduce un día
　　　　　que el más dichoso de mi vida estimo.
　　　　　¡Vete, repito! ¡Vete! ¡Te perdono!,
　　　　　y aun hacerte otras gracias determino,
　　　　　que así venga Abdalasis sus agravios.

RODRIGO: Muy generoso estás, y si es mi signo

> que te deba favor, te ruego sólo
> que de un recelo me libertes.

ABDALASIS: ¡Dilo!

RODRIGO: La infeliz reina de la triste España,
> ¿es muerta ya? ¡Responde!

ABDALASIS: ¡No! Me admiro
> que su destino ignores.

RODRIGO: Sepultado
> en estrecha prisión, a mis oídos
> no llegó de su suerte nueva alguna.
> ¿Que vive me aseguras?

ABDALASIS: Te lo afirmo.
> ¡Vive, cristiano! Vive para dicha
> y gloria de Abdalasis.

RODRIGO: ¿Vive, has dicho,
> para tu gloria y dicha...? No te entiendo.

ABDALASIS: Esta aurora que nace, me ve unido
> con fausto lazo a mi Egilona bella.

RODRIGO: ¡A ti, agareno...! ¡A ti...! Tu labio impío,
> ¿qué blasfemia pronuncia?

ABDALASIS: ¡Miserable!
> ¿Aún quieren provocar tus desatinos
> mi adormido furor?

RODRIGO: (*Con extrema agitación.*)
> ¡No...! Mas la reina
> y su suerte infeliz, ¿en qué contigo
> puede enlazarse...? ¡Di...!

ABDALASIS: Yo soy su esposo.

RODRIGO: ¡Mientes, árabe vil!

ABDALASIS: ¡Cómo reprimo
    mi justa saña...! ¡Temerario!

RODRIGO: ¡Mientes!
    ¡Cien veces, sí, cien veces yo te digo!
    Calumnias, cual infame, de una reina
    la noble desventura, ¡mas yo vivo!
    ¡Yo vivo, musulmán, te lo desmiento,
    y, si tienes valor, te desafío
    a probarme, do quieras, si tu alfanje
    es tan ligero cual tu lengua!

ABDALASIS: ¡Altivo
    e imprudente cristiano! Di tu nombre.
    ¿Quién eres, dime, que, con tanto ahínco,
    la verdad rechazando, necio piensas
    por la reina mostrar un celo altivo?
    ¿Quién eres, godo?

RODRIGO: ¡Mírame, agareno!
    Mírame bien, y en mi semblante escrito
    aquel odio verás con que mi nombre,
    callando el labio, a mi pesar publico.
    ¡Mírame, musulmán!, que aquesta frente
    que indignamente despojada ha sido,
    mas donde ven tus ojos, con espanto,
    de regia majestad fulgente brillo;
    y esta mirada que te abrasa, y este
    impávido valor del pecho invicto,
    a pesar de tu cólera te dicen
    que un corazón real en él abrigo.

¡Te lo dice también tu propio pecho;
tu propio corazón te dice a gritos;
pues que tú vencedor, yo derrotado;
tú con poder inmenso, yo cautivo,
ese temblor que por tus miembros vaga
te prueba, ¡usurpador!, que soy Rodrigo!

ABDALASIS: ¡Rodrigo! ¡Mientes, desdichado, mientes!
Rodrigo pereció. Su cuerpo frío
el Guadalete sepultó en sus ondas.

RODRIGO: ¿Dónde está Egilona? ¡Venga! ¡Yo te exijo!
¡Venga, y sus ojos en mis ojos clave!
¡Yo la reclamo, infiel! ¡Soy su marido!
Hija y mujer de rey, cual digna reina
debe vivir o perecer conmigo.

ABDALASIS: ¡Tú, su marido! ¡Miserable! ¡Calla!
¡Calla, voz infernal...! ¡Oh! ¡Yo deliro!

ESCENA 8

Los mismos, Ermesenda, dentro.

ERMESENDA: ¿Do está el emir, Caleb? Vengo en su busca.

ABDALASIS: ¡Ermesenda! ¡Gran Dios!

RODRIGO: Como testigo
el cielo la conduce.

ERMESENDA: (*Dentro todavía.*)
Di a Abdalasis
que de orden de su esposa aquí he venido:
que le llama Egilona.

Rodrigo: ¡Que le llama
   Egilona...! ¡Gran Dios! ¡Fuego respiro!
(Queriendo salir al encuentro de Ermesenda.)
   ¡Llega, Ermesenda, llega.

Abdalasis: *(Deteniéndole.)*
   ¡Desdichado!
   ¡Hola! ¡Guardias...! ¡Caleb! Sea sumido
(Salen la guardia y Caleb)
   este traidor en hondo calabozo.

Rodrigo: *(Fuera de sí.)*
   Ven, Ermesenda, y el mensaje digno
   de tu reina pronuncia.

Abdalasis: *(A su guardia.)*
   ¿Qué os detiene,
   villanos...? Tú, Caleb, yo te lo fío
   tu cabeza responde: sin demora
   a un hondo calabozo..., ¡y con sigilo!

Rodrigo: *(Cercado de soldados, que te empujan dentro.)*
   ¡He aquí de tu nobleza la alta prueba!
   ¡De un musulmán este es el heroísmo!
   Cual tu poder afirma tus amores,
   pues otra vez lo que te dije digo:
   que tu enemigo soy, que te aborrezco,
   y seguro no estás si yo respiro.
(Se va con Caleb y guardias.)

Escena 9

Abdalasis, Ermesenda.

Abdalasis: *(Con extrema agitación.)*

¡Oh! ¡Yo te haré callar, infame godo!
Castigaré cruel el artificio
de tu infernal malicia...! ¡Tu impostura
has de expirar con bárbaro martirio!

ERMESENDA: (*Entrando.*)
¿No me engaño, señor? ¿Es un cristiano
al que preso conducen? No le he visto;
mas tus palabras de furor llegaron
con espanto del pecho a mis oídos.

ABDALASIS: (*Con turbación.*)
Su enorme crimen..., mas, ¿de un godo oscuro
qué te importa la suerte? Te prohíbo
que una sola palabra a mi Egilona
digas sobre este asunto. ¡Si un descuido
tuvieras por desdicha...! ¡No lo olvides!,
que la ley del silencio aquí te intimo.

ERMESENDA: Con estopor te escucho, y en tu rostro
tal trastorno contemplo...

ABDALASIS: (*Preocupado.*)
Su delito
no puedo perdonar: nadie se atreva
a suplicar por él.

ERMESENDA: Sólo te pido...

ABDALASIS: (*Interrumpiéndola.*)
¿Do está Egilona?

ERMESENDA: Llámate afanosa,
pues de terror su pecho poseído,
mil quimeras se forja que la espantan.

ABDALASIS: (*Esforzándose por disimular su agitación.*)

¡Flaqueza femenil! ¡Yo estoy tranquilo!

ERMESENDA: Ven a calmar su agitación.

ABDALASIS: Al punto
a su presencia voy; que mi cariño
y mi deber me ordenan ni un momento
abandonar mi esposa.

ERMESENDA: Yo te guío
a do te aguarda. ¡Sígueme!
(*Aparte al salir.*)
¿Qué extraño
sentimiento le agita? (*Se va.*)

ABDALASIS: ¡No vacilo!
¡Su esposo soy! El hórrido secreto
en aquel pecho quedará escondido
muda por siempre la funesta boca
que insana pronunció vive Rodrigo!

Acto segundo

Salón del palacio del emir Abdalasis, amueblado, lujosamente al estilo árabe.

Escena I

Egilona, Ermesenda, entrando.

Egilona: (*Sentada*)
¡Sola vuelves, oh amiga…! ¡Y Abdalasis?
ignora que le llamo?

Ermesenda: A tu presencia
en breve le verás: mis pasos siguen.
Mas, cual si tu terror contagio fuera
grabada notarás en su semblante
la agitación que el alma te atormenta.

Egilona: Causar disgusto a aquellos que me adoran
es, Ermesenda, mi fatal estrella.
¡Sí! La zozobra, que combato en balde,
los fúnebres presagios que me asedian,
mi palidez profunda, y este llanto
que involuntario mis mejillas riega,
causan en el emir la pena amarga
que en su semblante condolida observas.

Ermesenda: Aquí le tienes ya: consuelo mutuo
entrambos hallaréis en la terneza
del puro sentimiento que os anima.

Escena 2

Dichas, Abdalasis.

Abdalasis: *(Aparte.)*
Tiemblo al mirarla: siento que se aumenta
mi agitación fatal. Cara Egilona,
si es cierto que el mirarte no me vedas...,
que a tu lado me llamas...

Egilona: Sí, Abdalasis:
busqué reposo en vano; me amedrenta
la misma soledad que antes pedía.
Indulgente perdona mi flaqueza,
y no condenes cual pueril capricho
el mal incomprensible que me aqueja.
Presto se calmará: lo espero; dime
una vez, y otra vez, que tu alma espera
ventura de mi amor; quiero escucharte,
que con tu acento el corazón sosiegas.
Vierta en mi pecho dulces esperanzas
la sublime expresión de tu alma bella
numéreme tu voz los beneficios
que con tu mano generosa siembras
en el suelo español: las bendiciones
que recoges doquier.

Abdalasis: *(Turbado.)*
¡Tanto exagera
tu bondad!, ¡oh Egilona: !, mis virtudes,
¡que te escucho turbado!

Egilona: Son tus prendas
mi sola excusa, sí: cuando culpable...,
perdona, noble emir, torpes no aciertan

mis labios a expresar mis pensamientos.
¡Tan conmovida estoy...! Si las cadenas
rompieses ya de los cautivos godos,
quiero que aquí su gozo me refieras,
su gratitud profunda; que, al oírte,
lágrimas dulces verteré[9], y serena
tal vez el alma, con placer se abra
a otra emoción más viva y halagüeña.
Háblame, pues, de tus piedades: dime
que debe ser mi amor tu recompensa[10].

ABDALASIS: (*Cada vez más agitado.*)
¡Tu amor...! ¡No lo merezco! Mas si debes
compadecer la desventura inmensa...,
si concibe tu pecho los combates
que sosteniendo estoy..., si la funesta
pasión que me devora has comprendido...
¡Oh Egilona! ¡Piedad! ¿Por qué te empeñas
en desgarrarme el alma; en oprimirme
con insidiosa voz...?

EGILONA: Si las quimeras
que se forja mi mente con enfado
observas, ¡oh Abdalasis!, si condenas
mis femeniles ansias; Si te ofenden
tristes recuerdos que excitar debieran
tan sólo tu piedad..., debes al menos
no articular la inmerecida queja
que el enojo te dicta. Si este grave,

---

[9] Se alude a un concepto de la bondad basado en la virtud ilustrada.

[10] Egilona busca aplacar su conciencia y justificar su unión con Abdalasis con el acto de piedad y la influencia que puede ejercer en éste para aliviar la vida de sus súbditos godos.

solemne día a mi pesar despierta
tormentosas memorias, que en el alma
inútilmente sepultar quisiera,
antes que exacerbar las penas mías
tu tierno corazón las compadezca.
¡Ay! ¡Que no sabes, no, cuántos delirios
perturban mi razón y mis ideas!
Delirios son, lo sé; mas lucho en vano
por contrastar su pérfida influencia.
Tristes ensueños, fúnebres visiones
me persiguen doquier, y en la hora misma
que de tu lado me aparté, buscando
aquel reposo que de mí se aleja,
los presagios funestos de mi pecho
sentí crecer con invencible fuerza.
Mi opaca, triste y silenciosa estancia
tumba me pareció, y helada y densa
la atmósfera sentí. Con miedo insano
corrí veloz a la rasgada reja,
a ver del sol naciente los fulgores
y a respirar las auras lisonjeras
que del jardín en las floridas plantas
iban bebiendo plácidas esencias.
Mas, ¡cuál se pierde la ofuscada mente,
y qué prodigios el terror engendra...
Aquellas auras, que busqué afanosa,
hasta mi oído los acentos llevan
 de una indignada voz, que no distante
contra mí lanza acusación tremenda.
¡Oh Abdalasis! Pensé que de Rodrigo
escuchaba la voz, que bronca y fiera
las terribles palabras repetía,

que en pesadilla prolongada, acerba,
soñé escucharle. La locura entonces
mis sentidos turbó de tal manera,
que ante mis ojos la iracunda imagen
miré cruzar cual rápida centella,
que en breve se perdió. Mas del fantasma,
bien que fugaz, mi corazón conserva
un exacto recuerdo. De mi esposo
era la talla, el aire, la fiereza...
Sus ojos vi con rápida mirada
rayos lanzar de claridad siniestra,
al sacudir con impotente ira
los duros hierros de su mano regia.
Desapareció del bosque en la espesura
la espantosa visión; pero sus huellas
imaginaba en mi fatal delirio
que iba siguiendo con veloz carrera
tu propia guardia, emir. ¡Oh! No indignado
de mí apartes los ojos; no prevengas
reconvención severa al extravío
de mi triste cerebro. Tu presencia
benéfica lo calma.

ABDALASIS: (*Cuya turbación llega casi al extravío*)
Sí, te creo.
Serás dichosa cual lo soy: ya cesan
nuestros temores todos: ¡mi ternura
siempre hallarás tan viva, tan intensa...!

EGILONA: Y en mí la gratitud, que a tus bondades
tributa el corazón, vivirá eterna.

ABDALASIS: Si un esposo perdiste que la tumba
en sus abismos para siempre encierra,

>   otro aceptaste voluntaria: mía
>   eres ya…, ¡no lo olvides! Sin que puedas
>   faltar jamás al juramento sacro
>   que de tu labio recibí.

EGILONA: Me afrentas
>   con esa duda, emir.

ABDALASIS: ¡Y nunca! ¡Nunca
>   tu tirana virtud me reconvenga,
>   si con delitos mil compro una dicha
>   que injusto el cielo a mi virtud le niega!

EGILONA: ¡Qué estás diciendo?

ABDALASIS: ¡No lo sé…! Me turban
>   tus terrores insanos…, me enajena
>   una pasión voraz, irresistible…
>   Perdona compasiva…: mi cabeza
>   siento turbarse más y más… Te ruego
>   permitas que me aleje.

EGILONA: Con sorpresa,
>   ¡oh Abdalasis!, te escucho.

ABDALASIS: Muy en breve
>   puede, Egilona, que a tu lado vuelva,
>   y más tranquilos ambos… ¡Necesito
>   el aire libre respirar, que espesa
>   y ardiente, aquí la atmósfera me ahoga!

EGILONA: ¡Estás conmigo y alejarte anhelas!

ABDALASIS: Sólo un instante…

EGILONA: Ve, no te detengo.
>   *(Abdalasis le besa la mano y se retira.)*

Escena 3

Egilona, Ermesenda.

Egilona: ¡Qué mudanza, gran Dios! Ven,

Ermesenda. ¿Qué dices del emir...? Estoy confusa.
¡Le llamo cariñosa y él se aleja...!
¿Le ofendí acaso...? Dime: ¿qué motivo
recelas tú que sus enojos tengan?

Ermesenda: Cuando acentos de amor buscó en tu labio
la relación oyó de las quimeras
que forja tu delirio, y que le ofenden
Pero otra causa mi malicia encuentra
a su gran turbación.

Egilona: ¿Cuál es?

Ermesenda: Piadoso,
y anhelando agradarte, las cadenas
prometió quebrantar de los cristianos
que suspiraban en prisión estrecha,
y de faltar a su promesa grave
el sonrojo y baldón tal vez le inquietan.

Egilona: ¡Faltar a su promesa! ¡No es posible!

Ermesenda: Conozco la bondad de su alma recta;
le estimo; le venero; pero fundo
en indicios vehementes mis sospechas;
y la amistad me manda te lo diga,
a pesar de las órdenes severas
con que el silencio me intimó.

Egilona: Te escucho
habla presto, por Dios, no te detengas.

Ermesenda: Con franqueza lo haré. Cuando en su busca
    al jardín me mandaste, vi que…

Egilona: ¡Cesa! Oigo rumor de pasos.
    Ermesenda: No te engañas: él es, que vuelve.

Egilona: ¡Ven! Que no me vea.
    Antes quiero escucharte. Ven conmigo.

Ermesenda: Siempre a seguirte me hallarás dispuesta.

Escena 4

   Abdalasis, solo.

Abdalasis: (*Al entrar.*)
    ¡No, no puedo dejarla! Sin su vista
    todo es silencio, soledad, tristeza…
    ¡Mas se alejó…! Castiga mi desvío
    huyéndome también. ¡Yo quiero verla!
(*Hace ademán de entrar por donde se retiró Egilona, y al punto se detiene.*)
    Egilona, ¡mi bien…! ¡Ah! Sus encantos
    cual poderoso imán tras sí me llevan,
    mas si la miran mis ardientes ojos,
    me turban, me fascinan, me enajenan,
    y en el delirio que me asalta, al labio
    el arcano cruel salir pudiera.
(*Siéntase abatido.*)
    Un instinto fatal harto le anuncia
    la atroz verdad que en rechazar se esfuerza
    mi débil corazón. ¡Ella le ha visto!
    Ilusión lo creyó; ¡mas no lo era!
    Aquel que desde el seno de la tumba

fue de mi dicha rémora funesta,
ahora revive por mi mal; ahora
cerca de mí respira…, ¡de ella cerca!
¡Más no, no puede ser! ¡Vuelva al sepulcro!
(Se levanta agitado.)
¡Basta su sombra a mi enemiga estrella;
basta a mi padecer que su recuerdo
en el alma que adoró eterno sea!
No habrá de arrebatarme, no, ¡te juro!,
la incompleta ventura que me deja:
mía es por siempre la beldad que adoro,
y en su seno feliz mi alma serena…,
¡serena el alma si a sus brazos llevo
manchada en sangre la homicida diestra…!
¡Y en la sangre…!, qué horror…, ¡de un desdichado
que todo lo perdió; que aquí se encuentra
cautivo en mi poder…! ¡Y el seno puro
de su viuda infeliz descanso diera
al asesino vil…! ¡Bajo mi mano
palpitara de amor…! ¡No! ¡No! Sangrienta
en medio de los dos la airada sombra
viera alzarse de súbito, y tremenda
la voz de la conciencia atormentada
denunciara mi crimen. ¡Oh violenta,
interminable lucha…! Cien impulsos
siente a la vez mi corazón.
(Vuelve a caer desfallecido en la silla que ocupó antes.)

Escena 5

Abdalasis, Caleb.

CALEB: Te ruega

tu noble amigo Habib que en este sitio
te dignes escucharle.

ABDALASIS: Siempre abierta
halló mi estancia Habib (*Se va Caleb*.)
Tal vez mitigue
mi atroz delirio su razón austera,
tal vez encuentre en su amistad consejo.

Escena 6

Abdalasis, Habib.

ABDALASIS: (*Saliendo al encuentro de Habib.*)
Llega, querido Habib ¡Cuánto celebra
mi corazón tu vuelta! Que en sus brazos Abdalasis te estreche.

HABIB: ¡Tente! ¡Espera!
Antes que amigo tus halagos busque,
celoso musulmán a tu presencia
me conduce el deber.

ABDALASIS: ¿El deber dices?

HABIB: ¡El deber dije, emir!

ABDALASIS: Haz que comprenda
de esas palabras el sentido.

HABIB: Fácil te será comprenderlo, si recuerdas
que del califa, nuestro dueño augusto,
soy súbdito leal, y del profeta
discípulo celoso.

ABDALASIS: No lo olvido.

HABIB: Tampoco olvidarás que la prudencia
de tu glorioso padre, el sabio Muza

triste al abandonar estas riberas
con el viejo Zeyad, su digno amigo,
tu juventud encomendó inexperta
a mi afecto leal: que honró mi celo
ordenándote a ti que dócil fueras
a mis consejos fraternales.

ABDALASIS: Siempre
de mi tierna amistad tuviste pruebas.
Lugarteniente te elegí, fiando
a tu pericia tropas agarenas,
que bajo el mando de tan gran caudillo
del Albortat la altiva cordillera
han recorrido siempre victoriosas,
mil lauros conquistándote doquiera.
¿Cuándo, en qué tiempo desdeñar me has visto
el deudo y la amistad que nos estrechan?
¿En qué ocasión, Habib, me hallaron sordo
tus prudentes consejos?

HABIB: Si severa
se muestra mi amistad, jamás traidora
la puedes encontrar: libre mi lengua
la verdad te dirá, pues no conozco
servil adulación.

ABDALASIS: Y esa franqueza
que adorna tu carácter, bien lo sabes,
es la mayor de tus sublimes prendas.

HABIB: No ha mucho tiempo, no, que yo las tuyas
exaltaba doquier; que con fe ciega
acaté tu virtud: no ha mucho tiempo
que era tu nombre del honor emblema,
y la agarena juventud tenía

       por extrema ambición seguir tus huellas.

ABDALASIS: Si tal tu afecto me juzgó, ¿qué cambio
       has observado en mí que así merezca…?

HABIB: (*Interrumpiéndole.*)
       No finjas ignorancia: no preguntes
       lo que tu misma confusión revela.

ABDALASIS: ¿Qué te revela, di?

HABIB: Que de una esclava
       eres juguete mísero: que en mengua
       de tu pasada gloria, con infieles
       en vergonzosa unión aquí te encuentro,
       sacrificando tu deber, tu culto,
       a la impura pasión que tu alma alberga,
       y que irrita, tal vez con maleficio
       de infernal invención, la frágil hembra
       que caliente la sangre de su esposo
       su tálamo te brinda.

ABDALASIS: ¡El labio sella!
       No mi paciencia tu locura apure:
       que puedo perdonarte las ofensas
       que a mí sólo dirijas; pero nunca
       las que amenacen a la dama excelsa,
       cuya heroica virtud venera España.

HABIB: España con escándalo contempla
       la criminal unión que tu delirio
       hoy a su vista atónita presenta.
       Sal si te atreves del suntuoso alcázar
       donde tu insana vanidad desplega
       este fausto real; donde el incienso
       de los viles cristianos que te cercan

respira con placer tu loco orgullo.
Sal, Abdalasis, sal, y la vergüenza
que cubre los semblantes musulmanes
será a tus ojos evidente muestra
del indigno baldón que al tuyo imprime
el enlace fatal con una sierva.

ABDALASIS: Para pensar cual tú, fuera preciso
tu ciego fanatismo y tu demencia.
Eres tú solo quien iluso acoge
necios errores que tu mente crea.
Si de antiguo querer gratos recuerdos
no te escudasen hoy, la vez postrera
que liviano tu labio me ultrajase
fuese aquesta ¡Oh, Habib! De mi conciencia
me basta el testimonio: mis acciones
no al fallo de tu voz están sujetas.
Dios y el califa son mis solos jueces,
y al califa y a Dios rendiré cuenta
de mi conducta cuando llegue el día
en que ellos la demanden; mientras llega,
sólo me toca a mí pesar mis obras:
a vosotros os toca la obediencia.

HABIB: Es crimen la obediencia, sí el que manda
por elección de autoridad suprema
contra ella se rebela, y en su daño
el prestado poder ingrato emplea.

ABDALASIS: *(Con aire de amenaza.)*
¡Habib!

HABIB: *(Con energía.)*
Rebelde a tu monarca, impío,

tu religión augusta menosprecia
   y el cetro y la mujer del vil Rodrigo
   a precio de tu honor comprar intentas.
   Pero no lo obtendrás, yo te juro:
   a pesar tuyo por tu gloria vela
   esta fiel amistad, que ya te enoja,
   y que tú nunca comprender pudieras.
   Si el amor del ejército te escuda
   y en él estriba tu arrogancia fiera,
   pronto conocerás que no es tan firme
   aquel apoyo como iluso piensas.
   El clamor general presto a tu oído
   harán llegar en indignadas quejas
   los buenos musulmanes: ¡no lo dudes!
   De tu palacio a las doradas puertas
   acudirán en breve: por salvarte,
   si es menester, desplegarán la fuerza,
   y con la sangre de la infame goda
   las manchas lavarán de tu flaqueza.
(*Se va.*)

ABDALASIS: ¡Monstruo! ¡Qué dices! Teme de mi saña...
   Partió el osado; mas su furia ciega
      es de todo capaz. ¡Oh día aciago!
      Enemigos doquier mi dicha encuentra:
      muertos y vivos contra mí conspiran,
      y arrebatarme mi Egilona anhelan.
      ¡Mas en vano será! ¡Que vengan todos!
      Que el cielo, el mundo y el infierno vengan
      a oponerse a mi amor: los desafío:
      provoco su furor: ¡nada me arredra!
      Si obstáculos se ofrecen a mi dicha,
      todos, sin excepción, hollados sean;

que clemencia, deber, virtud, peligros,
exasperado el corazón desprecia.
¡Caleb! ¡Caleb!

Escena 7

Abdalasis, Caleb.

CALEB: Señor, aquí me tienes,
¿qué me ordena tu voz?

ABDALASIS: Gente selecta
doble al punto la guardia del palacio.

CALEB: Voy, digno emir, a obedecerte.

ABDALASIS: Espera.
(Se acerca a una mesa, y escribe.)

CALEB: ¿Te amenaza, señor, por desventura
algún grave peligro? ¿Yace expuesta
la pública quietud?

ABDALASIS: ¡Caleb! Te fío
aquel escrito, que un mandato encierra
que harás ejecutar. ¡Harto el dictarle
(dándole el pliego)
cuesta a mi corazón!

CALEB: Justa sentencia
de algún culpable...

ABDALASIS: Sí, razones graves
me obligan a ordenar que preso sea hoy
mi lugarteniente.

CALEB: ¡Habib! Comprendo,
tu elevación irrita su soberbia;

       y no extrañara que su mano aleve
       pudiera alzar contra ti propio.

ABDALASIS: Fuera
       si me amagase a mí menor su crimen:
       le perdonara yo si a mi cabeza
       amenazase su insensata furia:
       mas osó pronunciar lo que su lengua
       condena acaso al eternal silencio.
       A mi esposa ultrajó, y en su insolencia
       corrió a excitar al pueblo, que presume
       alucinar con engañosas muestras
       de patriotismo y religioso celo.

CALEB: Mas, ¿qué pretende?

ABDALASIS: ¡Que la sangre regia
       de Egilona demande el pueblo iluso:
       que castigue mi amor en su existencia!
       ¡Insensato cruel! Su sangre toda
       no bastará a expiar la atroz blasfemia
       que pronunció su labio. Confianza
       me merece Caleb que nadie entienda
       lo que acabas de oír.

CALEB: Señor, tranquilo
       puedes estar; conoces mi reserva.
    (*Hace ademán de salir.*)

ABDALASIS: ¡Aguarda…!

CALEB: ¿Qué me ordenas?

ABDALASIS: *(Aparte.)*
       ¡Suerte cruda!
       ¡Adónde me conduces…!

(*A Caleb con esfuerzo penoso.*)
   Cuando tienda
su oscuro manto la callada noche,
en la prisión del godo con cautela
penetra solo: encadenado yace...,
que por tu misma mano al punto muera,
pues es mi voluntad que la justicia
que se ejecute en él quede secreta.

CALEB: Todo se hará cual mandas.

ABDALASIS: Por mí propio
   medidas graves tomaré, severas,
   que aseguren el orden: ¡yo lo fío!
   El ponzoñoso germen, que se siembra
   con maligna intención, será extirpado
   antes que brote en la española tierra.
(*Se va.*)

ESCENA 8

Caleb. Luego Egilona, Ermesenda.

CALEB: Sobrado recelé que nada haría
   el fanático Habib: la sangre bella
   de una mujer demanda: ¡miserable!
   En su pueril superstición desdeña
   la propicia ocasión con que la suerte
   le brinda caprichosa: su ira necia
   perdona al que se opone a su fortuna,
   y en la cristiana con rencor se ceba.
   Yo solo, debo yo..., ¡mas soy cobarde!
   Nadie aquí miro que escucharme pueda:
   cobarde soy...! De todos adorado

(*reflexionando*)
    es el emir. La muerte que me ordena
    dar al Godo cautivo… ¡Peligroso
    le contempla sin duda! Su sentencia
    me prueba que te teme. Por mi mente
    siento rodar una brillante idea
    un pensamiento luminoso: ¡alcanza
    mucho el talento, cuando amor incendia
    con su fuego voraz el pecho duro
    que un africano corazón alberga!
    Alguien se acerca…, sí, ¡y es Egilona!
    ¡Es ella! ¡Me estremezco!

EGILONA: Sí, Ermesenda,
    quiero verle; mi voz en sus oídos
    repetirá las pérfidas promesas
    que tan presto olvidó.

ERMESENDA: Pues tan sañudo
    contra el triste cristiano, en mi presencia
    osó mostrarse. ¡Oh Egilona! Temo
    que hasta tu ruego desechado veas.

EGILONA: Si así fuese… ¡Mas no! Voy en su busca,
    y sabré presto…

ERMESENDA: ¡Tente…! Nos acecha
    el bereber odioso que acaudilla
    la guardia del emir.

EGILONA: Nunca se templa
    el horror caprichoso que tu causa
    ese moro sumiso, que mis huellas
    osa apenas mirar. Hablarle quiero,
    ¡Caleb!

CALEB: Divina hurí, del orbe reina,
    ¿qué mandas a tu esclavo?

EGILONA: Di, ¿Abdalasis
    dónde se encuentra?

CALEB: No lo sé: con priesa
    del alcázar salió.

EGILONA: *(A Ermesenda.)*
    ¿Oyes? ¡Oh amiga ¡
    ¡Sin verme, sin hablarme ya se ausenta
    el amante rendido!

ERMESENDA: Sé prudente,
    que te observa Caleb.

EGILONA: Caleb, quisiera
    un favor merecerte.

CALEB: De tus labios
    la más leve palabra ley suprema
    es, sublime beldad.

EGILONA: ¿Yace en prisiones
    un godo criminal?

CALEB: Pues le condena
    tu soberana voz, monstruo le juzgo
    indigno de la luz.

EGILONA: Su muerte cierta
    será sin duda.

CALEB: Morirá, señora,
    si tal es tu querer.

EGILONA: Cuando decreta

el emir su castigo, no me toca
juzgar a mí si es justa la sentencia.

CALEB: ¿Manda el emir su muerte?

EGILONA: Tú lo sabes.

CALEB: Sé que su afecto nada te reserva,
y que tanto te adora, ¡oh Egilona!,
que aquí tu voluntad todos veneran
cual infalible ley.

EGILONA: Si fuese cierto
que tan grande poder, y tan extensa
autoridad gozase, de ti sólo
demandara, Caleb, mezquina prueba.

CALEB: (*Con calor.*)
¡De mí…! ¿De mí dijiste…? Si mi dicha
fuese tan grande, ¡oh Dios!, que mereciera
una demanda de tu boca… ¡Hermosa
más que el clavel fragante que con perlas
salpican los vapores matutinos…!
Si placer tanto concedido fuera
a este infeliz mortal, en aquel día
la tierra toda pareciera estrecha
a mi glorioso orgullo.

EGILONA: ¿Y obediente
te encontrará mi voz?

CALEB: (*Con fuego.*) ¿Dudar pudieras,
tú, cuyo acento desarmara al rayo,
parara al aire y derritiera peñas?
Si lo pidieses tú, mi honor, mi vida,
mi Dios también te diera por ofrenda;

y glorioso me vieras con la infamia;
si una mirada tuya en recompensa...

EGILONA: *(Con dignidad.)* ¡Caleb!

CALEB: (*Variando de tuno y con ademán sumiso.*)
¿Qué mucho que por ti mi pecho
tal entusiasmo guarde, si venera
en tu beldad la soberana joya
que es del invicto emir fausta diadema?
¿Qué debe ser para Caleb la ilustre
reina feliz que en su señor impera?

EGILONA: De ese respeto y sumisión te pido
una leve señal.

CALEB: (*Inclinándose.*) Todas pequeñas
serán, con mis anhelos comparadas.

EGILONA: Una palabra sola.

CALEB: ¡Manda, reina!

EGILONA: ¿Cuándo el cristiano morirá?

CALEB: Lo ignoro.

EGILONA: Faltas a la verdad.

CALEB: Si te interesa...

EGILONA: La reserva depón, que de la mía
con juramento tu aseguro.

CALEB: ¿Piensas
que exista para mí temor más grave
que el de causarte enojo?

EGILONA: Con franqueza
dime, pues, la verdad: ¡cuándo?

CALEB: Esta noche.

EGILONA: ¡Esta noche...! ¡Gran Dios!
(Queda un instante pensativa.)

CALEB: *(Aparte.)* Yace suspensa.

EGILONA: ¡Caleb! No morirá; yo te prohíbo
yo, cuya voluntad, tú lo confiesas,
es al emir precepto sacrosanto.

CALEB: ¡Y qué; señora! ¿Juzgas que me atreva
su mandato a infringir...? Si lo revoca,
como hará, no lo dudes, si te empeñas
en salvar al cautivo...

EGILONA: Lo revoco
en su nombre yo misma, y esta seña
(enseñando el anillo de Abdalasis)
del extenso poder que me ha fiado,
de todo compromiso te releva.

CALEB: *(Inclinándose con respeto.)*
Ese sagrado símbolo respeto
pero ¿sabe el emir en lo qué empleas
la autoridad que te confiere?

EGILONA: Nada
eso debe importarte: a tu defensa
basta el decir que vistes en mi mano
este signo precioso, y que secreta
orden te di de libertar al godo
con tanta brevedad como cautela.

CALEB: ¿Y en efecto la das...?

EGILONA: ¡La doy!

CALEB: ¿Me mandas romper sus hierros?

EGILONA: ¡Sí!

CALEB: ¿Que abierta sea
su tenebrosa cárcel?

EGILONA: ¡Sin demora!

CALEB: (*En ademán de retirarse.*)
Complacida serás.

EGILONA: (*Deteniéndole con recelo.*)
Veo que piensas
engañarme, Caleb.

CALEB: Si más segura
quieres quedar de mi obediencia, ordena
que aquí se deje penetrar al godo,
y del grande favor que le dispensas
él mismo te dará debidas gracias.

EGILONA: ¿Cuándo?

CALEB: Esta noche.

EGILONA: (*Dudosa.*)
Con placer le viera,
pero su riesgo...

CALEB: ¿Cuál? Ninguno tiene
queriendo tú, señora: escribe, y sella
con el anillo, del poder insignia,
dos líneas solas.
(*Se acerca a la mesa y Egilona le sigue.*)
Di que se conceda
entrada en tu jardín al que ese pliego
presente.

EGILONA: ¿Pero quién...?

CALEB: Guardo las puertas
del alcázar yo mismo, con mi gente,
que advertida será, y a mi prudencia
debes fiar el que ninguno alcance
en el palacio la menor sospecha
de lo que tú me mandas y ejecuto
con justa sumisión. Nada me cuesta
presentarte yo propio al desdichado
a quien libertas hoy, pues esa prenda
que te otorga el emir, será mi excusa.

EGILONA: Mas di, ¿qué debo hacer para que pueda
huir el cautivo de este suelo infausto
sin que nadie lo siga o lo detenga.

CALEB: Con un franco conducto, que tú misma
le darás esta noche, lo libertas
de todo riesgo.

EGILONA: (*Escribe y le da el papel.*) ¡Bien! He aquí la orden.

CALEB: Cuando tienda la noche sus tinieblas,
serás en todo complacida.

EGILONA: Fío en tu promesa.

CALEB: Sí, tenla por cierta.
  (*Saluda y vase; al salir dice los dos últimos versos*)
¡Ídolo venerado de Abdalasis!
Escudo para herirle tú me prestas.

Escena 9

Egilona, Ermesenda.

Ermesenda: ¿Fe te merece el mauritano, amiga?

Egilona: Poca, te lo confieso; no sosiega
mi corazón aún.

Ermesenda: ¡Noté en su rostro
tan extraña expresión…! En sus ofertas
se ocultaba sin duda la perfidia.

Egilona: Qué mucho, cara amiga, que me mienta
ese oscuro africano, si ha mentido
Abdalasis también. ¡Raza funesta!
¡Pérfida raza de la Arabia fruto!
Almas sin compasión, áridas, secas,
que el mismo amor fertilizar no puede,
pues brilla como el sol en las arenas
de sus desiertos páramos,
que nunca consigue fecundar con su influencia.

Ermesenda: Yo como tú los súbitos rigores
deploro del emir; mas si quisiera
explicar su conducta, acaso, amiga,
lograra disculparla.

Egilona: ¡Oh Ermesenda!
¿Por qué si alcanza su perjurio excusas
con franca claridad no las alega?

Ermesenda: Tu observación es justa.

Egilona: Mas el triste
contra quien tanta cólera alimenta,
¿quién es? ¿En qué le ofende? Descubrirlo

quiero esta noche a cualquier precio. Venga:
sus propios labios el enigma aclaren.

ERMESENDA: Del moro desestimo las promesas.
¡Acaso el preso a las eternas sombras
en esta noche pase!

EGILONA: ¡Horrible idea!
Pero no; no será; me atrevo a todo
para impedir la ejecución sangrienta.
No en la palabra de otro infiel fiada
deje a un cristiano al borde de la huesa
mi cobarde piedad. No, cara amiga,
salvarle debo y quiero: ¡estoy resuelta!
Con las primeras brumas de la noche,
propicias al misterio, iré yo misma
a la lóbrega cárcel, y el cautivo
rotas verá sus bárbaras cadenas.
Que lejos del recinto de Sevilla
mire brillar del sol la luz primera,
y si reclama la cristiana sangre
el inhumano emir, mi sangre vierta.
(Se va.)

ERMESENDA: ¡Cuántos combates la infeliz sostiene!
¡De cuán varios afectos su alma llena…!
Mas gente llega; seguiré sus pasos:
¡así pudiera aligerar sus penas!

ESCENA 10

Caleb, Habib.

CALEB: No persistas, señor, en tal empeño.

Sal del alcázar, que tu vida arriesgas
permaneciendo en él.

HABIB: Dile a Abdalasis que por última vez hablarle anhela
mi ultrajada amistad. Dile que antes
que por salvar su gloria me resuelva
a violentos extremos, necesito
que me escuche. Caleb, que le aconseja
mi cariño...

CALEB: Señor, que huyas al punto
a ti te dicta el mío; si te vieran...
Sal sin demora; ocúltate; y si puedes
véngate de un ingrato.

HABIB: No; su afrenta,
su oprobio labrará si le abandona
mi prudencia, Caleb; pues le despeña
su furiosa pasión...

CALEB: ¡Oh! Sé prudente
contigo mismo, salva tu cabeza,

HABIB: ¡Mi cabeza!

CALEB: ¡Señor! Mandato tengo
de prenderte.

HABIB: ¡Qué horror! ¡Prenderme...!

CALEB: Ciega
es del emir la saña: de tu sangre
le devora la sed: sálvate apriesa,
pues si aquí permaneces, su mandato
tendré que obedecer.

HABIB: ¡Está sedienta
de mi sangre su rabia!

CALEB: ¿Qué te admira?
¿No ves, Habib, que a su ambición barreras
opone tu virtud?

HABIB: ¡Ah! ¡Te comprendo!
Y no mi riesgo, el suyo me amedrenta.
¡Para subir al trono necesita
como escalón primero mí cabeza...!
Llévasela, Caleb! ¡Sí, que el ingrato
sacie su rabia, selle su vergüenza!
¡Llévasela, Caleb, que a su Egilona
se le presente escuálida, sangrienta
digno trofeo de victoria infame,
y de nefando amor nefanda ofrenda.

CALEB: Oh, calla, por tu bien, o eres perdido:
he sentido rumor: alguien se acerca.
Abdalasis será.

HABIB: Venga en buen hora;
sí, venga el tigre a devorar su presa.
Llega, Abdalasis, llega; aquí me tienes.

CALEB: (*Deteniéndole.*)
Me expones o me obligas...

HABIB: (*Sin oírle*) Si deseas
mi sangre, que es tu sangre, ¡Oh Abdalasis!
sácala gota a gota de mis venas...

CALEB: ¡Quieres perderte...! ¡Bien...! Que no te he visto
finge al menos, por Dios.
(*Entrando por una puerta lateral con prisa.*) ¡Maldito seas,
incorregible loco!

Escena 11

Habib, Zeyad.

Habib: ¿No me engaña
la vista...? ¡Santo Dios!... Posible fuera
que en España Zeyad...
(*Entra Zeyad.*)
¡Zeyad!

Zeyad: ¡Oh ilustre
y valeroso Habib! Llegado apenas
al suelo ibero con afán te busco:
gracias al cielo doy que tu presenta
por fin a mis miradas

Habib: Noble anciano,
¿cómo es que a España llegas sin que sepa
el que la manda tu venida?

Zeyad: (*Con aire cauteloso.*)
Vengo de Siria con misión secreta,
que debes hoy saber.

Habib: ¡Díla!

Zeyad: No puedo.

Habib: ¿Por qué ese aspecto de terror? ¿Recelas
de alguno aquí?

Zeyad: ¡Salgamos!

Habib: (*Cuidadoso.*)
De tu amigo
y compañero Muza, cuya ausencia
aflige a España, dime, ¿qué noticias
nos puedes dar?

ZEYAD: Te las diré, mas fuera
   aquí debo callar.

HABIB: ¡Oh! Si es que sabes
   la desgracia, Zeyad, que tanta pena
   hoy en los buenos musulmanes causa…,
   si a ti llegó la fúnebre querella
   del afligido pueblo, que deplora
   del triste emir la ceguedad funesta …

ZEYAD: ¡Habib! ¡Qué dices!

HABIB: Que tu duelo mudo
   me declara, Zeyad, lo que quisiera
   disimular tu voz; que apenas pisas
   el suelo infausto de la infausta Iberia,
   ya la desdicha que lamento lloras.

ZEYAD: Abdalasis…

HABIB: Lo sé: de su alma bella
   las esperanzas que fundar solías,
   dulces, hermosas y elevadas eran;
   y el desengaño lamentable tocas
   turbado el corazón, muda la lengua.
   Mas no debes huir, Zeyad, no debes
   abandonar al triste cuando yerra:
   piadoso el cielo te conduce; acaso
   salvarle, amigo, del abismo puedas
   con tu virtud, tus venerables canas,
   tu fervoroso celo y tu elocuencia,
   y por tu mano volverá guiado
   del deber sacro a la olvidada senda.

ZEYAD: ¡Mas cómo! ¿Es cierto que culpable juzgas
   al que tu amigo fue?

HABIB: Sobrado cierta
    es su culpa fatal: trémulo el labio
    y embargada la voz te lo confiesan.
    La lealtad, la fe de sus mayores,
    todo en un punto lo olvidó: sedienta
    de mando y de placer está su alma,
    y amor can sus delirios, la diadema
    con su aciago fulgor..., todo se aúna
    para arrastrarle a la garganta abierta
    de un hondo precipicio. Las bondades
    del invicto califa; tantas pruebas
    de su regio favor, nada le para;
    y en su ambición frenética la diestra
    tiende, Zeyad, para empuñar el cetro.

ZEYAD: Ese secreto que tu voz revela
    un peso enorme al corazón arranca.
    Siempre es justa de Dios la providencia,
    aunque a veces profunda, impenetrable!

HABIB: ¿Dices, señor, que un peso te aligera
    del corazón el crimen de Abdalasis?
    ¿Su ingratitud, su aberración celebras,
    tú, súbdito leal?

ZEYAD: No, no me entiendes,
    ni aquí explicarme puedo.
    Habib: Tu cautela
    me confunde, Zeyad.

ZEYAD: (*Con misterio.*) ¡Oh amigo! ¡Escucha!
    Cuando tu noble corazón me ruega
    que con mi celo del emir la gloria
    hoy procure salvar; cuando me alientas

>   a que animoso al súbdito rebelde
>   torne a la senda del deber, en esta
>   mano que ves temblar, guardo un escrito
>   que otro deber me impone.

Habib: ¡Dilo! ¡Aumentas
>   mi agitación cruel!

Zeyad: Toma: en silencio
>   este pliego examina.
>   *(Entrega a Habib un pliego que aquel lee con visible asombro y agitación, hasta que se deja caer dando un grito y cubriéndose la cara con ambas manos. Mientras lee Habib.)*
>   ¡Cómo tiembla!
>   ¡Desventurado Habib!
>   *(Recoge el pliego que dejó caer Habib.)*
>   Ahora que sabes
>   a lo que vengo, di: ¿qué me aconsejas?

Habib: *(Con violento esfuerzo y voz entrecortada.)*
>   ¡Dios es justo, Zeyad...! ¡Viva el califa
>   que del difunto la corona hereda!
>   Mas, ¡Muza...! ¡Muza...! ¡De la Arabia gloria...!
>   ¡Yo inclino reverente la cabeza,
>   y callo y tiemblo. Dios, Dios sólo juzga
>   a los que son su imagen en la tierra!

Zeyad: ¿Luego debo cumplir...?

Habib: *(Con extrema emoción.)*
>   ¡Deber es tuyo!

Zeyad: ¡Pero deber atroz!

Habib: Cuanto más cuesta,
>   es cumplirlo, Zeyad, virtud más grande.

Zeyad: *(Dudoso.)*
   Así tu voz me dicta...

Habib: *(Con entereza.)*
   ¡La obediencia!

Zeyad: ¿Y el pueblo y el ejército pasivos
   nos dejarán obrar...?

Habib: Que nada sepan
   hasta la hora solemne. Mucho temo
   que el Diván y las tropas resistencia
   intenten oponer: aquellos mismos
   que todos los obstáculos desprecian
   para saciar su furia en la cristiana;
   que hoy por doquier frenéticos elevan
   unánime clamor, no sin espanto
   lo que ese pliego misterioso encierra
   llegarán a entender. Pero cumplido
   nuestro deber será.

Zeyad: Que se prevengan
   las huestes de tu mando a sostenerlo.

Habib: Siempre están prontas a mi voz: no temas.
   Mi obligación conozco: sin demora,
   mas con prudencia, en todo se proceda,
   y hasta tener el éxito seguro
   tu fatal comisión oculta sea.

Zeyad: Sin dilación salgamos del alcázar.
   (Sale.)

Habib: *(Siguiéndole con gran emoción y como si luchase con un impulso que le lleva hacia 1a habitación de Abdalasis.)*
   ¡Omnipotente Dios! ¡De la flaqueza

que esta lágrima arranca de mis ojos[11],
no me demande tu justicia cuenta!
(Se va.)

---

[11] La metafórica lágrima solitaria representa el supremo sufrimiento de los protagonistas románticos. Véase Sebold 1978.

Acto tercero

Cuadro Primero

Prisión de Don Rodrigo, alumbrada débilmente. Es de noche. El preso, encadenado, estará echado en un banco de piedra.

Escena I

Rodrigo, solo.

Rodrigo: ¡Qué largas horas! ¡Qué infernal suplicio
sufre mi corazón! El tiempo tardo;
casi inmóvil parece. Nada espero;
e inquieto, sin embargo, y agitado
quisiera apresurar su lento curso.
¿Que nada espero dije? ¡Sí! El descanso
aguardo y pido de la tumba fría,
y en ella anhelo descansar al cabo
de mi azarosa vida. Del silencio
de la callada noche espero en vano
un reposo fugaz: voz misteriosa
cobra el silencio mismo; y resonando
en lo más hondo de mí, pecho triste,
repite sin cesar el eco amargo
del bárbaro agareno: «¡Soy su esposo!
¡Mujer y cetro te arrancó mi mano!"
(Se levanta.)

¡Oh potestad suprema! Mi castigo
mides por tu poder. De mis pecados
tremenda expiación en este día
me da, Señor, de tu justicia el fallo.
Mas siempre grande, al peso de tu enojo
no abates mi valor: por ti elevado
desde el abismo de los males, siento
que nuevo ser en la desdicha alcanzo.
Por ella vuelvo a recobrar el brío
que fue mi gloria en juveniles años,
y ella será crisol de donde salga
limpia mi vida del baldón pasado.
Legue la historia en páginas sangrientas
a la posteridad mi nombre aciago;
mas tú, supremo juez, que el alma miras
y los dolores horridos y largos
que en esta, acaso, mi postrera noche,
el corazón acepta sin espanto,
mitiga tu rigor con mi martirio
y a España mira compasivo y blando;
que el almo sol, que en tus esferas brilla,
no iluminó con sus fecundos rayos
otra región tan deliciosa y bella,
ni pueblo tan heroico y desdichado.
(Vuelve a echarse en el banco: un momento de silencio.)
Nadie aparece: mi enemigo impío
lento se muestra en realizar su amago
ebrio de amor y de placer, su pecho
todo lo olvida de la dicha en brazos.
Pero tiene también la desventura
calma benigna en su supremo grado;
y tras su luengo padecer se rinde

    el corazón al plácido letargo.
(Comienza a adormecerse.)
    Es breve muerte el sueño…, dulce alivio
    del infelice… Su beleño grato,
    entorpeciendo al pensamiento, deja
    suspenso el triste y velador cuidado.

Escena 2

Rodrigo. Caleb, que abre una puerta del foro y aparece con una tea en la mano.

Caleb: ¡Aborreciendo duerme…! ¡Si un engaño
    acogió mi esperanza…! ¡No! Resuenan
    en mis oídos los acentos claros
    de su indignada voz, cuando decía:
    ¡Soy tu enemigo: te aborrezco tanto
    que seguro no estás si yo respiro!
    Así lo dijo, y no podrá olvidarlo.
(Examinando la prisión.)
    ¡Silencio, soledad, muros espesos…!
    ¡Todo es propicio…! Con su negro manto
    cubre la noche las tinieblas frías
    de esta horrible mansión, que convidando
    parece estar a los misterios tristes.
    Suspira el godo…! ¿Si me habrá escuchado…?
(Se acerca a Rodrigo.)
    Dormido está, pero su inquieto sueño
    del corazón revela el sobresalto.
    No sabe el infeliz que su existencia
    es preciosa a Caleb. Que por mandato
(con risa feroz y amarga)

de una boca divina, aquí me trae
generoso designio. ¡Nunca el hado
 tan propicio me fue! ¡Bella Egilona!
Tú mi escudo serás, si golpe en vago
descarga mi rencor. De ti venganza
no ha de tomar el dueño enamorado
contra el cual te rebelas; y si, logro
vengar mi amor por mano del cristiano
que me ordenas salvar..., el instrumento
cuando una vez sirvió se hace pedazos;
y tú quedas, ¡oh hermosa!, aborrecida
del pueblo musulmán, sin otro amparo
que el de mi compasión. ¡Llegó la hora!
¡Basta de duda y de temor insano!
¡Oh genio del rencor! ¡Dame tu auxilio!
(*Despertando a Rodrigo.*)
¡Sacude el sueño, miserable esclavo! ¡Despierta!

RODRIGO: ¡Quién habló...! ¿Qué mano osada
tocó mi frente...? ¡Tú!

CALEB: ¡Sí! ¡Yo te llamo! ¿No me conoces?

RODRIGO: ¡Tu semblante...! ¡Cierto!
Al frente te miré de los soldados
que me trajeron a este sitio oscuro.

CALEB: Soy jefe de la guardia del palacio,
y vengo...

RODRIGO: ¡Lo adivino! Estoy dispuesto:
¿dónde debo morir?

CALEB: ¡Morir...! No trato
de atentar a tu vida.

RODRIGO: ¿Pues qué quieres?

CALEB: ¡Salvarte!

RODRIGO: ¡Tú!

CALEB: ¿Lo dudas? ¿Tan extraño
te parece, español, que un agareno
pueda ser compasivo?

RODRIGO: Si; me pasmo
de que tu dueño olvide en su locura
que no es posible respiremos ambos.
El uno de los dos sobra en la tierra.

CALEB: Mas no eres tú.

RODRIGO: ¿Te burlas? Pues contrario
el destino me fue; pues prisionero
me encuentro en su poder, y él con el mando,
¿cómo pudiera contrastar su suerte?

CALEB: ¡Tú le aborreces!

RODRIGO: ¡Ah! ¡Si en pecho humano
odio mayor cupiese…!

CALEB: ¡Te comprendo!
No digas más: que en tu semblante hallo
la luz del fuego que en el pecho sientes.
¿De Abdalasis tal vez algún agravio
recibiste, cristiano? No detestes
al vencedor en él: mayor, más alto
origen tiene tu profunda saña.

RODRIGO: ¿Y qué te importa?

CALEB: Godo, no me afano

　　　　por descubrir secretos que me niegan;
　　　　pero has logrado interesarme tanto
　　　　que mitigar anhelo tus pesares.

RODRIGO: Algo quieres de mí: ¿con ese halago
　　　　qué perfidia disfrazas? ¡Dila pronto!

CALEB: ¿Perfidia? ¿Tal sospecha das por pago
　　　a mi piedad sincera? Mas no intento
　　　que a ella sola tributes engañoso
　　　profunda gratitud: vengo a salvarte
　　　obedeciendo superior mandato.

RODRIGO: ¡Quiere el emir que viva!

CALEB: No, que ordena
　　　que en este calabozo sepultado
　　　quede esta noche tu cadáver.

RODRIGO: ¡Cierto!
　　　　tú el verdugo serás, pues ya reparo
　　　　en tu cinto el puñal.

CALEB: ¡Vengo a salvarte!
　　　Tercera vez lo digo: presto y franco
　　　quiero explicarme, escúchame: tu vida
　　　una mujer augusta a mi cuidado
　　　encomendó benigna: por su orden
　　　del borde del sepulcro tu separo.

RODRIGO: ¿Una mujer mi vida te encomienda?
　　　　¡Su nombre di! ¡Su nombre te demando!

CALEB: ¡Egilona!

RODRIGO: ¡Gran Dios! ¡La reina goda!

CALEB: La viuda de Rodrigo, ¡sí! Con llanto

oyó, cristiano, la sentencia dura
que pronunció el emir, y con recato
prudente luego me ordenó su boca
hacer por ti lo que ejecuto exacto.

RODRIGO: ¿Mas no está unida al agareno infame?
¿Frágil, culpable, de su gloria en daño
no dio su mano al bárbaro enemigo
que el cetro godo quebrantó a pedazos?
¡Responde, musulmán!

CALEB: Con esas voces,
trémulas de furor, me has revelado
la causa grave del profundo encono
que guardas al emir. En alto rango
has nacido sin duda: sangre ilustre
circula por tus venas: cual cristiano
celoso de tu culto, y cual altivo
y encumbrado español, el triste lazo
con que la viuda de tu rey se liga
a su vil destructor, ves con espanto.
Es noble y justa tu profunda pena,
pues la ominosa unión es un escarnio
que de la gloria de la estirpe goda
hace en España el vencedor ufano.

RODRIGO: ¡Escarnio, sí, que con su sangre impura
gota a gota vertida, no borrado
quedará dignamente! ¡Vil ultraje
que a encarecer y a maldecir no basto!
¡Execración a la mujer impía
que alarde haciendo de su amor liviano,
le eleva altar en míseras ruinas
del solio godo y los blasones patrios!

CALEB: Severo juzgas a la triste reina
    que, en su viudez y estéril desamparo,
    inútilmente resistió animosa
    a un vencedor ardiente y temerario.
    Cedió por fin, salvando su decoro
    de un ultraje mayor. Tus graves cargos
    no merece Egilona, pues debieras
    sólo acusar sus enemigos hados,
    y al indigno opresor que en este día
    un triunfo goza que con lloro amargo
    paga, tal vez, la víctima infelice.

RODRIGO: ¿No lo ama, pues? ¿No lo ama...?

CALEB: Lo contrario
    lo aborrece sin duda: su cadena
    quisiera quebrantar, y si una mano
    hallara la infeliz, que generosa
    le prestase su auxilio... ¡Mas yo callo
    súbito, del emir no me conviene
    este lenguaje usar, y a ti olvidarlo
    la prudencia te dicta.

RODRIGO: ¡La prudencia
    cuando me habla el honor! ¡Cuando me inflamo
    en ira, en odio...! ¡Musulmán! La vida
    que vienes a salvar, en holocausto
    te rendiré gozoso, si a Egilona:
    ver un instante con tu auxilio alcanzo.

CALEB: ¡Ver a Egilona...! Natural y justo
    es que ambiciones expresarla cuánto
    tu noble pecho su favor estima.
    Lo comprendo muy bien: mas tan osado
    no te juzgo, cristiano, que te atrevas

a arrostrar mil peligros por lograrlo.

Rodrigo: Ninguno me amedrenta.

Caleb: Mas escucha
una advertencia necesaria: acaso
no esté sola la reina; que el esposo,
ávido de gozar hechizos tantos,
no habrá podido en soledad dejarla,
y en este instante a su amoroso lado...

Rodrigo: ¡Oh! ¡Calla! ¡Calla!

Caleb: El pundonor te agita
cual pudiera el amor, y yo me aplaudo
de hallar en ti tan dignos sentimientos;
mas el recelo que expresé fundado
es por desgracia. El ominoso yugo
a que su cuello sometió temblando
la infeliz Egilona, la prohíbe
alzar la voz para llorar su agravio,
y mísero juguete del capricho
del ciego joven...

Rodrigo: ¡No! Que aún no ha cesado
de palpitar en mi encendido pecho
un noble corazón: no está mi brazo
privado aún de movimiento... Nunca
impunemente el árabe inhumano
hollará torpe la virtud... ¡Qué digo!
¡Ridículo furor! Yo le amenazo
inerme, preso... ¡Bárbara cadena!
(Sacudiendo furioso sus cadenas.)
¡Este fuego voraz en que me abraso
tus eslabones derretir no puede!

CALEB: Pero puede mi mano quebrantarlos
y a eso he venido, godo, no lo olvides.
Soy jefe de la guardia del palacio;
no lo olvides tampoco; partir debes
dentro de algunas horas; libre campo
puedo abrir a tu fuga; si cual creo
eres prudente y atrevido, un lauro
hoy a tu frente ceñirás.

RODRIGO: Al punto
llévame, musulmán, y aunque mis pasos
el mismo infierno detener quisiera
abriendo sus abismos, no me espanto.
Ver a la reina, libertarla debo
a cualquier precio.

CALEB: ¡Bien! Y yo en tu mano
pongo este acero, cuyo rudo golpe
(le da un puñal)
nunca la mía descargara en vago.
Este pliego que ves entrada libre
en el alcázar te dará: guiado
por mí serás a la secreta estancia
do con la reina, o sin la reina, incauto
el emir presto buscará reposo.
¡Libra a Egilona: como buen vasallo!
Cumpliendo su mandato te liberto,
y el amor del emir la pone a salvo
de su venganza fiera, si el destino
hoy se presenta a tu anhelar contrario.
Ella a los dos nos servirá de escudo:
en tu prudencia, en tu valor descanso.

RODRIGO: Salvarla quiero: de mis brazos caigan

estos hierros infames: cual el rayo
rápido mi furor, hiera, devore
al enemigo vil. ¿Cómo dilato
su castigo cruel...? Siento la sangre
mis venas, abrasar... ¿Cómo no lavo
con la suya el baldón...? Corra a torrentes:
ya la demandan los iberos campos,
y el lecho y trono que manchó su crimen,
de esa sangre también están avaros.
Yo solo, solo yo verterla debo...
Ardiendo está el puñal; mas apagarlo
quiero en su corazón... ¿quién me detiene?
¿quién...? ¿dónde me hallo...?
¡Estos hierros aún!

CALEB: *(Quitándole la cadena.)* Quebrados sean;
que yo te escucho, en tu furor me inflamo,
y sediento también su sangre pido.

RODRIGO: Su sangre: ¡sí! ¡su sangre!

CALEB: Con su opaco
velo la noche tu camino cubre.
Muda su voz, los fúnebres arcanos
nunca vendió de la venganza impía,
y siempre fue del asesino amparo.

RODRIGO: *(Estremeciéndose.)*
¡Del asesino!

CALEB: ¡Ven! Ya están deshechos
tus férreos lazos, y el puñal tu mano
trémula empuña: que al eterno sueño
pase el que duerme del amor en brazos.

RODRIGO: ¡El que duerme...! ¡Mas yo...!

¡Yo el asesino...! ¡Yo me quiero vengar asesinando...!
¡Así las faltas de mi vida borro!
¡Así soy español! ¡Así cristiano[12]!

CALEB: ¡Qué miró! ¡tú vacilas...! ¿tú, cobarde,
el certero puñal de que te armo
dejas inútil en la ociosa diestra?
¿Pasó ya tu furor?

RODRIGO: Jamás con tanto
ímpetu me abrasó de este recinto
salgamos presto, y yo sabré probarlo.
Mas toma tu puñal: no es esa el arma
(arrojándolo, Caleb lo recoge)
que está avezada a manejar mi mano.

CALEB: ¿Mas qué pretendes?

RODRIGO: Tus ofertas cumple,
dame la libertad, que yo a mi cargo
tomo la justa y rápida venganza.
¿Está extinguida para siempre acaso
la raza goda que en gloriosos días
quebrantó el cetro del poder romano,
y vio temblar atónita la Europa
al galope fatal de sus caballos...?
¿Murió tal vez con su postrer monarca
de Turismundo[13] el pueblo denodado?
¿La España entera, cual su trono augusto,
ha sepultado el Guadalete infausto...?

---

[12] Con estas frases se identifica el concepto de la monarquía goda, la identidad española y la religión cristiana. Se trata de un anacronismo.

[13] Turismondo fue el rey de los visigodos entre los años 451 y 453. Veía su reino como una entidad independiente de Roma.

¡Vive la Patria, aunque infelice! ¡Vive,
y el momento solemne está aguardando
en que las nubes que su gloria cubren
rasgue al lucir de su venganza el astro!

CALEB: ¡Mas dónde están los fieros vengadores!

RODRIGO: Déjame libre, y yo sabré buscarlos.

CALEB: ¡Necia esperanza a importuno ruego!
Vuelve en tu acuerdo, pues benigno le abro
camino a tu rencor, no lo desprecies
por acoger tus sueños insensatos.
El tiempo vuela; decidirte es fuerza.
Piensa en tu reina, miserable blanco
de injustos odios y de amores torpes.
Recuerda que tal vez su pecho casto,
en este instante, sucumbiendo al miedo,
asilo presta al opresor tirano.

RODRIGO: ¡Vil tentador! ¡Aparta! Nunca, nunca
instrumento de infame asesinato
esta mano será. ¡Dame otro medio!

CALEB: El único que existe te señalo:
no hay otro; presto tu elección decida.

RODRIGO: Si me sacas de aquí, yo solo basto…

CALEB: La libertad rechazas.

RODRIGO: ¡El delito!

CALEB: ¡O matar o morir es necesario!

RODRIGO: ¿No prometiste…?

CALEB: Libertar tu vida;

mas otra vida demandaba en cambio.
No hay otro medio, ¡Godo! Lo repito
o matar o morir.

RODRIGO: Tu pecho falso
dejas en descubierto. ¡Te comprendo!
Era tu objeto por ajena mano
satisfacer, cobarde, tus rencores,
y los tuyos vengar, no mis agravios.
Aborreces al dueño que te manda;
mas en tus iras, como vil esclavo,
la impunidad con la venganza buscas.

ESCENA 3

Dichos, Egilona.
(Egilona aparece por donde antes Caleb, y se detiene un momento.)

CALEB: *(Sin verla.)*
Poco me importa lo que dices, cuando
no ha de poder tu boca repetirlo.
Aborrezco al emir, tú has acertado;
instrumento buscaba de mi rabia
en ti, que por tu mal con un engaño
lograste seducirme; nada niego.
¿qué más quieres saber? ¡Alegre, ufano
de conocer mis sentimientos, baja
al reino de la muerte a revelarlos!
(Le va a herir, y Egilona se lanza en medio.)

EGILONA: ¡Detente, infame

CALEB: *(Retrocediendo.)* ¡Bárbaro destino!

EGILONA: Sal al punto, traidor. ¡Yo te lo mando!

CALEB: De tu esposo las órdenes respeta;
sumiso a mi deber, de aquí no salgo,
que así lo manda aquel a quien venero.

EGILONA: Están en estas bóvedas zumbando
los acentos infames, que del alma
sacó a tu boca vil el arrebato
de tu ciego furor. Mas no una tumba
los ha de sepultar: ¡No, desdichado!,
que a descubrir tus pérfidos designios
la justicia de Dios aquí me trajo.
Y tú, español... ¡Oh cielos...!
¡Tú...! Mis ojos ofuscados tal vez...

RODRIGO: No, no es engaño
de tu mente turbada: ¡Oh Egilona!
¡Mírame bien!

EGILONA: *(Retrocediendo con espanto.)*
¡Fantasma despiadado!
¡Siempre, doquier, habrás de perseguirme...?
¿Tu perpetuo furor jamás aplaco?

RODRIGO: ¡Egilona!

EGILONA: ¡Piedad!

RODRIGO: No del sepulcro
me levanto, mujer: cese tu pasmo.
Aquesta mano que la tuya toca,
la misma es que en duradero lazo
con ella se estrechó.

CALEB: ¡Cielos!

EGILONA: *(Cayendo de rodillas.)* ¡Rodrigo!

RODRIGO: Nos junta Dios al fin: su nombre santo
bendice el corazón.

CALEB: ¡Qué estoy oyendo!
¡Vive Rodrigo! Tu capricho alabo,
voluble suerte, que al hundirme operas
en mi favor tan súbito milagro.

RODRIGO: Levanta, ¡oh Egilona!, que en mi pecho,
más que acerbo rigor, la piedad guardo
que tu suerte merece.

EGILONA: Mi vergüenza
aquesta tierra, do mi rostro abato,
debiera sepultar en sus entrañas.

RODRIGO: ¡Desdichada mujer!

EGILONA: Dicte tu labio
la pena de mi crimen.

RODRIGO: ¡Te perdono!

EGILONA: ¡Me desprecias tal vez...!

RODRIGO: ¡Yo...! ¡Te idolatro!
(La levanta en sus brazos.)

CALEB: ¡Oh rabia! ¡Oh celos! Vacilar no debo;
¡salvarme quiero y que perezcan ambos!
(Se va.)

ESCENA 4

Rodrigo, Egilona.

RODRIGO: ¿Por qué en mis brazos tiemblas, y abundoso
corre en mi pecho tu encendido llanto?

Cálmate, ¡oh Egilona! Si prudente
de tu flaqueza el pensamiento aparto;
si los embates de terribles celos
con firmeza tenaz sufro y rechazo;
si por hallarte el corazón disculpa,
exagera tal vez tu desamparo
y del vil opresor la tiranía;
¿por qué, repito, tu fatal quebranto
de mi memoria disipar no deja
el recuerdo cruel con que batalla?

EGILONA: Culpable soy, señor; más si tus ojos
pudiesen ver de mí.
Si supieses... desdicha el cuadro...
Si supieses...

RODRIGO: ¡Lo sé! Víctima fuiste
de un tirano feroz, que atropellando
tu decoro real...

EGILONA: A Dios pluguiese
que entonces a mi vista torpe y bajo
se mostrara, cual es; mas las virtudes
supo fingir que excitan entusiasmo.
Grande le vi, magnánimo, sincero,
encendido en amor sumiso y casto.
¡Hipócrita mintió! Que era culpable
y adúltero su fuego; sepultado
allá en su aleve corazón tenía
de tu vida el secreto, y en tu daño
afilaba el puñal. La providencia
salva mi honor, mas deja destrozado
para siempre mi pecho. Soy tu esposa:

aún puedo sin vergüenza pronunciarlo[14]
mas castiga, señor, castiga justo
de un débil corazón el torpe engaño.
Deslumbrada...

Escena 5

Los mismos. Abdalasis, Caleb, árabes con hachas encendidas en las manos.

Caleb: ¡Allí están!

Egilona: *(Al ver a Abdalasis.)* Monstruo, ¿qué buscas...?

Rodrigo: Busca a su presa: llega sin reparo,
emir de España: la sentencia cumple
que torpe y necio retardó tu esclavo.
¡Descarga el golpe!

Abdalasis: *(Desnudando la espada, y precipitándose hacia Rodrigo.)*
Sí; ¡nada respeta
el torrente que corre desbordado...!
¡Todo el infierno en mis entrañas siento,
y en sed de sangre y de delitos ardo!
¡Muere!

Egilona: *(Abrazándose a Rodrigo.)*
¡Asesino! Por mi seno debes
a tu espada buscar sangriento paso.

Abdalasis: *(Fuera de sí)*
Tú, desdichada, a mi pesar me arrastras
al abismo del mal: no, no combato
contra el destino que me acosa: ¡mueran

---

[14] Egilona confirma que su unión con Abdalasis no fue consumada.

él y tú misma...! ¡Tú!

EGILONA: Menos malvado
serás, cruel, al destrozar mi seno
que al engañar mi corazón incauto.
Sacia tu rabia; la vergüenza venga
de ver que han sido tus intentos vanos,
y que a despecho de tu amor funesto
a la tumba por fin sin mengua bajo.

ABDALASIS: ¡Separarlos, Caleb!

EGILONA: Ni el mundo todo
ya podrá separarme de sus brazos:
uno mismo será nuestro destino:
hiere de un golpe el corazón de entrambos.

RODRIGO: Ya la oyes, musulmán: ¿qué te detiene?
Pues no has de ver tus votos coronados
satisface tus iras, mas no imprimas
la mancha de un infame asesinato
en ese acero limpio, que sin duda
ya logró conseguir triunfos más altos.
El puñal toma del verdugo inicuo
que en cumplir su deber ha sido tardo;
ese puñal que su nobleza digna
con laudable intención puso en mi mano
y que ya fuera huésped de tu pecho,
si supiera Rodrigo manejarlo.

CALEB: ¡Mientes, cristiano!

RODRIGO: ¡Calla, miserable!
  (*A estas palabras que pronuncia Rodrigo lleno de imperiosa dignidad, Caleb, turbado y confuso, baja los ojos, y Abdalasis le fija una mirada penetrante y escrutadora.*)

EGILONA: Yo a la faz de los cielos lo delato
    como traidor y vil. En mi martirio
(dirigiéndose a Abdalasis)
    puedes gozar, ¡cruel!, mas a ese esclavo
    aparta de mi vista, y por tu vida
    vela, que la traición te está acechando.

CALEB: *(Confuso y con voz trémula.)*
    Con tal astucia sorprender intentan,
    ¡oh emir!, tu corazón…, mas atajado
    el falso acento en sus gargantas quede.

ABDALASIS: *(A Caleb.)*
    ¡Al punto sella el atrevido labio!
    Y tú, Egilona, mis pisadas sigue,
    así tal vez mi enojo mitigando
    podrás salvar la vida de ese godo.
    No cual presumes corazón de mármol
    en este pecho encierro, que si ahora,
    ciego, agitado, a comprender no alcanzo
    aun lo mismo que siento, yo te juro
    que tu honor y su vida respetando,
    a mi razón consultaré.

RODRIGO: Mi vida
    en tu poder está: su honor, en tanto
    que respire mi pecho, ¡yo lo fío!

EGILONA: Y muerta o viva, de mi esposo al lado
    ya siempre me verás.

ABDALASIS: ¡Oh lucha impía!
    ¡Qué más quieres de mí, cielo tirano!

Escena 6

Dichos, Un Paje.

Paje: ¡Invicto emir! En férvido tumulto
se agolpan a las puertas del palacio
los musulmanes: con tu guardia pugnan
furiosos por abrirse libre paso
hasta tu estancia venerada.

Abdalasis: ¡Cómo!
¿Y qué demandan? ¡Qué!

Paje: Cual océano
que hierve al soplo de contrarios vientos,
un rumor sale pavoroso y largo
de la compacta multitud, mas sólo
he podido entender… (¡de pronunciarlo
me avergüenzo, señor!) que en su demencia
una víctima piden.

Caleb: *(Aparte.)*
Sus amagos realiza Habib.

Abdalasis: ¡Gran Dios…! El nombre dime
de la víctima presto..: ¿El mío acaso…?

Paje: El de tu cara esposa.

Abdalasis: ¡Miserables!

Caleb: Propicia es la ocasión, no la perdamos. *(Se va.)*
(Se oye un rumor de voces sordo y confuso.)

Paje: ¿Mas no me engaño…? ¡El alarido ronco
llega, señor, a este hondo subterráneo!
¿Será que en el alcázar los traidores
han penetrado ya?

ABDALASIS: ¡Voy a encontrarlos!

EGILONA: ¡Tente, tente, señor...! Ellos te excusan
de un crimen el borrón: yo sola causo
ese tumulto; mi cabeza piden;
dásela, quede su furor saciado
y libre tú de la penosa lucha
que ahora está tu pecho destrozando.
Mi muerte quieren, yo también la anhelo:
no intentes resistir a un pueblo insano.

ABDALASIS: ¡Cesa, Egilona, por piedad...! ¡Rodrigo!
Yo vuelvo a defenderla... ¡Mas si al fallo
sucumbo en el destino..., si ese pueblo
sobre el cadáver de su emir pisando
osa aquí penetrar..., de sus ultrajes,
de su brutal furor, mísero blanco,
no dejes a Egilona. Yo mi acero
dejo en tu diestra..., y a tu esposa al lado!
(le da su espada.)
Igual será de nuestro amor el signo
si hoy por salvarla perecemos ambos.
(Se marcha con los árabes.)

RODRIGO: *(Sosteniendo a Egilona con el brazo izquierdo y blandiendo con el otro la espada del emir.)*
¡A ti, y a todo el mundo desafío!
¡Que vengan a arrancarla de mis brazos!

EGILONA: *(Siguiendo con la vista al emir. Toda la escena muy viva.)*
¡Ah! ¡Va a morir...! Mas tú, Rodrigo, huye
de este lugar, de confusión teatro;
pues a favor del general desorden
puedes ponerte del peligro a salvo.

RODRIGO: ¿Cómo la fuga soportar pudieras?

EGILONA: ¡Huye sin mí!

RODRIGO: ¡Sin ti...! ¡Calla!
(Crece el ruido y se aproxima.)

EGILONA: *(Enajenada, y postrándose a los pies de Rodrigo.)* No callo,
que con, mayor empeño lo repito.
Huye, por Dios, mi vida abandonando,
que no es digna, señor, de que la salves
a precio de tu sangre pues la infamo
en este mismo instante que a tus plantas
temblar me ves, y en el incierto labio
los votos sofocar que por el monstruo
que tu pecho amagó, culpable hago.

RODRIGO: ¡Qué votos...! ¡Tu temor...!

EGILONA: ¡No es por mi vida!

RODRIGO: *(Con acento trémulo y terrible.)*
¿Pues por quién...?

EGILONA: Por la suya... ¡Yo le amo!

RODRIGO: ¡Amas al musulmán...!

EGILONA: ¡Ese es mi crimen!
Sálvate tú, señor, que castigado
será muy pronto mi culpable pecho
cual ya te anuncia el popular amago.

RODRIGO: *(Con desesperación.)*
Esto faltaba, ¡oh Dios...! ¡Del cáliz mío
apuro ya por fin el dejo amargo!

EGILONA: *(Levantándose.)*
Se aproxima el rumor... Si: por su presa

el pueblo viene cual furioso alano…
¡Huye, Rodrigo, si aún es tiempo, huye,
o sin salvarme morirás …! ¡Yo salgo!
(Va a lanzarse al encuentro de los amotinados, cuyas voces suenan cada vez más cerca, y Rodrigo la detiene y dice con desesperación los últimos versos del cuadro.)

RODRIGO: ¡No! Que la Arabia con sus tribus venga;
  ¡quiero morir; pero morir matando!
(Cae el telón entre el indignado clamor del pueblo.)

CUADRO SEGUNDO

Vista de los interiores de una mezquita: sobre un pedestal de mármol ondea el estandarte del profeta, a cuyo pie se ven una espada desnuda y el libro del Corán. Al foro hay dos puertas, y arcas laterales sostenidas en columnas árabes que se supone conducen a las puertas principales del edificio.

ESCENA I

Habib, Zeyad, entrando por una de las puertas del foro.

ZEYAD: Entremos, caro
  Habib, nada interrumpe
  del silencio la calma: está desierto
  el sagrado recinto todavía.

HABIB: En breve del Almuédano los ecos
  oiremos resonar, pues ya la aurora
  va disipando los nocturnos velos.

ZEYAD: Mas la costumbre del emir conoces;
  a la mezquita acudirá el primero
  a bendecir la luz del nuevo día.

Habib: Acaso, amigo, en balde lo esperemos.

Zeyad: ¿Piensas tal vez que sospechar pudiera...?

Habib: No, Zeyad, no; que el fúnebre secreto.
nuestra prudencia impenetrable guarda.
¿Mas por ventura ignoras el suceso
que en el alcázar detenerle puede?

Zeyad: Nada sé, digno amigo; que mi celo
meditando tan sólo en el designio
que el deber nos impone, sin sosiego
toda la noche en soledad velando
me ha tenido.

Habib: Zeyad, yo del empeño
grave, solemne, como tú afanoso
me ocupaba también: todo dispuesto
lo tiene ya mi vigilancia activa.
Mis huestes, el Diván, del sacro templo
los ministros sublimes...; todos saben
la obligación que les impone el cielo,
y cumplida será. Mas a mi oído,
en medio del afán que tan inquieto
me tuvo sin cesar, llegó una nueva
que nadie acaso ignorará en el pueblo,
sino tú.

Zeyad: ¡Dila!

Habib: Sé que en la alta noche
un impulso siguiendo, que confieso
haber dado yo mismo, cuando el fallo
ignoraba, ¡ay de mí! que el triste pliego
luego me reveló, se vio el alcázar
por un tropel cercado de agarenos,

>   que anhelando salvar la gloria excelsa
>   del desdichado emir, con ronco acento
>   y amenazantes voces demandaban
>   la sangre de la goda.

ZEYAD: ¿Mas su empeño
>   qué resultado tuvo?

HABIB: ¡Yo lo ignoro!
>   Aún duraba el tumulto cuando al templo
>   la empeñada promesa me condujo.
>   La tuya cumples, pues en él te encuentro,
>   y sabedor de lo que pasa, pido
>   que me ilumine tu leal consejo,
>   y sin mudar de plan...

ZEYAD: Pero las tropas...

HABIB: A una voz llegarán; cerca las tengo.

ZEYAD: Los que al emir adoran, no lo dudes,
>   son muchos, caro Habib.

HABIB: Se dice empero
>   que por su propia guardia abandonado
>   esta noche se vio... Tal vez incierto
>   ese rumor será: ¿mas qué recelas,
>   asegurando el éxito el misterio
>   con que a la ejecución nos preparamos?

ZEYAD: Los iniciados mismos...

HABIB: Yo por ellos
>   respondo, amigo; su reserva fío:

ZEYAD: Siento rumor: ocúltate.
>   *(Se ocultan entre las columnas de la izquierda del actor.)*

Habib: Cubierto
y receloso un hombre se aproxima
entre aquellas columnas.
Zeyad: Sí, lo observo.

Escena 2

Dichos, Caleb.
(Los interlocutores anteriores se ocultan tras una columna de la izquierda del actor. Caleb aparece por la derecha, acercándose al pedestal que sostiene el estandarte.)

Caleb: Prestarme pueden los sagrados muros
asilo momentáneo. De mi riesgo
el anciano Muftí compadecido,
tal vez amparo me dispense: aliento
podré tomar al menos, aguardando
el éxito del sacro juramento
que pronunció el emir: ¿podrá cumplirlo?
Muy pronto se sabrá.

Habib: *(A Zeyad.)* Conocer pienso
al hombre que se oculta: no me engaño;
se acerca, y es Caleb; salir podemos;
de su venida indagaré la causa,
y del motín el resultado cierto.

Zeyad: Útil nos puede ser aquese moro.

Caleb: *(Retrocediendo al ver a Zeyad y a Habib, que se le acercan.)*
¡Alguien habla! ¡Dos hombres...! ¡Me estremezco, a estas horas...!

Habib: ¡Caleb!

Caleb: ¡Oh Habib! ¡Bendito

         el instante feliz en que te veo!
         Inútilmente te busqué esta noche
         en medio del tropel, mas di, ¿podremos
         permanecer aquí? ¿No habrá peligro
         si llegando el emir...?

HABIB: Caleb con tiempo
         te podrás ocultar, si te interesa
         su presencia evitar; pero te ruego
         nos digas pronto el término que tuvo
         el popular arrojo.

CALEB: No te creo,
         señor, artificioso, mas extraña
         esa ignorancia me parece, siendo
         tú mismo jefe del tumulto.

HABIB: Juro
         que en él no estuve; pero no te niego
         que yo a excitarlo contribuí, y ansioso
         su resultado conocer anhelo.

CALEB: ¡Oh! ¡Qué noche, señor! Dichoso eres
         si no te viste como yo revuelto
         en el tropel insano: resistía
         tenaz la guardia los embates fieros
         de la iracunda multitud, que acaso
         cediera al fin con torpe desaliento,
         si yo; por otro riesgo compelido,
         no acudiera veloz con mi denuedo.
         Mas tu nombre invoqué; con altas voces
         hice entender que el popular objeto
         era salvar la gloria de Abdalasis
         y respetarlo siempre: que sus riesgos
         únicos eran los infames pactos

que de su amor en el delirio ciego
con los viles cristianos celebraba
que las gracias tal vez sus labios mismos
nos diesen pronto por haber quitado
ante sus pasos el fatal tropiezo
que despeñarlo puede en un abismo.
De mis palabras el feliz efecto
en breve contemplé: la guardia toda
cesa de resistir: penetra el pueblo
sin encontrar obstáculos: lo guía
mi airada voz al calabozo horrendo
do se oculta la goda, que reclamo
jurando ser su ejecutor sangriento.
Ya el momento tocamos, pues en balde
frenético el emir se lanza en medio
con la espada desnuda, y amenaza
con ronca voz y formidable gesto.
Del tumulto cercado y oprimido,
bañado de sudor, roto el acero,
se encuentra al fin.

HABIB: Y entonces...

CALEB: Determina
a su esposa salvar a cualquier precio,
y jura por su honor que al sacrificio
de su fatal pasión está resuelto;
que sólo exige no manchar con sangre
de una débil mujer, el lustre terso
del nombre musulmán.

ZEYAD: ¿Mas la cristiana
qué destino tendrá?

CALEB: su juramento

sólo asegura que el infausto lazo
que con ella le unió será disuelto.
Con esta condición al pueblo aplaca,
cesa el clamor y aléjase disperso
el grupo inmenso que invadió al palacio,
y que yo en vano detener intento.

HABIB: ¿Y por qué detenerlo?

CALEB: Porque dudo
cumpla el emir su oferta, porque temo
que pasado el peligro su venganza no
tardará en caer, y yo el primero
seré inmolado.

HABIB: ¡Tú!

CALEB: Y has de seguirme si no me engaño, Habib.

HABIB: De ese recelo libre puedes estar; que yo lo fío.
¿Mas no vendrá el emir, cual suele hacerlo,
á la oración de la mañana?

CALEB: Nada
puedo saber, señor, aunque sospecho…

HABIB: ¡Calla…! Un rumor de pasos y de voces pienso escuchar.

ZEYAD: ¡Caleb! Síguenos presto.

CALEB: ¿Algún asilo tienes do seguros…?

ZEYAD: ¡Guarda silencio y obedece!

HABIB: ¡Cielos! ¿El instante fatal habrá llegado?

ZEYAD: Por esta puerta sin demora entremos.
(Se van los tres por la puerta del foro por donde entraron antes Habib y Zeyad.)

Escena 3

Abdalasis, el Paje, por las columnas de la derecha del actor.

PAJE: No es prudencia, señor, que solo salgas
    hoy del alcázar; pero ya lo has hecho
    y únicamente te suplico dejes
    que marche a prevenir a los guerreros
    de cuya lealtad seguro te hallas.

ABDALASIS: Prevenidos están, con ellos cuento.
    Mas calma tu temor, ningún peligro
    corro yo, ¡paje fiel! Por otro objeto
    mis inquietudes son, y de ellas libre
    quedaré en breve. ¡Sí! Fatal sosiego
    muy pronto gozaré… ¡Cuán venturoso
    fuera!, ¡ay de mí!, si en anhelar perpetuo
    vivir pudiera; ¡mas por ella siempre!

PAJE: No comprendo, señor.

ABDALASIS: ¡Tú, que un momento
    no me has abandonado, que más digno
    eres de mi cariño, de mi aprecio,
    que los amigos pérfidos que tanto
    han lastimado mi sensible pecho…!
    Tú, pobre joven, hoy serás testigo
    de un sacrificio doloroso, inmenso,
    que a la virtud tributo. Si algún día,
    cuando yo yazga en el reposo eterno,
    con vil calumniar, se mancilla el nombre
    de tu triste señor, cuenta el esfuerzo
    terrible, heroico, que verán tus ojos,
    y haz que enmudezca el detractor acento.

PAJE: ¿Quién podrá calumniar tu virtud pura?

ABDALASIS: Retírate un instante, que orar quiero
    mientras llegan las huestes y …, los godos,
    que aguardo aquí.

PAJE: Señor, velando quedo
    en esa puerta.

ABDALASIS: Bien; mas antes dime:
    ¿los dos cautivos cuyos duros hierros
    quebrantó ayer mi mano, se encontraron
    en Sevilla?

PAJE: Sí, emir, y yo, cumpliendo
    mi comisión secreta, los conduje
    hace un instante a la mansión del preso.
    Aquí vendrán con él y con tu esposa
    cual lo ordenó, señor, tu propio acento.

ABDALASIS: Ve y aguárdalos.
  (vase el Paje, y Abdalasis se arrodilla al pie de la columna.)
    ¡Dios! ¡Dios soberano,
    cuya mano sostiene al universo!
    ¡Tú, que con ojos paternales miras
    desde el monarca hasta el humilde insecto,
    y al corazón de los mortales mandas
    cual al voluble mar y al vago viento;
    fortalece, señor, el alma mía
    y aliénteme tu voz, si desfallezco
    al consumar el sacrificio crudo
    que la austera virtud me está pidiendo!
  (Se levanta.)

PAJE: *(Volviendo.)*
    Invicto emir, ya llegan los que aguardas.

ABDALASIS: *(Apoyándose en la columna.)*
    ¡Un helado sudor baria mis miembros...!
    ¡Mí cabeza se turba...! ¿Podré verla y sin morir...?
    ¡Ya llegan...! ¡Santo cielo!
    ¡Sostén mi esfuerzo, que sucumbe!

Escena 4

Dichos, Rodrigo, Egilona, los dos godos del acto primero, guerreros árabes.

EGILONA: *(Al entrar.)*
    ¡Toda la sangre al corazón acudir siento!
    ¡Allí está...! ¡Justo Dios! ¿Con qué designio
    a este lugar nos llama...? No lo acierto.

ABDALASIS: *(A los guerreros y paje, señalando a la derecha suya.)*
    Esas puertas guardad: que nadie ose
    penetrar hasta aquí. ¡Oh instante fiero!
(A Rodrigo y Godos.)
    ¡Llegad vosotros!
(Se van los guerreros.)

RODRIGO: De mi suerte el fallo
    diga breve tu voz, pues nada entiendo
    de cuanto veo y oigo: nos conducen
    tus guerreros aquí, que según pienso
    es un recinto para ti sagrado;
    mas callan con tesón, y tus intentos
    no alcanzo a penetrar. ¿Será que juzgas
    que el vapor de mi sangre, cual incienso,
    tu falso Dios aceptará propicio
    si la derramas en su altar cruento?

ABDALASIS: El Dios, cristiano, que mi pecho adora,
　　　　　　es aquel Dios cuyo poder supremo
　　　　　　publican por doquier, de un polo al otro,
　　　　　　los astros del sublime firmamento.
　　　　　　Es aquel Dios sin nombre ni figura,
　　　　　　mas fuerte, sabio, poderoso, inmenso,
　　　　　　que no reclama de los hombres culto,
　　　　　　ni altar exige, ni demanda templo.
　　　　　　Sus aras son los puros corazones;
　　　　　　para santuario tiene al universo;
　　　　　　y las ofrendas que al mortal le pide
　　　　　　virtudes son y generosos hechos.
　　　　　　Aquí y en todas partes yo le miro
　　　　　　aquí y en todas partes le venero,
　　　　　　y hoy más que nunca a su eternal justicia
　　　　　　el homenaje que le agrada ofrezco.

EGILONA: *(Aparte.)*
　　　　　　¡Oh acento engañador que aún me seduce!

RODRIGO: ¿Mas ese Dios omnipotente y bueno,
　　　　　　que conoces y adoras, qué te dicta
　　　　　　hacer con tus cautivos…? ¡Dilo presto!

ABDALASIS: Vas a saberlo al punto. Los fragosos
　　　　　　montes, que al septentrión del suelo ibero
　　　　　　corona son de la soberbia Asturias[15],
　　　　　　prestan asilo a los cristianos fieros
　　　　　　que sufren de la suerte los rigores
　　　　　　sin dar al yugo los altivos cuellos.
　　　　　　La libertad salvaron y la gloria

---

[15] Esta referencia es anacrónica, ya que según las fuentes históricas Abdalasis fue ejecutado varios años antes de la fundación del reino de Asturias (Gerli 2013: 3).

entre ruinas de tu vasto imperio,
y admiramos los mismos vencedores
de su heroico tesón el digno extremo.
Tú, que fuiste su rey, a su destino
corre a enlazar el tuyo: yo te dejo
franco camino, y aun te brindo escolta
hasta llegar al término postrero
de los dominios en que mando. Sigan
tus pasos los que el largo cautiverio
contigo soportaron, pues peligro
corrieran en Sevilla, cuando ciegos,
de la superstición al vil impulso
se abandonan los nobles agarenos,
y mi voz desatiende.

RODRIGO: *(Con sarcasmo.)*
Desarmólos
esa voz, sin embargo, según creo,
en la pasada noche: ¡generoso
quieres mostrarte, emir, mas te comprendo
¡Pasó el peligro ya, tranquilo puedes
gozar de tus amores, si yo lejos
de Egilona: respiro... Y ella acaso
allá en su pecho te reserva el premio
de la piedad magnánima que usas
la segur apartando de mi cuello.

ABDALASIS: ¡Egilona!

EGILONA: *(A Abdalasis, con dignidad y emoción.)*
Señor, un sacro nudo
me enlazó con Rodrigo me someto
a aquella suerte que le des, pues nunca
ya separarme de su lado debo.

ABDALASIS: ¡Esposo injusto y venturoso! Goza
　　　de unos acentos que en mi triste pecho
　　　vierten letal ponzoña. ¡Cual merece
　　　hazla feliz!
　　(Toma la mano de Egilona, y entregándosela a Rodrigo, pronuncia con esfuerzo las anteriores palabras y las que siguen.)

RODRIGO: ¡Qué escucho!

ABDALASIS: ¡Te la vuelvo!
　　　Y tú, señora, al recordar un día
　　　este instante cruel, confiesa al menos
　　　que si adquirirla con delitos quise,
　　　al renunciar mi dicha la merezco.

RODRIGO: *(Aparte.)*
　　　¡Ambos se inmolan...! ¡Oh virtud...!

EGILONA: *(A Abdalasis.)*
　　　Permite que, a tus plantas, señor...
　　　¡Oh! ¡Yo fallezco!

ABDALASIS: Basta, Egilona... ¡Adiós! ¡El tiempo vuela!
　　　¡Parte, Rodrigo!

RODRIGO: ¡Musulmán! Yo mismo
　　　el justo elogio, que demandas franco,
　　　aquí y en todas partes te concedo.
　　　No de Jerez en la feroz batalla
　　　tan vencido me vi cual hoy me veo,
　　　ni tú triunfo mayor has conseguido
　　　al arrancarme de la mano el cetro.
　　　La tuya lo empuñó con tanta gloria
　　　que es superior al mío tu derecho,
　　　y católico, godo, destronado
　　　y rival tuyo, en fin, no me avergüenzo

             de confesar que tu virtud te hace
             digno monarca del hispano pueblo[16].

ABDALASIS: Parte, Rodrigo, parte, que te juro
             que aún nos hemos de ver! Sí! Yo lo espero!
             Te buscaré: la suerte de las armas
             otra vez probaremos; cuerpo a cuerpo
             en combate mortal, los mutuos odios
             desfogarán los encendidos pechos.
             Te vengarás cual rey, o yo mi saña
             satisfacer podré cual caballero.

RODRIGO: Siempre dispuesto me hallarás, que ansío
             encontrarme contigo en campo abierto;
             y acaso, emir, la dicha te abandone
             que hoy a tu pecho inspira atrevimiento.
             Del voluble destino los halagos
             debes mirar cual miro yo su ceño,
             que nada influye en grandes corazones
             que se les muestre próspero o adverso.
             De ir a buscarme la fatiga excusa,
             que en venirte a encontrar no seré lento:
             mas no cual rey por recobrar el trono
             que conservar no supe: con su imperio
             se hundió Rodrigo para siempre: nunca
             su gloria y su baldón revivir quiero.
             Jamás el cetro cobrará la mano
             que cargada se vio de infames hierros,
             ni ceñirá mi frente la corona
             que hice rodar en el impuro cieno!

---

[16] Desafiando el nacionalismo etnocéntrico europeo y con la antorcha de la Ilustración en mano, Avellaneda le concede a su protagonista árabe el derecho de ser el monarca del pueblo hispano sólo por su virtud personal.

De España heroica el ominoso yugo
forjaron mis delitos[17]: por romperlo
sólo ambiciono conservar la vida,
y por eso también perderla anhelo.
Al godo ilustre que el pendón tremole
de Patria y libertad, seré el primero
que acataré, como soldado humilde,
a obedecer y a combatir dispuesto!
Pueda la sangre del Rodrigo oscuro
lavar las manchas del Rodrigo regio,
y libre España me conceda un día
pobre sepulcro en su adorado suelo!

ABDALASIS: Conquista ese sepulcro glorioso.

RODRIGO: *(Desenvainando la espada que le dio Abdalasis.)*
¡Para alcanzarlo, emir, basta tu acero!

ABDALASIS: No más prolongues mi martirio crudo
Los que allí ves, intrépidos guerreros,
te servirán de escolta. ¡Partid, Godos!

RODRIGO: *(En ademán de partir.)*
¡Nos veremos, emir!

ABDALASIS: ¡Sí! ¡Nos veremos!

GODO 1: Tu mano dame, musulmán invicto.
¡Con Dios te quedas!

ABDALASIS: *(Le da su mano, pero sólo mira a Egilona que conmovida y trémula sigue a Rodrigo.)*
¡Oh Egilona: …! ¡Cielo!
¿Qué más demanda tu rigor?

---

[17] Una referencia más a la caída del imperio godo como castigo divino por los crímenes de su rey.

Escena 5

Los mismos. Caleb. Zeyad. Habib. Guerreros árabes y moros.

En el momento en que termina Abdalasis las últimas palabras de la escena anterior, se apoya inclinado sobre la columna, y abriéndose las puertas del foro aparecen por la una Caleb, Habib y algunos moros; y por la otra Zeyad con guerreros árabes. El diálogo indica los varios movimientos de esta escena que debe ser muy viva y rápida.

CALEB: *(Precipitándose con la espada desnuda hacia Abdalasis.)*
 ¡Tu sangre!
 ¡Muere, rebelde emir!

RODRIGO: *(Parando con su acero el golpe que dirige Caleb a Abdalasis.)*
 ¡Infame siervo!

CALEB: *(A los suyos.)*
 ¡Moros! ¡El premio nos aguarda!

RODRIGO: ¡Baja
 a buscarlo, ¡traidor!, a los infiernos!

(Caleb y Habib, defendiéndose con los suyos, retroceden, y desaparecen por la misma puerta por la que entraron a la escena. Rodrigo y los godos los acosan con furor. Egilona, que en el primer momento se lanza despavorida en pos de Rodrigo, vuelve junto al emir cuando cercan a este Zeyad y sus guerreros.)

EGILONA: ¡Rodrigo...! ¡Emir!

ABDALASIS: *(Desnudando su acero y resistiendo a las que le acometen.)*
 ¡Traidores...! ¡Oh Egilona!
 ¡Dichoso soy si junto a ti perezco!

ZEYAD: *(A los suyos.)*
 ¡Bañe su sangre la columna pura
 que al pendón santo y al Corán eterno
 presta, ¡oh amigos!, pedestal sagrado!

EGILONA: *(Lanzándose entre Zeyad y Abdalasis; rechazada brutalmente por el primero, cae desfallecida en la columna.)*
    ¡Asesinos!

ZEYAD: ¡Aparta! ¡Oh agarenos!
    Cumplid vuestro deber.

ABDALASIS: ¡Guardias!

ZEYAD: Tu muerte
    es del Supremo juez alto decreto.
    (Abdalasis, lidiando con los árabes, se entra por las columnas de la izquierda. Por la derecha salen al mismo tiempo el Paje y las huestes de Abdalasis.)

PAJE: ¡Traición, oh musulmanes! Nuestro jefe volemos a salvar.

ABDALASIS: *(Dentro.)*
    ¡Ah!

ZEYAD: *(Volviendo a la escena, y saliendo al encuentro de los guerreros.)*
    ¡Deteneos! Ya el fallo de la ley está cumplido.

PAJE: El emir…

ZEYAD: *(Señalando a su izquierda.)*
    ¡Allí yace!

PAJE: *(Adelantándose y retrocediendo con espanto.)*
    ¡Muerto!

ZEYAD: Muerto.

PAJE: ¡Venganza, musulmanes!

ZEYAD: ¿Quién se atreve
    a condenar de nuestro augusto dueño
    la severa justicia…? Mis palabras,
    árabes, todos escuchad. ¡Silencio!

(Se adelanta al medio de la escena y habla con voz lenta y solemne. Cesa el ruido.)
    Al sublime Walid, que el paraíso
habita ya por siglos sempiterno,
el grande Suleymán, su hermano insigne,
ha sucedido en el poder supremo.
De su justicia inapelable fallo
condenó a Muza a infamia y vilipendio,
por traidor, desleal, y de sus hijos
manda se rindan los altivos cuellos
a la cuchilla de la ley, y sirva
al mundo su castigo de escarmiento.
¡Viva el califa, del profeta santo
glorioso sucesor, y en este pliego,
que la sentencia formidable guarda,
sumisos acatad su augusto sello!
(Eleva el pliego, y todos los musulmanes se inclinan con respeto cruzados de brazos.)

EGILONA: *(Qué empieza a volver en sí.)*
    ¡Abdalasis! ¿Do estoy?
(Tendiendo una mirada de pavor por todo el recinto.)
    ¡Sangre! ¡Qué miro!
    ¡Abdalasis! ¡Mi bien!
(Se adelanta hacia donde está el cadáver y retrocede dando un grito profundo: del talento de la actriz que ejecute este papel depende el efecto de este momento, en el cual, como durante los versos que siguen, todas sus acciones mudas deben expresar las violentas emociones de su alma.)

ZEYAD: *(A Habib, que entra por donde antes salió, seguido de los dos*
    Godos y algunos guerreros árabes que rodean a aquellos.)
    ¡Oh Habib! del reo
la suerte se cumplió, que de la tumba
goce el descanso su cadáver yerto.

Habib: Sí; y en la losa que a mi amigo encierre,
　　　　corra la sangre vil de los perversos
　　　　godos que le extraviaron. Defendido
　　　　por algunos rebeldes agarenos
　　　　y por su loca furia, de mis manos
　　　　logró escapar aquel a cuyo acero
　　　　rindió Caleb la vida, mas me siguen
　　　　dos de los atrevidos compañeros,
　　　　que inmolados serán.

Zeyad: Que un vil esclavo
　　　　huya de su castigo, no es objeto
　　　　digno de tu atención. Vamos, amigo,
　　　　y sepultemos con piadoso celo
　　　　del triste emir los restos miserables.

Egilona: ¡No, tigres! Aguardad, que están pidiendo,
　　　　una víctima más vuestros furores,
　　　　y otro cadáver su sepulcro abierto.
　　　　¡Abdalasis! ¡Mi bien! La muerte vuelve
　　　　nuestra suerte que enlazar: del himeneo
　　　　tálamo augusto nos dará el sepulcro
　　　　y en él será nuestro consorcio eterno.
　　　　¡Y vosotros! ¡Verdugos! ¡De esa sangre,
　　　　que ha salpicado vuestros rostros fieros,
　　　　también por siempre llevaréis la mancha
　　　　cual signo odioso de baldón horrendo!
　　　　Vuestra gloria cruel, ¡viles esclavos!,
　　　　empaña de esa sangre el vapor denso,
　　　　y en vano gozaréis algunos días
　　　　del astro de la dicha los reflejos.
　　　　Mil héroes brotarán doquier la tierra
　　　　que fertiliza el ominoso riego,

        y en las alas del tiempo se aproxima
        la libertad del español imperio.
        ¡El estandarte de delito y muerte
(arranca el estandarte del pedestal, y arrojándolo roto pone sobre él la planta)
        que yo destrozo y a mis plantas huello,
        con la memoria del dominio infando,
        roto y sin gloria heredará el infierno,
        al tremolar de Cristo los pendones
        de uno al otro confín del suelo ibero!

HABIB: *(Arrojándose a ella con la espada desnuda.)*
        ¡Muere, blasfema!

EGILONA: *(Tomando la espada sagrada que se ve en el pedestal, y clavándola en su pecho.)*
        ¡Pero no a tu mano!
        Mi alma recibe, ¡oh Abdalasis…! ¡Siervos…!
        ¡Verdugos! con la mancha de la sangre
(expirando)
        de un héroe…, yo…, mi maldición os lego.
(Muere)

HABIB: ¡Se hizo justicia la cristiana impía!
        Que esos viles también rindan su aliento
        en justa expiación.
(Señalando a los Godos.)

GODO 1: ¡Sacia tu furia, fanático cruel! Pero te advierto
        que no es un godo oscuro y miserable
        el que burló tu sanguinario empeño;
        que vengadores de delitos tantos
        Asturias guarda en su fragoso centro.
        ¡Vive Rodrigo, musulmanes!

Zeyad y Habib: ¿Vive?

Godo 1: ¡Y Pelayo también…! ¡Romped mi seno!

Fin del drama

Catálogo Almenara

Aguilar, Paula & Basile, Teresa (eds.) (2015): *Bolaño en sus cuentos*. Leiden: Almenara.

Aguilera, Carlos A. (2016): *La Patria Albina. Exilio, escritura y conversación en Lorenzo García Vega*. Leiden: Almenara.

Amar Sánchez, Ana María (2017): *Juegos de seducción y traición. Literatura y cultura de masas*. Leiden: Almenara

Barrón Rosas, León Felipe & Pacheco Chávez, Víctor Hugo (eds.) (2017): *Confluencias barrocas. Los pliegues de la modernidad en América Latina*. Leiden: Almenara.

Blanco, María Elena (2016): *Devoraciones. Ensayos de periodo especial*. Leiden: Almenara.

Burneo Salazar, Cristina (2017): *Acrobacia del cuerpo bilingüe. La poesía de Alfredo Gangotena*. Leiden: Almenara

Caballero Vázquez, Miguel & Rodríguez Carranza, Luz & Soto van der Plas, Christina (eds.) (2014): *Imágenes y realismos en América Latina*. Leiden: Almenara.

Calomarde, Nancy (2015): *El diálogo oblicuo: Orígenes y Sur, fragmentos de una escena de lectura latinoamericana, 1944-1956*. Leiden: Almenara.

Campuzano, Luisa (2016): *Las muchachas de La Habana no tienen temor de dios. Escritoras cubanas (siglos XVIII-XXI)*. Leiden: Almenara.

Casal, Julián del (2017): *Epistolario. Edición y notas de Leonardo Sarría*. Leiden: Almenara.

Churampi Ramírez, Adriana (2014): *Heraldos del Pachakuti. La Pentalogía de Manuel Scorza*. Leiden: Almenara.

Deymonnaz, Santiago (2015): *Lacan en el cuarto contiguo. Usos de la teoría en la literatura argentina de los años setenta*. Leiden: Almenara.

Díaz Infante, Duanel (2014): *Días de fuego, años de humo. Ensayos sobre la Revolución cubana*. Leiden: Almenara.

Fielbaum, Alejandro (2017): *Los bordes de la letra. Ensayos sobre teoría literaria latinoamericana en clave cosmopolita*. Leiden: Almenara.

García Vega, Lorenzo (2018): *Rabo de anti-nube. Diarios 2002-2009. Edición y prólogo de Carlos A. Aguilera*. Leiden: Almenara.

Garrandés, Alberto (2015): *El concierto de las fábulas. Discursos, historia e imaginación en la narrativa cubana de los años sesenta*. Leiden: Almenara.

Giller, Diego & Ouviña, Hernán (eds.) (2018): *Reinventar a los clásicos. Las aventuras de René Zavaleta Mercado en los marxismos latinoamericanos*. Leiden: Almenara.

González Echevarría, Roberto (2017): *La ruta de Severo Sarduy*. Leiden: Almenara.

Gotera, Johan (2016): *Deslindes del barroco. Erosión y archivo en Octavio Armand y Severo Sarduy*. Leiden: Almenara.

Hernández, Henry Eric (2017): *Mártir, líder y pachanga. El cine de peregrinaje político hacia la Revolución cubana*. Leiden: Almenara.

Inzaurralde, Gabriel (2016): *La escritura y la furia. Ensayos sobre la imaginación latinoamericana*. Leiden: Almenara.

Kraus, Anna (2018): *sin título. operaciones de lo visual en 2666 de Roberto Bolaño*. Leiden: Almenara.

Loss, Jacqueline (2018): *Soñar en ruso. El imaginario cubano-soviético*. Leiden: Almenara.

Machado, Mailyn (2016): *Fuera de revoluciones. Dos décadas de arte en Cuba*. Leiden: Almenara.

— (2018): *El circuito del arte cubano. Open Studio I*. Leiden: Almenara.

— (2018): *Los años del participacionismo. Open Studio II*. Leiden: Almenara.

— (2018): *La institución emergente. Entrevistas. Open Studio III*. Leiden: Almenara.

Morejón Arnaiz, Idalia (2017): *Política y polémica en América Latina. Las revistas Casa de las Américas y Mundo Nuevo*. Leiden: Almenara.

Pérez-Hernández, Reinier (2014): *Indisciplinas críticas. La estrategia poscrítica en Margarita Mateo Palmer y Julio Ramos*. Leiden: Almenara.

Pérez Cano, Tania (2016): *Imposibilidad del* beatus ille. *Representaciones de la crisis ecológica en España y América Latina*. Leiden: Almenara.

Pérez Cino, Waldo (2014): *El tiempo contraído. Canon, discurso y circunstancia de la narrativa cubana (1959-2000)*. Leiden: Almenara.

Quintero Herencia, Juan Carlos (2016): *La hoja de mar (:) Efecto archipiélago I*. Leiden: Almenara.

Ramos, Julio & Robbins, Dylon (eds.) (2018): *Guillén Landrián o los límites del cine documental*. Leiden: Almenara.

Timmer, Nanne (ed.) (2016): *Ciudad y escritura. Imaginario de la ciudad latinoamericana a las puertas del siglo XXI*. Leiden: Almenara.

— (2018): Cuerpos ilegales. Sujeto, *poder y escritura en América Latina*. Leiden: Almenara.

Tolentino, Adriana & Tomé, Patricia (eds.) (2017): *La gran pantalla dominicana. Miradas críticas al cine actual*. Leiden: Almenara.

Vizcarra, Héctor Fernando (2015): *El enigma del texto ausente. Policial y metaficción en Latinoamérica*. Leiden: Almenara.

www.ingramcontent.com/pod-product-compliance
Lightning Source LLC
Chambersburg PA
CBHW020607300426
44113CB00007B/547